Ferdinand Holböck

NEUE HEILIGE DER KATHOLISCHEN KIRCHE

Die Heiligen sind die großen Abenteurer;
sie lassen sich auf das größte
Abenteuer ein, das es gibt: auf Gott.

Arnold Guillet

»Wir wissen um die Gemeinschaft der Heiligen.
Aber dann sagt mir doch bitte:
Woher kommt dann das aktuelle Neuheidentum?
Warum ersetzen immer mehr Sternzeichen
die Kreuze und Medaillen der Jungfrau Maria
am Halse unserer Kinder?
Warum feiern wir viel mehr unseren Geburtstag,
anstatt uns Mühe zu geben,
das Leben und den Namenstag unseres
Namenspatrons zu kennen?«

Kardinal Heinrich Schwery

VIA·VERITAS·VITA

Am 25. Oktober 1987 hat Papst Johannes Paul II. auf den Stufen zum Petersdom vor 400 000 Gläubigen den italienischen Arzt (Bild Mitte oben) in das Verzeichnis der Heiligen aufgenommen. Vergleiche Bild auf Seite 250.

FERDINAND HOLBÖCK

Neue Heilige der katholischen Kirche

Von Papst Johannes Paul II.
in den Jahren 1984 bis 1987
kanonisierte Selige und Heilige

Band 2

Nachwort
von Universitätsprofessor Dr. Paolo Molinari S.J.
Generalpostulator der Gesellschaft Jesu

CHRISTIANA-VERLAG STEIN AM RHEIN

Bildteil: Arnold Guillet

Bildlegenden:
Erste Umschlagseite:
Oben links: Pierina Morosini
Oben rechts: Titus Brandsma
Unten links: Pauline Mallinckrodt
Unten rechts: Benedetto Menni

Photonachweis:
Servizio fotografico L'Osservatore Romano, Città del Vaticano:
Seite 2, 218, 250, 258, 259
Photo Graf Albrecht von Brandenstein-Zeppelin, Schloß Mittelbiberach: Seite 207
Echange France-Asie, Paris: Seite 223, 225, 227
Generalpostulation der Gesellschaft Jesu, Rom: Seite 10, 257, 77, 80, 82
L'Archevêché de Lyon, Lyon: Seite 112
Sekretariat Pater Rupert Mayer, München: Seite 157, 165
Postulazione Generale Carmelitani Scalzi, Rom: Seite 119, 122, 123, 125
Eos-Verlag, St. Ottilien: Seite 107, 126
Evêché d'Angers, Angers: Seite 11
Postulazione Generale dei Fratri Minori, Rom: Seite 49, 52, 104, 196
Postulazione Generale dei PP. Trinitari, Rom: Seite 20
Associazione Cardinal Ferrari, Milano: Seite 8, 166, 170
Postulazione Generale dei Padri Teatini, Rom: Seite 241
Pontificio istituto Missioni estere, Rom: Seite 15
Übrige: Photo-Archiv IMAGO SANCTORUM, Christiana-Verlag, Stein am Rhein

1. Auflage 1992: 1.–5. Tausend 1992

Druck: Echter Würzburg – Printed in Germany

Die Deutsche Bibliothek – CIP-Einheitsaufnahme
Holböck, Ferdinand:
Neue Heilige der katholischen Kirche / Ferdinand Holböck. –
Stein am Rhein : Christiana-Verl.
Bd. 2. Von Papst Johannes Paul II. in den Jahren 1984 bis 1987
kanonisierte Selige und Heilige. – 1. Aufl., 1.–5. Tsd. – 1992
ISBN 3-7171-0950-2

INHALTSVERZEICHNIS

Von Papst Johannes Paul II. in den Jahren 1984 bis 1987
HEILIGGESPROCHENE

VORWORT

In diesem zweiten Band der neuen Seligen und Heiligen der katholischen Kirche werden jene Frauen und Männer in ihrem Leben und Sterben, in ihrem Ringen und Kämpfen geschildert, die von Papst Johannes Paul II. in den vier Jahren 1984–1987 in 49 Selig- und sieben Heiligsprechungsfeiern kanonisiert worden sind.
Es sind darunter Selige und Heilige aus verschiedensten Ländern, Sprachen, Altersstufen und Ständen, Weltchristen, Ordensleute, Priester und Bischöfe, Bekenner und Märtyrer. Die meisten davon waren bisher weithin unbekannt. Und doch sind sie alle nicht bloß verehrungswürdig, sondern durchwegs auch nachahmenswert in ihrem Streben nach Vollkommenheit, in ihrer Treue zum katholischen Glauben und zur Kirche Jesu Christi.
Es wird von jeder dieser Persönlichkeiten kurz, bisweilen auch ausführlich das Leben geschildert, dazu dann auch noch die Ansprache geboten, die der Nachfolger Petri jeweils bei der Selig- oder Heiligsprechungsfeier gehalten hat. Diese Papstansprache stellt dabei einen meist sehr aktuellen Kommentar zum Leben des betreffenden neuen Seligen oder Heiligen dar.
Liest man diese Kurzbiographien, wird man erbaut und ergriffen und unwillkürlich dazu angetrieben, dafür zu danken, daß die heute vielfach geschmähte, treulos verlassene, lieblos kritisierte Kirche doch auch in unseren Tagen »Mutter und Lehrerin« (»mater et magistra«), Mutter von Heiligen, Führerin zur Heiligkeit und letztlich doch – bei aller Menschlichkeit, Fehlerhaftigkeit und Sündhaftigkeit ihrer Glieder – die »una sancta, catholica et apostolica Ecclesia« ist, von der jeder, der ihr anzugehören das Glück und die Gnade hat, beten und singen kann: »Dank sei dem Herrn, der mich aus Gnad' in seine Kirch' berufen hat. Nie will ich von ihr weichen.«

Salzburg, Fest des hl. Thomas von Aquin, 28. Januar 1992

Ferdinand Holböck

Der selige Andrea Carlo Ferrari,
Kardinal und Erzbischof von Mailand

Von Papst Johannes Paul II. in den Jahren 1984–1987

SELIGGESPROCHENE

Papst Johannes Paul II. und der Generalpostulator der Jesuiten, P. Paolo Molinari S.J., am 5. Juni 1986 nach der Unterzeichnung des Dekrets über ein von Gott auf die Fürsprache von P. Rupert Mayer S.J. gewirktes Wunder.

Der selige Guillaume Répin und seine Märtyrer-Gefährten in Angers

Weltpriester und Märtyrer der Französischen Revolution

* *26. 08. 1709*
Thouarcé (Frankreich)
† *02. 01. 1794 Angers*

19. 02. 1984 Seligsprechung

Wie die Vendée während der Französischen Revolution zur »terra martyrum« wurde, so gilt Gleiches auch für die westfranzösische Stadt und Diözese Angers. Dort erlitt nicht nur der am 31. Oktober 1926 seliggesprochene Abbé Noël Pinot am 9. Februar 1794 durch Enthauptung das Martyrium – es sind ihm viele im Martyrium vorausgegangen oder nachgefolgt. Achtundneunzig von diesen Glaubenshelden hat Papst Johannes Paul II. am 19. Februar 1984 seliggesprochen. An ihrer Spitze steht als Nestor der Kanonikus Guillaume Répin[1].

Dieser wurde am 26. August 1709 als zweites Kind des Ehepaares René Répin und der Renée, geb. Gourdon, in Thouarcé (Departement Maine-et-Loire) geboren. Im Jahre 1728 trat er in das Priesterseminar zu Angers ein. Nach empfangener Priesterweihe war der Neupriester Répin zuerst von 1734 bis 1749 Kaplan in der Pfarrei Saint Julian in Angers. Dann wurde er Pfarrer und Kanonikus von Saint Simplician in Matigné-Briand. Hier war er mehr als 40 Jahre lang ein eifriger Seelsorger, der seinen Pfarrangehörigen ein wahrhaft väterlicher Hirte war, geschätzt von allen, die ihn näher kennenlernten. Die Pfarrkirche wurde unter Pfarrer Répin mehrmals renoviert und immer wieder verschönert.

Als Kanonikus Répin am 10. Februar 1791 aufgefordert wurde, den Eid auf die neue Verfassung abzulegen, verließ er, um diesen die Kirche beleidigenden Akt zu vermeiden, seine Pfarre und ging nach Angers. Hier wurde er am 17. Juni 1792, zusammen mit vielen anderen

eidverweigernden Priestern, verhaftet und eingesperrt. Im Kerker wurde Répin von seinen ebenfalls gefangenen Mitbrüdern als ihr Senior dafür ausersehen, in ihrem Namen – soweit das möglich war – die heilige Messe zu feiern und die Sakramente zu spenden.
Als diesen Priestern aufs neue ein diesmal etwas abgeänderter Eid – der sogenannte Eid »Liberté – Egalité« abverlangt wurde, wehrten sie sich wieder mutig dagegen. Sie wurden nun – mit Kanonikus Répin an ihrer Spitze – in die sogenannte Rossignolerie, die ehemalige Schule der christlichen Schulbrüder, gesperrt. Hier lebten sie bis zum 17. Juni 1793. Auf Grund der mutigen Volkserhebung in der Vendée erlangten diese Priester wieder die Freiheit. Kanonikus Répin begab sich nun nach Mauges, dann nach Cholet und von dort wieder zurück nach Mauges. Hier wurde er aber am 24. Dezember 1793 aufs neue gefangengenommen und in Chalonnes in den Kerker geworfen. Nach zwei langen Verhören wurde Kanonikus Répin schließlich vom Revolutionskomitee »suivant la loi« zur Hinrichtung durch die Guillotine der Militärkommission übergeben. Am 2. Januar 1794 wurde Répin auf der »Place du Ralliement« in Angers, zusammen mit dem Pfarrer von St. Marie in Chalonnes und zwei anderen Opfern, hingerichtet. Damals haben schließlich mehr als 2000 Katholiken (Priester, Ordensschwestern und Laien) in Angers aus Treue zu ihrem katholischen Glauben ihr Leben lassen müssen. Aus dieser großen Heldenschar ist bisher das Martyrium von 99 Katholiken gründlich untersucht worden und als echt und aus Haß gegen den katholischen Glauben erfolgt anerkannt. Der Bischof von Angers, Msgr. Joseph Rumeau, hatte für diese 99 bereits 1905 den Seligsprechungsprozeß begonnen. Er wurde in Rom erst am 9. Juni 1983 erfolgreich zu Ende geführt.
Papst Johannes Paul II. hat am 19. Februar 1984 die Seligsprechung dieser 99 Märtyrer von Angers vorgenommen und dabei folgende Ansprache gehalten:
»›Was kann uns scheiden von der Liebe Christi‹ (Röm 8,35)? Diese Frage stellte einst der Apostel Paulus in seinem Brief an die Römer. Er hatte damals die Leiden und Verfolgungen der ersten Generation von Jüngern, von Zeugen Christi, vor Augen. Die Worte Bedrängnis, Angst, Hunger, Not, Gefahr, Verfolgung, Folter, wie ›Schlachtvieh‹ dem Tod ausgesetzt, beschrieben eindeutige Tatsachen, die zur Erfahrung vieler Menschen gehörten – und noch immer gehören –, die an Christus festhielten oder im Glauben an die Liebe Christi das Martyrium erlitten. Paulus selbst hätte die Prüfungen aufzählen können, die er bereits durchgemacht hatte (vgl. 2 Kor 6,4–10), als er in Rom seinen Märtyrertod erwartete. Zusammen mit den Märtyrern des 18.

und 19. Jahrhunderts fragt die Kirche heute ihrerseits: ›Was kann uns scheiden von der Liebe Christi?‹ Der hl. Paulus bemüht sich, auf diese Frage eine zuverlässige Antwort zu geben: Nichts kann uns scheiden von der Liebe Gottes, die in Christus Jesus, unserem Herrn, ist; nichts, weder der Tod noch die Gewalten der Welt, weder Zukünftiges noch irgendeine andere Kreatur (vgl. Röm 8, 38–39).
Da Gott seinen einzigen Sohn für die Welt hingegeben hat, da dieser Sohn sein Leben für uns hingegeben hat, wird diese Liebe nicht aufhören. Sie ist stärker als alles. Sie sichert denen das ewige Leben, die Gott so sehr geliebt haben, daß sie ihr Leben für ihn hingaben. Die Regime, die Verfolgungen veranlassen, vergehen, aber der Ruhm der Märtyrer bleibt. ›All das überwinden wir durch den, der uns geliebt hat‹ (Röm 8, 37). Diesen Sieg haben die Märtyrer errungen, die heute durch die Seligsprechung zur Ehre der Altäre erhoben werden: die zahlreichen Märtyrer, die in der Diözese Angers zur Zeit der Französischen Revolution den Tod auf sich nahmen, weil sie – wie Guillaume Repin sagte – ihren Glauben und ihre Religion bewahren wollten in Treue zur römisch-katholischen Kirche. Die Priester unter ihnen weigerten sich, einen von ihnen als schismatisch verurteilten Eid zu leisten; sie waren aber nicht zum Aufgeben ihrer Seelsorgstätigkeit bereit. Die Laien aber blieben ihren Priestern, der Meßfeier, dem Ausdruck ihrer Verehrung für Maria und die Heiligen treu. In einer Zeit so großer ideologischer, politischer und militärischer Spannungen war es sicher ein leichtes, diese Gläubigen mit dem Verdacht der Untreue gegenüber dem Vaterland zu belasten. In den Urteilsbegründungen werden sie der Konspiration mit den ›antirevolutionären Kräften‹ beschuldigt. So war es und ist es übrigens bei allen Verfolgungen, gestern wie heute.
Aber für die Männer und Frauen, deren Namen sich – unter vielen anderen zweifellos ebenso verdienstvollen – erhalten haben, läßt das, was sie tatsächlich gelebt haben, das, was sie bei den gerichtlichen Verhören geantwortet haben, keinen Zweifel an ihrer Entschlossenheit, dem, was ihr Glaube verlangte, unter Einsatz des Lebens treu zu bleiben. Es gibt auch keinen Zweifel über den eigentlichen Grund für ihre Verurteilung. Es war der Haß gegen den christlichen Glauben, den ihre Richter als ›unhaltbare Frömmelei‹ und als ›Fanatismus‹ verächtlich machten.
Wir stehen voll Bewunderung vor den entschiedenen, ruhigen, kurzen, demütigen Antworten, die nichts Provokatorisches an sich haben, sondern klar sind und auf dem Wesentlichen bestehen, nämlich auf der Treue zur Kirche. So sprachen die Priester, die wie ihr ehrwürdiger Dekan Guillaume Repin durch die Guillotine hingerichtet

wurden; so sprachen die Ordensfrauen, die gar nicht erst die Annahme vermuten lassen, sie hätten den Eid geleistet; so sprachen die vier Männer aus dem Laienstand. Es soll genügen, das Zeugnis eines von ihnen, Antoine Fournier, anzuführen: ›Ihr würdet also zur Verteidigung eurer Religion den Tod erdulden?‹ So lautete die an ihn gerichtete Frage; und die Antwort, die er gab, war ein eindeutiges Ja! So sprachen auch die 80 Frauen, die man ja nicht der bewaffneten Rebellion anklagen konnte; manche von ihnen, beispielsweise Renée Feillereau, hatten bereits vorher den Wunsch geäußert, lieber für den Namen Jesu zu sterben als der Religion zu entsagen. Als wahre Christen bezeugten sie alle ihre christliche Haltung durch ihre Weigerung, ihre Henker zu hassen, durch ihr Verzeihen und durch ihren Wunsch nach Frieden für alle. ›Ich habe den gütigen Gott nur um Frieden und Einheit der ganzen Welt gebeten‹, sagte Marie Cassin. Von der Tiefe ihres Glaubens gaben schließlich ganz besonders auch die letzten Augenblicke des Lebens dieser Märtyrer Zeugnis. Einige sangen auf dem Weg zur Hinrichtungsstätte Hymnen und Psalmen; andere ersuchten um einige Minuten, um das Opfer ihres Lebens darzubringen, was sie dann mit solcher Inbrunst taten, daß sogar ihre Henker darüber erstaunt waren. Schwester Marie-Anne von den Barmherzigen Schwestern tröstete ihre Mitschwestern mit den Worten: ›Uns wird das Glück zuteil, Gott zu schauen und Ihn dann die ganze Ewigkeit lang zu besitzen ... und wir werden Ihm gehören, ohne fürchten zu müssen, je wieder von Ihm getrennt zu werden.‹
Heute werden diese 99 Märtyrer von Angers in der glorreichen Seligsprechung mit dem ersten von ihnen, dem Abbé Noël Pinot, der seit nahezu 60 Jahren seliggesprochen ist, vereint. Ja, hier bestätigen sich weithin vernehmbar die Worte des Apostels Paulus: ›Alles überwinden wir durch den, der uns geliebt hat‹ (Röm 8, 37).«

Der selige Giovanni Mazzucconi

Priester und Angehöriger des Mailänder Instituts für die Außenmission, Missionar in Ozeanien, Märtyrer

* *01. 03. 1826*
Rancio di Lecco (Italien)
† *07. 09. 1855*
am Strand der Insel Woodlark

19. 02. 1984 Seligsprechung

Ein seliger Glaubensbote, der aus Italien nach Ozeanien ging, um dem Missionsauftrag Christi »Geht hinaus in alle Welt ...« zu entsprechen, ist der am 19. Februar 1984 von Papst Johannes Paul II. seliggesprochene Giovanni Mazzucconi[2]. Er wurde am 1. März 1826 in Rancio di Lecco in Italien geboren. Sein Lebensschicksal ist gerne mit dem des hl. Petrus Chanel verglichen worden, weil er auch wie dieser in seinem Missionsgebiet in Ozeanien sein Leben lassen mußte.
Giovanni Mazzucconi war einer der allerersten Angehörigen des Mailänder Instituts für die Außenmissionen. Er redigierte die Statuten dieses Instituts und schrieb für dieses die Gemeinschaftsgebete. Im Jahre 1850 wurde er zum Priester geweiht und bald darauf in die Mission nach Ozeanien (Melanesien und Mikronesien) geschickt, um dort auf der Insel Rook gegenüber von Neuguinea als Missionar zu wirken und die Einheimischen für den christlichen Glauben zu gewinnen.
Nachdem er sich dort drei Jahre selbstlos und seeleneifrig abgemüht hatte, wurde er schwerkrank und mußte sich, damit er für die Reich-Gottes-Arbeit an der vordersten Front wieder einsatzfähig werde, nach Sidney (Australien) begeben, um seine Krankheit auszuheilen. Auf der Rückfahrt von Australien in seine Missionsstation wurde das Boot des Missionars durch ein Ungewitter an den Strand der Insel Woodlark geschleudert, wo Giovanni Mazzucconi zusammen mit seinen Begleitern von den Wilden massakriert wurde. Wann das geschah, steht nicht genau fest, vermutlich am 7. September 1855.

Papst Johannes Paul II. sagte bei der Seligsprechung am 19. Februar 1984 über diesen Glaubensboten und Märtyrer folgendes: »Ein Zeugnis ehernen Glaubens und glühender Liebe hat der Kirche und der Welt Giovanni Mazzucconi gegeben, der sein junges Leben als Priester und Missionar im Martyrium verzehrte. Er gehörte zu den ersten Mitgliedern des Päpstlichen Instituts für die Außenmissionen in Mailand. Er spürte, daß die Mission sein ›heimlicher Herzenswunsch‹ war. Sein Lebensziel war jedoch eine noch tiefere Verbundenheit mit Christus; eine Verbundenheit, die ihn eben wegen seines unermüdlichen Einsatzes für die Glaubensverbreitung mit den Leiden und dem Kreuz seines Herrn und Meisters vereinigen würde: ›Selig der Tag, an dem es mir gegeben sein wird, für eine so heilige und so erbarmenswerte Sache viel zu leiden, aber noch seliger jener Tag, an dem ich für würdig befunden werde, für sie mein Blut zu vergießen und unter Qualen zu sterben.‹
Die christliche Botschaft, die Mazzucconi den Eingeborenen von Woodlark verkündete, war eine offene Verurteilung ihrer Bräuche, die bis zu den Greueltaten der Kindestötung reichten. So rief trotz der unermeßlichen Liebe und unermüdlichen Hingabe des Seligen seine Predigt Verwirrung und Haß hervor. Aber er war inmitten der Entbehrungen, der Fieberkrankheiten und sonstigen Widerstände von übernatürlicher heiterer Gelassenheit, weil er in inniger Verbundenheit mit Gott lebte. In Anlehnung an die Worte des hl. Paulus konnte er schreiben: ›Ich weiß, daß Gott gut ist und mich unendlich liebt. Alles übrige, die Ruhe und der Gewittersturm, die Gefahr und die Sicherheit, das Leben und der Tod sind nur wechselnde Augenblicksäußerungen der treuen unveränderlichen ewigen Liebe Gottes.‹«

Die selige Marie-Léonie (Alodia Virginia) Paradis

Ordensschwester,
Ordensgründerin

* *12. 05. 1840*
L'Acadie bei Quebec (Kanada)
– S.te Marguerite de Blairfindie
† *03. 05. 1912*
Sherbrooke (Kanada)

11. 09. 1984 Seligsprechung

Bei der Seligsprechungsfeier für Schwester Marie-Léonie Paradis[3] im Jarry-Park zu Montreal in Kanada am 11. September 1984 sagte Papst Johannes Paul II. u.a.: »Die Seligsprechung dieser kanadischen Ordensfrau erinnert uns daran, daß Kanada überreichen Nutzen aus dem Beitrag zahlreicher Ordensgemeinschaften gezogen hat, und zwar auf allen Gebieten des kirchlichen und sozialen Lebens. Kontemplatives Gebet, Erziehung, Armenhilfe, Krankendienst und Apostolat jeder Art sind hier zu nennen. Das ist eine große Gnade. Und wenn heute die Dienste anders sein mögen und sich nach den jetzigen Bedürfnissen ausrichten, so bleibt doch der Ordensberuf ein wunderbares Geschenk Gottes, ein unvergleichliches Zeugnis, ein für die Kirche wesentliches, prophetisches Charisma nicht nur wegen der schätzenswerten Dienste, die die Schwestern übernehmen, sondern vor allem, um die Selbstlosigkeit der Liebe in der bräutlichen Hingabe an Christus zu zeigen, indem man sich dadurch gänzlich seinem Erlösungswerk weiht. Ich erlaube mir, folgende Frage an alle Christen zu richten, die hier versammelt sind: Weiß das kanadische Volk diese Gnade noch zu schätzen? Hilft es den Schwestern, ihre Berufung zu finden und zu festigen? Ihr aber, liebe Schwestern, ermeßt ihr die Größe des Rufes Gottes und eines radikal dem Evangelium entsprechenden Lebensstils, der dieser Gnadengabe entspricht?«
Alodia Virginia Paradis, die am 12. Mai 1840 in das schlichte Heim frommer, einfacher Eltern in L'Acadie bei Quebec in Kanada hineingeboren wurde, schätzte den Ordensberuf von früher Kindheit an

und trat schon mit 14 Jahren – dazu bewogen von ihrem Landsmann Camillo Lefèbvre, damals erst Hl.-Kreuz-Kleriker – in die von P. Basil Moreau gegründete Kongregation der Marianistinnen vom Hl. Kreuz ein. Sie legte bei diesen Schwestern am 22. August 1857 in Gegenwart von P. Basil Moreau, der damals auf Visitation in Kanada weilte, als Schwester Marie-Léonie die Ordensprofeß ab. Sie nahm es von da an allzeit ernst und genau mit der Treue zu den heiligen Ordensgelübden.

Nachdem Sr. Marie-Léonie von 1857 bis 1862 in verschiedenen Häusern ihrer Kongregation Mädchen unterrichtet hatte, wurde sie 1862 in die Vereinigten Staaten von Nordamerika geschickt, um als Erzieherin im Waisenhaus St. Vinzenz in New York zu wirken. Sie blieb auf diesem Posten bis 1870.

Im Jahre 1869 trennten sich jene Schwestern Marianistinnen vom Hl. Kreuz, die in Amerika lebten, vom Mutterhaus ihrer Kongregation in Frankreich und gründeten die selbständige autonome Kongregation der Schwestern vom Hl. Kreuz.

Diese Schwestern hatten auf Wunsch des Hl. Stuhls seit geraumer Zeit begonnen, sich ausschließlich dem Unterricht zu widmen, ganz im Gegensatz zur Aufgabe, die ihnen anfangs ihr Gründer, P. Basil Moreau, gestellt hatte, nämlich in den Häusern der Patres vom Hl. Kreuz den Haushalt zu führen. Da jedoch die Marianistinnen vom Hl. Kreuz in der Provinz Notre-Dame in Indiana diese Haushaltstätigkeit wenigstens teilweise beibehalten wollten, nahm Sr. Marie-Léonie gern 1870 das ihr gemachte Angebot an, nach Notre-Dame überzuwechseln. Als P. Camillo Lefèbvre, der Gründer des St.-Josephs-Kollegs zu Memramcook (New Brunswick, Kanada), Sr. Marie-Léonie bat, die religiöse Erziehung jener Mädchen zu übernehmen, die er für die verschiedenen Dienste in dem von ihm gegründeten Kolleg um sich geschart hatte, ging sie am 22. September 1874 mit einer anderen Schwester dorthin. Unter ihrer Leitung wuchsen diese Mädchen im St.-Josephs-Kolleg zu Memramcook zu einer Schwesterngemeinschaft zusammen, aus der eine neue Schwesternkongregation entstand, die »Kongregation der Kleinen Schwestern von der Heiligen Familie«.

Bis 1904 gehörte Sr. Marie-Léonie rein rechtlich immer noch zur Kongregation der Marianistinnen vom Hl. Kreuz. Am 2. Oktober 1904 aber übernahm sie endgültig zusammen mit dem Ordenskleid der »Kleinen Schwestern von der Heiligen Familie« auch deren Leitung als Generaloberin und blieb dies bis zu ihrem Lebensende, als sie am 3. Mai 1912 im Mutterhaus in Sherbrooke in Kanada in die Ewigkeit abberufen wurde. Hauptaufgabe der »Kleinen Schwestern von

der Heiligen Familie« ist auch heute noch die Haushaltsführung in Männerklöstern, Priesterseminaren und Kollegien.
Über die Persönlichkeit von Mutter Marie-Léonie hat Papst Johannes Paul II. bei ihrer Seligsprechung folgendes gesagt:
»Heute füge ich in das Lebensbuch der Heiligen und Seligen der Kirche von Kanada einen weiteren Namen ein, den der Schwester Marie-Léonie Paradis. Diese Kanadierin lebte arm unter den Armen. Sie bekommt aber heute ihren Rang unter denen, die Gott ehren möchte, und ich bin glücklich, daß eine solche Seligsprechung zum ersten Mal in Kanada stattfinden kann.
Die neue Selige war das Kind von einfachen Eltern, die arm, aber tugendhaft lebten. Frühzeitig spürte sie die Schönheit des Ordenslebens und entschied sich durch ihr Gelübde für die Marianistinnen vom Hl. Kreuz. Sie hat ihre Hingabe an Gott nie in Frage gestellt, auch nicht bei den Prüfungen des Gemeinschaftslebens in New York und Indiana. Nachdem sie zum Dienst in einem Kolleg zu Memramcook in Akadien bestimmt worden war, bekam ihr Ordensleben eine solche Strahlkraft, daß sich spontan junge Mädchen um sie scharten, die ihr Leben ebenfalls Gott weihen wollten. Mit ihnen und dank dem Verständnis von Bischof Laroque von Sherbrooke gründete sie die Genossenschaft der ›Kleinen Schwestern von der Heiligen Familie‹, die heute noch blüht und geschätzt wird.
Ohne je an Gottes Anruf zu zweifeln, betete Schwester Marie-Léonie doch oft: ›Herr, zeige mir Deine Wege!‹, denn sie wollte die konkrete Form ihres Dienstes in der Kirche erkennen. Für ihre geistlichen Töchter fand und empfand sie eine besondere Aufgabe: den Dienst in Erziehungsanstalten, Seminarien und Pfarrhäusern. Sie fürchtete nicht die zahlreichen Formen der Handarbeit, die das Los so vieler Menschen von heute geworden ist und bereits von der Heiligen Familie von Nazareth im Leben Jesu in Ehren gehalten wurde. Darin sah sie den Willen Gottes für ihr Leben, und in der Erfüllung ihrer Aufgaben fand sie Gott. Bei den Opfern, die mit der Arbeit im Haushalt verbunden sind, die sie aber gern aus Liebe brachte, fand sie tiefe Freude und tiefen Frieden. Sie wußte, daß sie hier den Dienst Christi weiterführte, der gekommen war, ›nicht um sich bedienen zu lassen, sondern um zu dienen‹. Sie war dabei ganz durchdrungen von der Erhabenheit der Heiligsten Eucharistie und der Größe des Priestertums im Dienst an der Eucharistie. Wir stehen hier vor einem der Geheimnisse und geistlichen Motive, aus denen diese Frau lebte. Gott hat seinen Blick auf die Heiligkeit seiner demütigen Dienerin Marie-Léonie geworfen, die sich von der Verfügbarkeit Mariens anregen ließ.«

Der selige Clemente Marchisio

Weltpriester, Landpfarrer, Ordensgründer

* *01. 03. 1833 Racconigi (Italien)*
† *16. 12. 1903 Rivalba (Italien)*

30. 09. 1984 Seligsprechung

Am 30. September 1984 hat Papst Johannes Paul II. einen schlichten italienischen Landpfarrer in St. Peter in Rom seliggesprochen und zur Ehre der Altäre erhoben: den Weltpriester Clemente Marchisio[4].
Er wurde am 1. März 1833 in Racconigi (Erzdiözese Turin) als erstes von neun Kindern eines Handwerker-Ehepaars geboren und spürte sehr früh schon seine Berufung zum Priestertum. Er trat in das Priesterseminar zu Bra ein und wurde nach Abschluß seines Theologiestudiums am 20. September 1856 in Turin zum Priester geweiht. Am kirchlichen Institut in Turin vertiefte er sein theologisches Wissen noch in einem zweijährigen Kurs in der Moral- und Pastoraltheologie unter der Leitung des heiligen Priesters Joseph Cafasso. Diesem schrieb der selige Clemente Marchisio später dankbar seine ganze priesterliche Formung zu.
Der junge Weltpriester Clemente Marchisio wurde zuerst Kaplan (»viceparroco«) in Cambiaso, dann in Viganò; schließlich wurde er Pfarrer in Rivalba, wo er 43 Jahre lang unermüdlich, überaus segensreich und seeleneifrig bis zu seinem Tod wirkte.
Als kluger Seelsorger nahm er sich besonders der weiblichen Jugend an. Er hatte beobachtet, wie so manche Mädchen in der Großstadt Turin, wo sie Arbeit suchten, auf die schiefe Bahn gerieten und verdorben wurden. Darum gründete er in seinem Pfarrort ein Asyl für Mädchen und schuf für sie eine Arbeitsstätte, eine Weberei. Zur Betreuung der Mädchen holte er zuerst Schwestern aus dem vom seligen Federico Albert gegründeten Schwestern-Institut der Vinzenti-

nerinnen von der Unbefleckten Jungfrau Maria in seine Pfarrei. Als diese abgezogen wurden, ging er nach einer Lourdes-Pilgerfahrt und nach Einholung des Rates des Erzbischofs Gastaldi von Turin daran, ein eigenes Schwestern-Institut zu gründen, das »Institut der Töchter des hl. Joseph« (»Istituto delle Figlie di S. Giuseppe«).

Bei seinen Predigt- und Beichtaushilfen in der großen Erzdiözese Turin hatte Pfarrer Clemente Marchisio beobachten können, daß es gar oft an der Sauberkeit der Kelchwäsche und der Paramente für die Feier des eucharistischen Opfers fehlte, bisweilen sogar an der nötigen Reinheit und Echtheit der eucharistischen Materie von Brot und Wein. So stellte er seinen Schwestern, den Töchtern des hl. Joseph, die besondere Aufgabe, mit großer Ehrfurcht und Liebe zur hl. Eucharistie für die Hostien und den Meßwein, für die Kelchwäsche und die Paramente sowie für die Altarkerzen und Altartücher in den Kirchen des Landes zu sorgen. Die Schwestern fanden bei dieser schönen Beschäftigung nicht nur Anklang beim Klerus der Erzdiözese, sondern auch die nötigen Einnahmen für ihren Lebensunterhalt. Auf diese Weise bekamen sie jedoch auch Nachwuchs und konnten schließlich Niederlassungen in ganz Italien gründen. Ihr Gründer aber, Pfarrer Clemente Marchisio, brachte den Schwestern die ihm eigene Spiritualität bei: ein Leben der Armut und Schlichtheit im Dienste unseres Herrn im heiligsten Sakrament zu führen; ihm müsse man mit starkem Glauben und größter Ehrfurcht dienen.

Das Schwestern-Institut der »Töchter des hl. Joseph« von Rivalba erlangte vier Jahre nach dem Tod des seligen Clemente Marchisio, der am 16. Dezember 1903 in Rivalba erfolgte, die definitive Approbation durch Papst Pius X., den heiligen Papst der Eucharistie. Dieser hatte, als er noch Bischof von Mantua war, den Pfarrer Don Clemente Marchisio kennen- und schätzengelernt und hatte ihm sein Wohlwollen auch als Patriarch von Venedig bewahrt.

Papst Johannes Paul II. hat diesen schlichten, seeleneifrigen, ganz eucharistisch geprägten Weltpriester bei der Seligsprechung am 30. September 1984 folgendermaßen charakterisiert:

»Im seligen Don Clemente Marchisio erstrahlt das Bild Christi, des Guten Hirten. Darum besorgt, ›den Gläubigen immer ein Vorbild in seinen Worten, in seinem Lebenswandel, in der Liebe, im Glauben zu sein‹ (1 Tim 4, 12), bemühte er sich, in der Gnade, mit der jeder Priester in Christus beschenkt wird, Fortschritte zu machen. Er wurde so mit jedem Tag zu einem wirksameren und lebendigeren Werkzeug Jesu, des Ewigen Hohenpriesters. Als Mann des Gebetes, wie es jeder Priester sein sollte, war er sich bewußt, daß er den Herrn des Universums und seines Lebens anrufen müsse. Aber er war sich auch bewußt, daß die wahre Anbetung, die der unermeßlichen Heiligkeit Gottes würdig ist, vor allem durch das Sakrament des Leibes und Blutes Christi vollzogen wird. Er war darum stets eifrig auf die andächtige, würdige Feier des eucharistischen Geheimnisses, auf die häufige Anbetung des Herrn im heiligsten Sakrament und auf die würdevolle liturgische Feier der hl. Messe bedacht. Er war in der Tat davon überzeugt, daß sich die Kirche vor allem in der hl. Eucharistie aufbaut, an der die Glieder der christlichen Gemeinschaft teilnehmen und sich dadurch in mystischer Weise mit Christus identifizieren und untereinander eins werden.«

Der selige Federico (Friedrich) Albert

Landpfarrer, Ordensgründer

* *16. 10. 1820 Turin*
† *30. 09. 1876 Lanzo Torinese*

30. 09. 1984 Seligsprechung

Ein vorbildlicher italienischer Pfarrer, der mit dem heiligen Don Bosco, der ihm auch noch im Sterben beistand, befreundet war, ist der am 30. September 1984 von Papst Johannes Paul II. seliggesprochene Federico Albert[5].
Er wurde am 16. Oktober 1820 in Turin als erster Sohn eines hohen Offiziers im Generalstab des sardinischen Heeres geboren. Es lag nahe, daß der erwachsene Jungmann in die Militärakademie eintreten würde, wie es der Vater vorgesehen hatte. Als aber Federico Albert eines Tages vor dem Reliquienschrein des seligen Sebastiano Valfré, des Apostels von Turin, betete, fühlte er plötzlich und unvorhergesehen die Berufung zum Priestertum. Er wurde Kleriker und von König Carlo Alberto der Hofgeistlichkeit zugezählt. An der Universität von Turin promovierte er zum Dr. theol. Am 10. Juni 1843 wurde er vom heldenhaften Bischof Franzoni zum Priester geweiht und zum königlichen Hofkaplan ernannt. Dieses Amt übte er bis zum Jahre 1852 aus. Damals hatte der junge Hofkaplan im Schloß zu Moncalieri in Gegenwart des Königs Victor Emanuel II., der königlichen Familie und des ganzen Hofes eine Fastenpredigt über das Evangelium von der Ehebrecherin gehalten, und zwar mit einer so kühnen Deutlichkeit, daß alle spürten, der Prediger spiele dabei auf die ehebrecherischen Seitensprünge des Königs an. Die Angehörigen des königlichen Hofes waren darüber entsetzt; der König selbst aber schätzte die apostolische Kühnheit des Hofkaplans und sagte zu ihm beim Abschied: »Danke! Sie haben mir immer die Wahrheit gesagt.«

Nach einem kurzen Intermezzo in der Pfarrseelsorge an der Kirche San Carlo in Turin, von wo die Serviten Mariens verjagt worden waren, wurde der Priester Federico Albert am 18. April 1852 Pfarrvikar von Lanzo Torinese, einer ausgedehnten, volkreichen, beschwerlichen Bergpfarrei, die dem Seelsorger große Opferbereitschaft abverlangte. Hier machte er sich sehr rasch an die höchst notwendige Renovierung der baufälligen Kirche und schleppte eigenhändig das nötige Baumaterial herbei. Hier und in den umliegenden Pfarreien suchte er dann das religiös-sittliche Leben zu verbessern und hielt mit ganz großem Seeleneifer Exerzitien und Volksmissionen. Um Waisenkindern und sonstigen Fürsorgefällen ein passendes Obdach zu verschaffen, gründete er das Hospiz Maria Immaculata. Zur Betreuung der darin untergebrachten Kinder stiftete Pfarrer Federico Albert etwas später die Kongregation der Schwestern Vinzentinerinnen von Maria Immaculata, die später nach ihrem Gründer Albertinerinnen genannt wurden. Er gründete dann noch ein Kolleg für Buben, das er Don Bosco anvertraute, mit dem er in überaus freundschaftlicher Verbindung stand. Pfarrer Federico Albert erwies sich immer mehr als ein durch und durch apostolisch gesinnter Mann von unbeirrbarer Ausgeglichenheit, von großer Liebe gegen die Armen, von ergreifendem Einfühlungsvermögen und zärtlicher Liebenswürdigkeit gegen alle.

Im Jahre 1873 wurde Pfarrer Federico Albert vom Papst zum Bischof von Pinerolo ernannt. Er bat jedoch den Papst unter Tränen, ihm diese Last nicht aufzuerlegen.

Mitten in größter Aktivität, bei der Errichtung einer landwirtschaftlichen Kolonie für Burschen, die den Pfarrern der Umgebung bei der Betreuung der landwirtschaftlichen Flächen ihrer Pfarrpfründen helfen sollten, erlitt er einen Unfall, der seinem Leben ein Ende setzen sollte. Er war gerade dabei, die Decke der Kapelle auszumalen, da geriet er, um eine gefährliche Situation für einen Burschen, der ihm half, aus dem Weg zu räumen, mit einem Fuß in eine Falle und brach am Boden zusammen. Zwei Tage lag er in Agonie, wobei ihm Don Bosco und dessen späterer Nachfolger, der selige Don Michele Rua, beistanden. Er starb am 30. September 1876.

Papst Johannes Paul II. sagte über diesen vorbildlichen italienischen Pfarrer bei der Seligsprechungsfeier am 30. September 1984: »Der selige Don Federico Albert hat sich dem Wohl der ihm anvertrauten Seelen und den Bedürfnissen der Armen gewidmet. Da in ihm die Berufung zum Priestertum erst im Erwachsenenalter herangereift war, hatte er nicht die Möglichkeit, das Priesterseminar zu besuchen. Er bereitete sich jedoch in einer Art und Weise auf den Priesterberuf

vor, die heute als gültiges Vorbild für die Priester hingestellt werden muß. Sie können in ihm das vertiefte geistliche Leben bewundern, das von der ständigen Gemeinschaft mit Christus genährt wurde. Auch den selbstlosen Eifer können sie an ihm bewundern, sich eine solide kulturelle Bildung anzueignen, die es ihm erlaubte, sich als sicherer Führer unter das Volk Gottes zu begeben. Sein Glaubensgeist, sein bedingungsloser Gehorsam gegenüber dem Papst und dem Bischof, seine priesterliche Liebe machten ihn zu einem ausgleichenden Element unter den Mitgliedern des Presbyteriums und zu einem eifrigen Hirten, dessen Augenmerk besonders der Jugend und den Armen galt.
Wenn wir auf diesen Seligen schauen, werden wir mit einzigartiger Klarheit gewahr, daß es möglich ist, auf die konkreten Bedürfnisse der Menschen zu antworten, weil es treue Diener Christi und der Kirche gibt.«

Der selige Isidor vom hl. Joseph De Loor

Passionisten-Laienbruder

* *18. 04. 1881 Vrasene (Belgien)*
† *06. 10. 1916 Kortrijk (Belgien)*

30. 09. 1984 Seligsprechung

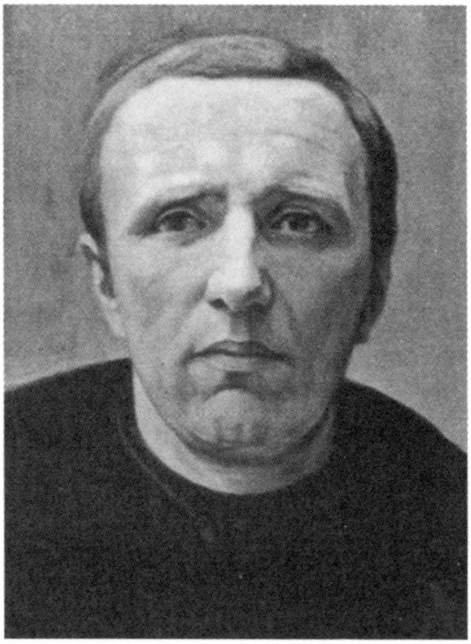

Ein flämischer Laienbruder im Passionistenorden des hl. Paul vom Kreuz, den sich die vielen Krebskranken unserer Zeit als Fürsprecher bei Gott und als ermutigendes Vorbild im Ertragen der schmerzlichen Krankheit erwählen könnten, ist Bruder Isidor vom hl. Joseph De Loor[6]. Er hat am 18. April 1881 in Vrasene, Diözese Gent (Belgien), als Sohn des Alois De Loor und der Camilla, geb. Hutsebaut, das Licht der Welt erblickt. Die Eltern waren bescheidene, aber tief fromme katholische Bauersleute. In gut katholischer Atmosphäre wuchs Isidor auf, fromm und strebsam, aber kränklich. Er taugte nicht recht für die schwere Landarbeit auf dem Bauernhof. Dafür jedoch half er nach der am 25. Mai 1894 empfangenen hl. Firmung dem Seelsorger beim Religionsunterricht.
Im Jahre 1907 gab ihm nach einer Volksmission im heimatlichen Dorf der berühmte Volksmissionär aus dem Redemptoristenorden des hl. Alfons Maria von Liguori, P. Bouckaert, den Rat, als Laienbruder bei den Passionisten in Ere (Diözese Tournai) einzutreten. Er tat es mit frohem Herzen und weihte sich am 13. September 1908 dem leidenden und gekreuzigten Herrn Jesus Christus in der ewigen Ordensprofeß.
Im Jahre 1910 wurde Bruder Isidor von seinem Vorgesetzten im Kloster des Passionistenordens zu Wezembeek-Oppem bei Brüssel als Koch, Gärtner und Pförtner eingesetzt. Auch hier tat er gehorsam und opferbereit seinen Dienst aus Sühnebereitschaft und Liebe gegenüber dem gekreuzigten Heiland.

Im Frühjahr 1911 mußte dem Bruder Isidor das rechte Auge entfernt werden. Der Krebs hatte in ihm zu arbeiten begonnen und kam nicht mehr zum Stillstand. Bruder Isidor mag dies geahnt haben; die Ärzte und die Vorgesetzten wußten es. Dennoch ging Bruder Isidor nach erfolgter Operation wieder gern an seine Arbeit.
Am 11. August 1912 wurde Bruder Isidor nach Kortrijk (Erzdiözese Brüssel) in das dortige Passionistenkloster versetzt. Auch hier betätigte er sich wieder tapfer und gottergeben in den ihm zugewiesenen Aufgaben als Koch, Pförtner und Almosensammler. Er war dabei immer von ganz gewissenhafter Regeltreue erfüllt, ebenso von einer bewundernswerten intimen Gottverbundenheit. Dabei wurde er mehr und mehr – trotz des in ihm schleichenden Giftes der Krebskrankheit – zu einem Muster der Vollkommenheit für die Passionisten-Laienbrüder. Im September 1916 griff der Krebs auf die inneren Organe, vor allem auf seine Gedärme über. Die auftauchenden Metastasen verursachten ihm furchtbare Schmerzen. Er aber kannte kein Jammern und Klagen; alles ertrug er gottergeben, meist mit dem Stoßgebet auf den Lippen: »Ja, Vater, für das Paradies!« Denn das Paradies, der Himmel, »einmal verdient, ist für immer verdient«, sagte der Krebskranke. Das waren dann auch seine letzten Worte vor seinem Sterben am 6. Oktober 1916.
Nach dem Tod von Bruder Isidor setzte bei vielen Katholiken Belgiens ein vertrauensvolles Beten zu diesem verstorbenen Ordensmann ein. Viele auffallende Gebetserhörungen wurden den Vorgesetzten im Passionistenorden gemeldet, so daß sich diese veranlaßt sahen, den Seligsprechungsprozeß zu beginnen. Dieser wurde 1984 glücklich zu Ende geführt.
Bei der Seligsprechung am 30. September 1984 sagte Papst Johannes Paul II.:
»Der neue Selige Isidor De Loor ist für unsere Zeit, die ganz berauscht ist von einer manchmal recht zweifelhaften Unabhängigkeit, gewiß ein faszinierendes und providentielles Vorbild für wachsende Übereinstimmung mit dem Willen des himmlischen Vaters in der Nachfolge Jesu Christi. Schon zu seinen Lebzeiten nannten die Zeugen seines Lebens Bruder Isidor vom hl. Joseph den ›Bruder vom Willen Gottes‹. In diesem Seligen können wir vor allem das Antlitz des leidenden Herrn Jesus schauen, in welchem sich die unendliche Liebe Gottes offenbart. Der neue Selige verstand es, den überaus erhabenen und absoluten Wert des Willens Gottes zu erfassen. Er war eifrig bemüht, diesen Willen Gottes in seinem Leben mit Liebe und Vertrauen nach dem Vorbild Jesu Christi zu erfüllen. Der Herr Jesus hat sich ja immer, auch wenn es darum ging, das Kreuz auf sich zu neh-

men, angeschickt, nur das zu tun, was dem Vater wohlgefällig war. Die bedingungslose Fügsamkeit und Bereitschaft, mit der der selige Isidor De Loor nach dem Vorbild Christi in allem dem Willen Gottes entsprach, um dem gekreuzigten und auferstandenen Herrn Jesus nachzufolgen, war so groß, daß er mit Recht ›Bruder vom Willen Gottes‹ genannt wurde. Als er von einer der heute meist verbreiteten Krankheiten unseres Jahrhunderts, dem Krebs, befallen worden war, bereitete sich Bruder Isidor mit derselben Fügsamkeit in den Willen Gottes, mit der er bisher gelebt hatte, auf das Sterben vor, wobei er diese dramatische Prüfung als Gelegenheit erachtete, sich im Vollsinn dem Erlöser anzugleichen. Das bildete dabei dann den Gegenstand seiner ständigen, ausgedehnten Meditationen.
Der neue Selige lädt jeden von uns ein, sich zu Füßen des am Kreuz aus unendlicher Liebe gestorbenen Heilands zu stellen und seine Aufforderung zu beachten, all unsere Mühen und Leiden mit seinem Leiden zu vereinen, um so den heilbringenden und aufbauenden Sinn der Arbeit, der Schmerzen, Anstrengungen und Leiden zu finden und so gültige Antworten auf die Fragen nach dem Sinn unseres Daseins zu erhalten, wie ich es im Apostolischen Schreiben ›Salvifici doloris‹ vom 11. Februar 1984 (Nr. 31) darzulegen versuchte.«

Die selige Rafaela Ybarra de Vilallonga

Ehefrau, Ordensgründerin

** 16. 01. 1843 Bilbao (Spanien)*
† 23. 02. 1900 Bilbao

30. 09. 1984 Seligsprechung

Dem vermögenden, dabei gläubig frommen baskischen Ehepaar Gabriel Maria Ybarra y Gutiérrez de Cabiedas und Rosaria de Arambarri y Mancebo wurde am 16. Januar 1843 in Bilbao (Spanien) eine Tochter geboren. Sie erhielt tags darauf in der hl. Taufe die Namen Rafaela Maria Stefania[7] und reifte zu einem Stern am Heiligenhimmel des baskischen Volkes heran, wie Papst Johannes Paul II. bei der Seligsprechung am 30. September 1984 bestätigte.
Von frühester Kindheit wies Rafaela außerordentliche Zeichen der Frömmigkeit auf. Mit elf Jahren empfing sie die Erstkommunion, die einen tiefen Eindruck auf sie machte. Sie weinte damals – wie sie in Tagebuchnotizen bemerkte – vor Freude über die ganz tief erlebte Christusbegegnung. Wenn man nun meinen würde, die junge Rafaela wäre zu einer Ordensfrau herangereift, so ist das falsch. Sie wollte in einer wahrhaft christlich gelebten Ehe zeigen, daß man auch so Gott auf innige Weise lieben kann, wenn man Christus ganz bewußt als Dritten in den Ehebund mit einbezieht. Mit 18 Jahren heiratete Rafaela den Sohn einer vermögenden christlichen Familie, José Vilallonga, und führte mit diesem tatsächlich eine christliche Ehe im schönsten Sinne des Wortes. Sie liebte ihren Gatten in Gott und für Gott, ebenso ihre Kinder und die adoptierten Nichten und Neffen, nahm sich liebevoll auch der alten Eltern und anderer Verwandter an und vergaß dabei nicht, apostolisch auch in die weitere Umgebung hineinzuwirken. In echtem Apostolatsgeist benützte sie ihr großes Vermögen, um in Bilbao das »Asyl der Hl. Familie« für

Frauen in schwierigen Verhältnissen und für gefährdete Mädchen zu errichten. Zur Betreuung solcher Mädchen schuf sie auch ihr Hauptwerk, die Ordensgemeinschaft der »Schwestern von den heiligen Schutzengeln« (»Congregación de los Santos Angeles Custodios«). Unter der klugen geistlichen Leitung durch den Jesuiten P. Francisco de Sales Muruzábel und mit Einverständnis ihres Gatten legte Frau Rafaela Ybarra de Vilallonga die Gelübde der Armut, der Keuschheit und des Gehorsams ab, denen sie 1890 auch noch das Gelübde zufügte, immer das Vollkommenere zu tun und – sobald die familiären Verhältnisse es gestatten – sich im Ordensstand Gott zu weihen.
Frau Rafaela Ybarra Vilallonga starb am 23. Februar 1900 in ihrem Haus in Bilbao im Ruf der Heiligkeit, den der Papst bei der Seligsprechung am 30. September 1984 als zutreffend bestätigte. Johannes Paul II. sagte dabei folgendes:
»Einen Abglanz der unendlichen Vollkommenheit Christi haben wir in der seligen Rafaela Ybarra vor uns. Sie bemühte sich allzeit, in Christus zu wachsen, um in Liebe aufgebaut zu werden (vgl. Eph 4, 15f.). Bewunderung verdient bei dieser Frau ihre bedingungslose Hingabe an Gott und über Gott an die Mitmenschen in den verschiedenen Situationen ihres Lebens: als junges Mädchen, als Ehegattin und als Gründerin eines Ordensinstituts. Aus dem Kreuz und aus dem Gebet schöpfte sie die Kräfte für ihre Selbstaufopferung auf dem Altar christlicher Nächstenliebe. Wie vielen Menschen kam doch ihre Fähigkeit zur Hingabe an Christus zugute! Wie viele nannten sie angesichts ihrer liebevollen Freundlichkeit gegenüber den Bedürftigen einfach ›Mutter‹. Sie verstand es, aus ihrer gehobenen sozialen Stellung heraus die Gesellschaft ihrer Zeit mit menschlichem und christlichem Einfühlungsvermögen zu betrachten. Daraus erwuchsen verschiedene Initiativen sozialen und apostolischen Charakters, die ihr selbstloses Dienen in Krankenhäusern, in einem Mütterheim, im Frauengefängnis und für arbeitslose und sittlich gefährdete Mädchen auslösten. Zum Schutz und zur menschlichen und christlichen Förderung junger Mädchen gründete sie das ›Institut der heiligen Schutzengel‹.
Diese baskische Frau ist ein hervorragendes Beispiel für unsere heutige Gesellschaft und für alle, die für Gott leben wollen, indem sie mithelfen, schon hier auf Erden Gottes Reich aufzubauen. Den Christen des baskischen Volkes möchte ich in ihrer eigenen Sprache zurufen: ›Jarraitu egizuet Beata barriaren ikasbdeak – Folgt dem Beispiel der neuen Seligen!‹«

Die selige Elisabeth Catez von der heiligsten Dreifaltigkeit

Karmelitin, Mystikerin

* *18. 07. 1880*
Camp d'Avor, Bourges (Frankreich)
† *09. 11. 1906*
Dijon (Frankreich)

25. 11. 1984 Seligsprechung

Das Leben dieser modernen »Trinitätsmystikerin« wurde längst vor ihrer 1984 erfolgten Seligsprechung ausführlich beschrieben und bekannt gemacht, so vom Schweizer Theologen Hans Urs von Balthasar (»Elisabeth von Dijon und ihre geistliche Sendung«), von dem bedeutenden Dominikaner-Theologen P.-M. Philippon (»Die Herrlichkeit des Ewigen. Die geistliche Lehre Schwester Elisabeths von der Hl. Dreifaltigkeit«) und auch vom Verfasser dieses Werkes in seinem Sammelband über trinitarische Heilige (»Ergriffen vom dreieinigen Gott«)[8]. Dort wird mit Recht betont, diese Selige habe es verstanden, das Geheimnis der Einwohnung der Hl. Dreifaltigkeit in ihrer Seele mehr und mehr zum Mittelpunkt ihres geistlichen Lebens zu machen und die Entfaltung der trinitarischen Reichtümer ihrer Taufberufung als ihren Lebensberuf zu verwirklichen, um so ein lebendiges »Lob der Herrlichkeit des dreifaltigen Gottes« zu werden. Es sei hier auch noch auf den sehr schönen Bildband verwiesen: Elisabeth von Dijon, Ein Lied für Gott. Eine Biographie in Bildern, zusammengestellt von Conrad de Meester.

Elisabeth Catez wurde am 18. Juli 1880 in Camp d'Avor, Bourges (Frankreich) als Tochter eines Offiziers geboren, der sehr früh starb und seine Frau mit zwei Töchtern, nämlich Elisabeth und Margarete, hinterließ. Elisabeth war ein sehr begabter, vor allem auch musisch begabter junger Mensch. Trotz aller Aufgeschlossenheit für alles Schöne und trotz ihres Einsatzes für apostolische und caritative Werke zog der Karmel von Dijon, mit dessen Priorin sie sehr früh

schon in Verbindung gekommen war, sie ganz stark an. Sie machte dort regelmäßig Besuch bei der vorbildlichen Priorin und holte sich bei ihr Ratschläge für den Fortschritt im geistlichen Leben.
Am 2. August 1901 erfolgte Elisabeths Eintritt in den Karmel von Dijon. Sie bekam den Ordensnamen »Elisabeth von der Hl. Dreifaltigkeit«. Das ganze Programm ihres inneren spirituellen Wachsens und Reifens sah sie nun in der Verwirklichung ihres Ordensnamens: Haus Gottes, bewohnt von der Hl. Dreifaltigkeit. In einem Brief von Ende September 1903 schrieb sie: »Mein ganzes Bemühen besteht darin, in mein Inneres einzugehen und mich in jene Drei zu verlieren, die dort sind!« Immer tiefer erfaßte sie das Geheimnis der Einwohnung des dreifaltigen Gottes in ihrer mehr und mehr von mystischen Gnaden ergriffenen Seele. Ein besonderer Beweis dafür ist ihr ergreifendes »Gebet an die Hl. Dreifaltigkeit«, das sie am 21. November 1904 in einem Zug, ohne die geringste Korrektur, von Gottes Gnade angetrieben, niederschrieb. An diesem Gebet lassen sich alle wesentlichen und charakteristischen Züge der Seele dieser begnadeten Karmelitin, die in knappen fünf Jahren des Ordenslebens zur Heiligkeit heranreifte, ablesen: ihre Ergriffenheit vom Mysterium der Hl. Dreifaltigkeit, ihr Gebetsleben, das fast ausschließlich in der Anbetung des dreifaltigen Gottes bestand, ihre leidenschaftliche und zarte Liebe zu Christus, dem durch den Hl. Geist fleischgewordenen ewigen Wort des Vaters; dann ihr unwiderstehlicher Aufschwung zu den Dreien, die in ihrer Seele Wohnung genommen hatten; ihre Seligkeit darüber, daß diese Drei in ihr anwesend sind und von ihr angebetet werden wollen.
Zu Beginn der Fastenzeit 1906, als Schwester Elisabeth nach der Mittagsrekreation gewohnheitsmäßig nach den Paulusbriefen griff, schlug sie – scheinbar ganz zufällig – die Stelle im Philipperbrief 3,10 auf: »Ihn möchte ich erkennen, in der Kraft seiner Auferstehung wie in der Gemeinschaft mit seinem Leiden, und ihm will ich im Tode ähnlich werden.«
Das sollte nun an ihr in auffallender Weise in Erfüllung gehen: Es traten an ihr Symptome einer schweren Magenerkrankung auf; sie wurde bettlägrig. Am Palmsonntag 1906 verschlechterte sich der Zustand von Schwester Elisabeth plötzlich ganz stark durch einen Blutsturz. In einem Brief vom Mai 1906 schrieb sie: »Am Abend des Palmsonntags habe ich eine sehr starke Krise gehabt und geglaubt, die Stunde sei endlich gekommen, in der ich mich in die unendlichen Regionen aufschwingen würde, um jene Hl. Dreifaltigkeit schleierlos zu betrachten, die schon hier auf Erden in mir Wohnung genommen hat. In der Stille und dem Schweigen der Nacht empfing ich die Krankensalbung und den Besuch meines Herrn ....«

Die letzten Monate dieser ihrem ganzen Wesen nach trinitarischen Seele waren dann bis zum Tag ihres Heimgangs, dem 9. November 1906, Tag für Tag ganz erfüllt vom Gedanken an den Gekreuzigten, mit dem zusammen im Leiden sie zum »Lob der Herrlichkeit der Hl. Dreifaltigkeit« eine kleine Hostie sein wollte.

In diesem Namen »Lob der Herrlichkeit der Hl. Dreifaltigkeit«, den sich Sr. Elisabeth von Dijon in den letzten Wochen ihres Erdenlebens zugelegt hatte, und in der Art, wie sie diesen Namen als Lebensaufgabe auffaßte und verwirklichte, spiegeln sich »die Fundamentalgedanken ihres innerlichen Lebens und alle großen Hauptanliegen ihrer Geistigkeit wider: Schweigen, absolute Selbstentäußerung, Liebe zum dreifaltigen Gott, radikale Ergebung in den göttlichen Willen, sowie immer brennender erstrebtes Einswerden mit der Seele des gekreuzigten Heilands«, dem sie im Leiden und Sterben ähnlich geworden war.

Papst Johannes Paul II. hat die Karmelitin Elisabeth von der Hl. Dreifaltigkeit bei ihrer Seligsprechung am 25. November 1984 folgendermaßen charakterisiert:

»Fast eine Zeitgenossin der hl. Theresia vom Kinde Jesus, machte Elisabeth von der Hl. Dreifaltigkeit eine tiefe Erfahrung von Gottes Gegenwart, eine Erfahrung, die sie in den wenigen Jahren ihres Lebens im Karmel auf eindrucksvolle Weise zur Reife gelangen ließ. Wir grüßen in ihr eine mit natürlichen Gaben reich ausgestattete junge Frau; sie war intelligent und sensibel, eine anerkannte Pianistin, geschätzt bei ihren Freunden und Freundinnen, zartfühlend in der Zuneigung zu ihren Angehörigen. Und als sie sich in der Stille des kontemplativen Lebens entfaltete, strahlte sie das Glück völliger Selbsthingabe aus; vorbehaltlos nahm sie Gottes Geschenk, die Gnade der Taufe und der Versöhnung an; sie empfand auf wunderbare Weise die eucharistische Gegenwart Christi; in einem außergewöhnlichen Maß wurde sie sich der Gemeinschaft bewußt, die jedem Geschöpf vom Herrn angeboten wird.

Wir wollen heute der Welt diese Klausurnonne vorstellen, die ein Leben führte, das ›mit Christus in Gott verborgen‹ (Kol 3,3) war, denn sie ist eine strahlende Zeugin der Freude darüber, in der Liebe verwurzelt und auf sie gegründet zu sein (vgl. Eph 3,17). Sie pries die Herrlichkeit Gottes, weil sie wußte, daß in ihrem eigenen Innern die Gegenwart des Vaters, des Sohnes und des Heiligen Geistes wohnt, in der sie die Wirklichkeit der unendlich lebendigen Liebe erkannte.

Elisabeth hat auch das körperliche und moralische Leiden kennengelernt: Vereint mit dem gekreuzigten Christus hat sie sich völlig hingegeben und so in ihrem Erdenleben das Leiden des Herrn ergänzt (vgl.

Kol 1,24) in der steten Gewißheit, geliebt zu werden und lieben zu können. Im Frieden des Herzens brachte sie das Geschenk ihres verwundeten Lebens dar. Unserer verunsicherten Menschheit, die scheinbar Gott nicht mehr oder nur mehr entstellt findet und auf der Suche nach einem Wort ist, auf das sie ihre Hoffnung gründen kann, vermittelt Elisabeth von der Hl. Dreifaltigkeit das Zeugnis eines vollkommenen Offenseins für das Wort Gottes, das sie in einem solchen Maß geistig in sich aufnahm, daß sie darin alle Gründe fand, für das Lob der Herrlichkeit des dreifaltigen Gottes zu leben und sich ihm zu weihen. Und diese Nonne, die weit davon entfernt war, sich abzuschließen, hat es verstanden, ihren Mitschwestern und ihren Nächsten den Reichtum ihrer mystischen Erfahrung mitzuteilen. Ihre Botschaft breitet sich heute mit prophetischer Kraft aus. Wir rufen sie, die Schülerin der hl. Theresia vom Kinde Jesus und des hl. Johannes vom Kreuz, die die ganze Familie des Karmel inspiriert und trägt, an, sie möge vielen Männern und Frauen im Laienstand oder gottgeweihten Stand helfen, ›die Wogen der unendlichen Liebe‹, die sie ›an der Quelle des Lebens‹ empfing, ebenfalls zu empfangen und daran teilzuhaben.«

Der selige José Manyanet y Vivès

Weltpriester, Ordensstifter, Schriftsteller

* *07. 01. 1833 Tremp (Spanien)*
† *17. 12. 1901 Barcelona*

25. 11. 1984 Seligsprechung

Ein Ordensstifter, dem bei seinen Gründungen allzeit die heilige Familie von Nazareth als Ideal vor Augen schwebte, ist der spanische Priester José Manyanet y Vivès[9], den Papst Johannes Paul II. am 25. November 1984 seliggesprochen hat.
Er erblickte am 7. Januar 1833 in Tremp (Diözese Lérida in Spanien) als ältestes der neun Kinder des Antonio Manyanet, eines bescheidenen Bauern, und der Bonaventura, geb. Vivès, das Licht der Welt. Mit zwölf Jahren kam der aufgeweckte Junge in das von Piaristen geleitete Kolleg von Barbastro. Am Ende seiner Gymnasialzeit wurde er zuerst externer Alumnus des Seminars von Lérida und dann Theologiestudent im Seminar von Seo de Urgel (Diözese Lérida). Er bezahlte sein Studium durch Nachhilfe-Unterricht, durch Dienste bei den Piaristen und als Kammerdiener des Bischofs.
Am 9. April 1859 wurde José Manyanet zum Priester geweiht. Bischof José Caixal y Estrade hatte mit großem Interesse die Entwicklung des Priesterkandidaten José Manyanet y Vivès verfolgt und hatte ihn wegen seiner wertvollen Anlagen und Fähigkeiten überaus schätzen gelernt. Deshalb verlieh er dem Neupriester in seiner Heimat Tremp zwei Benefizien und ernannte ihn gleichzeitig zu seinem Gutsverwalter und zum Seminarbibliothekar.
Fünf Jahre lang blieb José Manyanet im Bischöflichen Palais wohnhaft und erwarb sich in dieser Zeit den Ruf eines guten Ratgebers und Seelenführers. In der gleichzeitig in seiner Heimat Tremp ausgeübten Seelsorge kannte er zwei Schwerpunkte, nämlich die euchari-

stische Erziehung der Jugend und die Heiligung der Familien. In diesem Zusammenhang gründete José Manyanet in seinem Heimatort auch ein Kolleg, das der Ausgangspunkt für die 1864 errichtete Kongregation der »Söhne der Heiligen Familie« wurde.
Für die Erziehung der weiblichen Jugend sammelte der seeleneifrige Priester auch Mädchen um sich. Nun hatte ihm der Bischof auch den Auftrag gegeben, sich um die geistliche Formung von Mutter Ana Maria Janer y Anglarill († 1885) und ihrer Ordensschwestern zu kümmern und einmal seine eigene Kongregation der »Söhne der Heiligen Familie« und die Schwesterngemeinschaft der Ana Maria Janer y Anglarill miteinander zu verbinden und zusammenzuschließen. Er gehorchte, doch der ihm vom Bischof erteilte Auftrag mißlang. Schließlich entwickelten sich aber beide Kongregationen getrennt voneinander recht gut als Gemeinschaften, die unter das Patronat der Heiligen Familie gestellt worden waren.
Gezwungen durch die politischen Verhältnisse in Spanien, übersiedelte José Manyanet 1872 nach Barcelona. In dieser Stadt und in deren Umgebung errichtete er Pfarrschulen, Kollegien und Lehrwerkstätten. Während seiner Tätigkeit in Barcelona wurde er auch zu einem erfolgreichen religionspädagogischen Schriftsteller. Seine wichtigsten Publikationen, in denen er seine pastoraltheologischen Gedanken zum Ausdruck brachte, sind folgende: »La Escuela de Nazareth« (»Die Schule von Nazareth«), »Máximas de perfección cristiana« (»Maximen christlicher Vollkommenheit«), »Preciosa joya de familia« (»Kostbares Kleinod der Familie«), »El espíritu de la Sagrada Familia« (»Der Geist der Hl. Familie«), »Visitas a San José« (»Besuchungen beim hl. Joseph«). Überdies gründete der Selige 1899 die Zeitschrift »La Sagrada Familia« (»Die Hl. Familie«), die weite Verbreitung fand und 1929 vom Hl. Stuhl zum Sprachrohr der »Pia Associatio familiarum christianarum« erklärt wurde. Auch eine umfangreiche Korrespondenz von mehr als 1000 Briefen hinterließ José Manyanet y Vivès, die diesen frommen Priester als einen überaus rührigen und erfolgreichen Apostel der Andacht zur Hl. Familie in Spanien offenbaren. Diese Andacht verbreitete sich dann von Spanien aus über ganz Europa, vor allem seit sich Papst Leo XIII. mit seinem Breve »Neminem fugit« vom 14. Juni 1892 hinter diese Bewegung gestellt hatte.
Auf den Eifer für die Verbreitung der Andacht zur Heiligen Familie geht auch der gewaltige, noch immer nicht ganz vollendete Bau der Kirche der Heiligen Familie in Barcelona zurück, bei dem der Architekt Antonio Gaudí die Idee zu realisieren suchte, wie sie José Manyanet im Brief vom 24. Juni 1869 an Bischof Caixal dargelegt hatte.

Die »Sagrada Familia«, Spaniens größte und eigenartigste Kirche (vgl. E. Mendoxa: Die Stadt der Wunder. Suhrkamp Verlag, Frankfurt 1989), ist nach 100jähriger Bauzeit immer noch unvollendet, weil ihr Initiator, der selige José Manyanet, und ihr Architekt Gaudi für den Bau nur Almosen verwendet wissen wollten.
Der selige José Manyanet hatte bei der Verwirklichung all seiner Pläne auch viele und große Schwierigkeiten durchzukämpfen. Zuletzt wurde er noch von mehreren Krankheiten heimgesucht. Er starb am 17. Dezember 1901 in Barcelona (San Andrés de Palomar) eines heiligmäßigen Todes.
Papst Johannes Paul II. hat ihm bei der Seligsprechung die folgenden ehrenden Worte gewidmet:
»Eine hervorragende Gestalt, die uns die Kirche durch die Seligsprechung vor Augen stellt, um sie als Beispiel vorbildlichen Arbeitens für das Reich Gottes in Christus anzubieten, ist der selige José Manyanet y Vivès, ein berühmter Sohn Kataloniens in Spanien. Für die Erhöhung dieses Priesters und Gründers zweier Ordenskongregationen gibt es keinen anderen Grund als seine heroische Hingebung an die Liebe Gottes und die Sache Christi im Dienst am Nächsten. Das ließ ihn alle seine Kräfte – trotz der durch Krankheit bedingten Einschränkungen – dafür einsetzen, vor allem ›für die Verehrung der Heiligen Familie und das Wohl der Familien und der Kinder‹ Sorge zu tragen. Das ist das eigentliche Charisma, das sein ganzes Leben durchdringt, eingetaucht in das Geheimnis jener evangelischen Berufung, die er in den Vorbildern Jesu, Mariens und Josephs und in der Stille von Nazareth kennengelernt hat.
In einem schwierigen geschichtlichen Augenblick, in welchem sich das Eindringen gewisser Ideologien in die Gesellschaft durch ein Abbröckeln der Werte der Familie abzeichnete, blickte der neue Selige mit Scharfsinn auf die Vorbilder der Heiligkeit in Nazareth, wie sie uns die Heilige Familie lehrt. Daraus entstand sein apostolischer Einsatz und sein Bemühen, diese Botschaft in die Welt zu tragen und aus jedem Heim ein Nazareth zu machen. Wie hat er sich dafür eingesetzt und jede Familie – das kostbarste Kleinod, wie er sie nannte – eingeladen, auf Nazareth zu blicken und ein Lebensmodell nach dem Plan Gottes aufzubauen, das zugleich auf die echten menschlichen Werte gegründet ist. Auf der gleichen Linie widmete er sich mit Enthusiasmus der Aufgabe, Kindern und Jugendlichen die Pädagogik des Evangeliums von Nazareth anzubieten, mit großer Liebe und Achtung für die Berufung eines jeden und im Hinblick auf eine harmonische Erziehung. Wie viel vermag dieser neue Selige unsere heutige Gesellschaft zu lehren! Vor allem die Landsleute des neuen Seli-

gen bitte ich: Trachtet, dem Lebensbeispiel eures Landsmannes treu zu sein! Tragt das Vorbild der Heiligen Familie in eure Heime! Macht jedes Heim zu einem Nazareth, entsprechend der Inspiration des seligen José Manyanet!«

José Manyanet, der große Verehrer der »irdischen Dreieinigkeit«: Jesus – Maria – Josef.

Der selige Daniel Alex Brottier

Ordenspriester der Kongregation vom Hl. Geist, Afrika-Missionar, Waisenvater

* *07. 09. 1872*
La Ferté-Saint-Cyr
(Frankreich)
† *28. 02. 1936 Paris*

25. 11. 1984 Seligsprechung

Ein französischer Afrikamissionar, der sich zuerst um die Evangelisierung Senegals sorgte, dann aber zu einem väterlich sorgenden Waisenvater wurde, ist der selige Daniel Alex Brottier[10], der am 25. November 1984 zur Ehre der Altäre erhoben worden ist.
Der Sohn einer bescheidenen, aber sehr gläubigen Familie wurde am 7. September 1872 in La Ferté-Saint-Cyr in der Diözese Blois (Frankreich) geboren. Er zeigte von den frühesten Kindheitsjahren an tiefe Frömmigkeit und innige Verehrung der Gottesmutter. Im Jahre 1890 trat Daniel in das Priesterseminar ein, nachdem auch der einjährige Militärdienst seine Begeisterung für den Priesterberuf nicht hatte dämpfen können, sondern eher noch gesteigert hatte. Am 22. September 1899 wurde er in Blois zum Priester geweiht.
Der Neupriester erhielt die Bestimmung als Professor am kirchlichen Kolleg zu Pontlevoy. Darin aber fühlte er nicht seine eigentliche Berufung. In ihm stand längst fest: als Missionar müsse er die Frohbotschaft den Ungläubigen verkünden. Darum begann er am 24. September 1902 das Noviziat in der Kongregation vom Heiligen Geist (Spiritaner) zu Orly bei Paris. Ein Jahr darauf legte er die Ordensgelübde ab. Bald darauf wurde er in die Mission nach Senegal in Afrika gesandt.
Sein missionarisches Wirken dauerte leider nicht lange. Er mußte wegen dauernder, sehr schmerzlicher Migräne Afrika wieder verlassen. Nach Frankreich zurückgekehrt, gesundete er zwar wieder, aber es plagte ihn nun dauernd das Heimweh nach Afrika. Im Januar 1907

durfte er also nach Senegal zurückkehren. Er trat wieder seinen Arbeitsplatz an, doch das Übel der gleich wieder aufgetauchten Krankheit ermöglichte es ihm nicht, wunschgemäß seinen Verpflichtungen als Missionar nachzukommen. Nun kehrte er endgültig wieder nach Frankreich zurück. Seine missionarische Liebe aber galt weiterhin Senegal. Darum gründete er das Werk »Souvenir Africain« für die Erbauung der Kathedrale in Dakar.
Als 1914 der Erste Weltkrieg ausbrach, stellte sich Daniel Brottier sofort als Militärseelsorger zur Verfügung. Vier Jahre lang war er in heroischem Einsatz auf den Schlachtfeldern in Lothringen, an der Somme, in Verdun und in Flandern und zeigte hier seinen Kameraden gegenüber bewundernswerte Selbstverleugnung und Opferbereitschaft, ohne je die Gefahren für sein eigenes Leben zu fürchten. Nach dem Ersten Weltkrieg gründete er den Nationalverband der französischen Frontkämpfer.
1923 wurde der Priester Brottier Direktor des Werkes für verwaiste Lehrlinge in Auteuil. Dieses Werk wuchs unter seiner Leitung stark an. Er kümmerte sich schließlich selbstlos und väterlich um mehr als 2000 Waisen.
Am 28. Februar 1936 starb Daniel Brottier, aufgebraucht von den vielen Arbeiten und Mühen im Einsatz für seine Waisenkinder. Er hatte sich zuletzt mit Recht den Ehrentitel eines »Apostels der Caritas« verdient, der sich in demütiger Hingabe und in großem Eifer seinem Werk widmete.
Papst Johannes Paul II. hat über diesen edlen, selbstlosen Priester bei der Seligsprechungsfeier in Rom am 25. November 1984 folgendes gesagt:
»Daniel Brottier schloß sich der Kongregation vom Heiligen Geist an, um mit glühendem Eifer auf den an ihn ergangenen Missionsruf zu antworten. Nachdem er nach Afrika aufgebrochen war, widmete er sich außer dem Dienst an der christlichen Gemeinde von Saint-Louis in Senegal ganz besonders der Jugend. Sein apostolischer Eifer hielt ihn dazu an, unaufhörlich neue Initiativen zu ergreifen, damit die Kirche in Senegal lebendig dastehe und die Frohbotschaft auch von den Ungläubigen gehört werde. Selbst nachdem er aus diesem Tätigkeitsbereich abgezogen worden war, hörte er nicht auf, der Kirche in Senegal bei ihrem Aufbau zu helfen.
Jünger Christi war Brottier nicht nur als Missionar, sondern auch in den Prüfungen, die er durch Krankheit und Leid zu bestehen hatte. Der physische Schmerz verließ ihn nie. Als Freiwilliger betreute und tröstete er an der Front die Verwundeten durch seine tapfere Anwesenheit. Den sterbenden Soldaten brachte er den Beistand Gottes.

Nach Kriegsende bemühte er sich, die zwischen diesen Männern in der Entsagung und heroischen Selbsthingabe entstandene Solidarität aufrechtzuerhalten.
Als er die Sorge für die Waisenkinder von Auteuil übernahm, entfaltete er im Dienst an diesen tatkräftig und rastlos eine Tätigkeit, die ihn weit über Paris hinaus bekanntmachen sollte. Nichts hemmte seine Nächstenliebe, wenn er sich anschickte, verlassene und vom Leben verwundete Kinder aufzunehmen, zu ernähren und zu kleiden. Unzählige sind es, die er an diesem zutiefst evangelischen Werk teilnehmen ließ. Weil P. Brottier diese Kinder beherbergen und in eine herzliche Atmosphäre versetzen und ihnen helfen wollte, sich einen Beruf anzueignen und ihre Zukunft aufzubauen, verstärkte er seine Appelle und stellte stets lebendige Bande aktiver Solidarität her.
Sein hervorragendes Wirken als Priester und Ordensmann ergab sich bei Daniel Brottier, wie ein Zeuge im Seligsprechungsprozeß ausgesagt hat, ›aus seiner großen Gottesliebe‹. Zugleich demütig und wahrhaftig, aktiv tätig bis an die Grenzen des Möglichen, ein uneigennütziger Diener – so ging Daniel Brottier mit Kühnheit und Schlichtheit voran, denn er arbeitete, ›als würde alles von ihm abhängen, während er zugleich wußte, daß alles von Gott abhängt‹. Er hatte die Kinder von Auteuil der hl. Theresia vom Kinde Jesus anvertraut, die er vertrauensvoll um Hilfe anrief, da er ihrer wirksamen Unterstützung all jener gewiß war, für die sie ihr eigenes Leben aufgeopfert hatte. Der selige Daniel Brottier hat sein Werk auf Erden durch ein mutig gesprochenes ›fiat‹ vollbracht. Heute kennen wir ihn als hilfsbereit gegenüber den Armen, die ihn anrufen, denn dieser Selige ist zutiefst verbunden mit der Liebe des Erlösers, die seinen ganzen priesterlichen Dienst beseelt hat.«

Die selige Mercedes von Jesus Molina

Ordensgründerin

* *1828 Baba (Ekuador)*
† *12. 06. 1883 Riobamba*

01. 02. 1985 Seligsprechung

Das lateinamerikanische Land Ekuador hat am 1. Februar 1985 zur »Lilie von Quito«, der hl. Marianna von Jesus († 26. 5. 1645), eine zweite Schutzpatronin bekommen, als Papst Johannes Paul II. in Guayaquil in Ekuador Maria Mercedes von Jesus Molina[11] seligsprach.
Sie wurde im Jahre 1828 in Baba (Los Rios, Ekuador) geboren und wuchs in Guayaquil auf. Nach dem Tod ihrer Eltern führte Mercedes ein etwas mondänes Leben. Ein schwerer Sturz vom Pferd bewirkte aber ihre Bekehrung zu echter Frömmigkeit und strenger Buße. Sie widmete fortan ihr Leben der Pflege verlassener Kinder. Dann stellte sie sich den Jesuiten bei der Evangelisierung der wilden Indianer vom Stamm der Jivaras zur Verfügung. Als aber die Missionare aus der Gesellschaft Jesu dieses Missionsgebiet aufgeben mußten, ließ sich Mercedes Molina in Riobamba nieder, wo sie, nach Ablegung der Gelübde der Armut, der Keuschheit und des Gehorsams vor dem Bischof, am 14. April 1873 das Institut der »Schwestern von der hl. Marianna von Jesus« für die Betreuung von Waisenkindern sowie ein Asyl für Konvertitinnen und für gefährdete und haftentlassene Frauen und Mädchen gründete. Geläutert durch viele Leiden und bewährt in der Ausübung der christlichen Tugenden, voran der Nächstenliebe, starb die Ordensgründerin und einstige Missionshelferin am 12. Juni 1883 in Riobamba selig im Herrn.
Johannes Paul II. hat bei der Seligsprechungsfeier am 1. Februar 1985 in Guayaquil folgendes über diese Ekuadorianerin gesagt:

»Es ist für das ganze christliche Volk Ekuadors eine Freude, daß es von heute an zusammen mit der ›Lilie von Quito‹, der hl. Marianna von Jesus, die ›Rose von Baba und Guayaquil‹, die selige Mercedes von Jesus, verehren kann. Beide sind ein Wohlgeruch der Heiligkeit und mächtige himmlische Fürsprecherinnen, anspornende Vorbilder eines echten christlichen Lebens für alle Söhne und Töchter dieses Landes.

Im heutigen Evangelium wendet sich Jesus Christus mit einzigartigen Worten an den himmlischen Vater: ›Mir ist von meinem Vater alles übergeben worden, niemand kennt den Sohn, nur der Vater, und niemand kennt den Vater, nur der Sohn und der, dem es der Sohn offenbaren will‹ (Mt 1,25). Zugleich preist der Sohn den Vater, ›weil er das den Unmündigen geoffenbart hat‹. Mutter Mercedes von Jesus hat diese Offenbarung mit offenen Händen empfangen. Sie könnte gut mit dem Verfasser des Buches Jesus Sirach wiederholen: ›Als ich jung und noch unstet war, suchte ich eifrig die Weisheit. Sie kam zu mir in ihrer Schönheit, und bis zum Ende will ich nach ihr suchen ...‹ (Sir 51,13–14). ›Schon von Jugend an habe ich sie erkannt ... Sie ist für mich zur Amme geworden‹ (Sir 51,15–17). Mercedes Molina suchte von Jugend an die Weisheit. Die ersten schmerzlichen Erlebnisse, die ihre Jugend in eine tiefe Begegnung mit Gott verwandelten, waren ein erster Strahl der göttlichen Weisheit. Sie wog die Freude ab, die die Welt ihr bot, und die Hingabe, die das Evangelium fordert, und sie wählte entschlossen Christus, den Gekreuzigten, Gottes Weisheit, zum Bräutigam. Nachdem sie sich Gott geweiht hatte, lebte sie zunächst in der Welt unter der Führung hervorragender Jesuiten und folgte den Spuren der damaligen seligen Marianna von Jesus. Auf diese Weise versuchte sie sich durch Gebet und Buße mit dem gekreuzigten Christus zu identifizieren, den sie vor jeder anderen menschlichen Liebe erwählt hatte. Es war die langsame Vorbereitung, mit der sie sich anschickte, dem allein Ruhm und Ehre zu erweisen, der ihr die Weisheit geschenkt hatte ...

Während sie weiter den Weg der Liebe ging, begann Mercedes Molina, die den Beinamen ›von Jesus‹ angenommen hatte, um auf ihre ausschließliche Bindung an Christus hinzuweisen, sehr bald mit der Verwirklichung der Werke zu Ehren ihres Bräutigams; zuerst als Mutter und Lehrerin von Waisenkindern in Guayaquil; dann, den Spuren ihres Beichtvaters folgend, als unerschrockene und liebevolle Missionarin unter den Jivaras-Indianern von Gualaquiza; dann wiederum als Erzieherin und Beschützerin verlassener Kinder in Cuenca. All das war eine von der Göttlichen Vorsehung bestimmte Vorbereitung, in der sich ihr Charisma als Ordensstifterin festigte, die

schließlich am Ostermontag 1873 vom Bischof von Riobamba die Approbation für ihre Gründung erhielt, womit die Kongregation der ›Schwestern der Marianna von Jesus‹, die Mariannistinnen, offiziell zu bestehen anfing.
Der Geist der Weisheit hatte in der Liebe und im Schmerz das Charisma einer geistlichen Fruchtbarkeit geläutert, das sie mit dem Beispiel ihres Lebens, mit der unmittelbaren Sorge für die ersten Ordensschwestern ihren Töchtern weitergab, indem sie persönlich für den ›Rosenstrauch‹ des gekreuzigten Christus und der Jungfrau Maria, des Sitzes der Weisheit, Sorge trug. (Nach einem Traum und einer Inspiration der Stifterin der Mariannistinnen breitete sich ihre Kongregation wie ein mächtiger ›Rosenstrauch‹ über verschiedene Nationen aus und bereichert die Kirche in Lateinamerika mit ihrem Apostolat.)
Wenn die Heiligkeit vor allem in der Liebe besteht, so war in der Tat die Heiligkeit der seligen Mercedes von Jesus, dieser Frau von der ekuadorianischen Küste, so beschaffen: die Liebe zu Jesus leben in der Liebe zum Nächsten. Der kontemplative Blick der Mutter Mercedes war gefangengenommen von der Armut des Kindes von Betlehem und vom Schmerz des leidenden Antlitzes des Gekreuzigten. Sie wollte einfach und klar Liebe sein für den Schmerz entsprechend dem in ihren frühen biographischen Schriften enthaltenen Motto: ›Liebe für die vielen Schmerzen, die es in der Welt gibt‹. Sie wollte in ihren Werken die Liebe zu allen verkörpern, die in der Armut, im Schmerz, in der Verlassenheit das Geheimnis des armen Kindes von Betlehem oder des leidenden Christus von Golgota widerspiegeln.
Mutter Mercedes war mütterliche Erzieherin von Waisenkindern; sie war arme Missionarin und Friedensbotin unter den Indianern; sie war Gründerin einer Ordensfamilie. Sie hat ihren geistlichen Töchtern ihren Geist hinterlassen, der die Heiligkeit in einer apostolischen Liebe zu den Ärmsten, den Verachteten, den Verlassensten verdichtet. Es war ihre Sendung, ›den schutz- und hilflosen Armen das Heil zu verkünden‹, die Tränen der bußfertigen Herzen zu trocknen, die Befreiung derer zu fordern, die Gefängnis und Verurteilung erleiden, alle Betrübten zu trösten; Liebe, die keine Grenzen kennt, die imstande ist, ›allen betrübten Herzen, die es in der Welt gibt‹, Hilfe und Trost zu bringen, wie es die Ordensgründerin in ihren Konstitutionen zusammengefaßt hat. Auf diese Weise hat sich Jesus Christus durch seine demütige Dienerin Mercedes Molina in besondere Nähe zu den Menschen in Ekuador gebracht. Er hat sich hier in besonderer Weise gegenwärtig gemacht ... Der Heilige Geist hat in das Gesicht von Mutter Mercedes die Züge des milden und demütigen, barmher-

zigen und gütigen Christus gezeichnet. In ihr spiegelt sich ganz klar die wahre bevorzugte Option für die Armen wider. Es ist die Option Christi und der Kirche durch alle Zeiten. Es ist die bevorzugte Liebe zu den Geringsten und Demütigsten, die der Heilige Geist im Herzen der Heiligen weckt... Die selige Mercedes lehrt uns, daß in den Armen der arme Christus ist, daß sich in allen, die leiden, das liebevolle und geduldige Antlitz Jesu widerspiegelt... Für die Kirche in Ekuador, für die Verantwortlichen der Gesellschaft dieser Nation ist die selige Mercedes nicht nur eine Ehre, sie ist ein Lebensvorbild. Ihr Beispiel spricht zu uns von der Liebe, die aus der kontemplativen Betrachtung des Evangeliums und aus der Gemeinschaft mit der Eucharistie hervorgegangen ist und in Werke des Erbarmens umgesetzt worden ist. Deshalb stellt sie uns als Gegenwart Christi auf Erden die Herausforderung, das Evangelium der Liebe in denselben Bereichen zu verwirklichen, in denen sie von Anfang an ihre Verpflichtung der Liebe zu Christus in die Tat umzusetzen vermochte...«

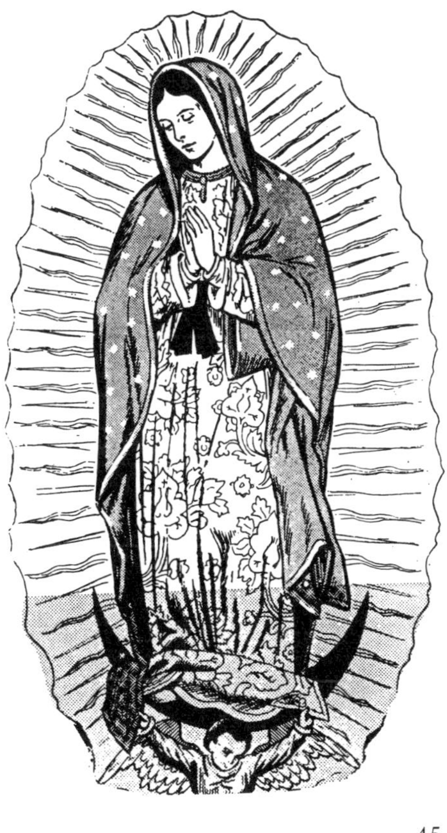

Die selige Mercedes von Jesus Molina war eine große Verehrerin der Muttergottes von Guadalupe, der Patronin der Indianer und ganz Amerikas.

Die selige Anna von den Engeln Monteagudo

Dominikanerin

* *um 1600 Arequipa (Peru)*
† *10. 01. 1686 Arequipa*

02. 02. 1985 Seligsprechung

Zur heiligen Dominikaner-Terziarin Rosa von Lima († 24. 8. 1617) hat das lateinamerikanische Land Peru am 2. Februar 1985 auch eine Selige des II. Ordens des hl. Dominikus dazubekommen, als Papst Johannes Paul II. in Arequipa in Peru Schwester Anna von den Engeln[12] seligsprach.
Sie ist um 1600 in Arequipa geboren und daselbst im Dominikanerinnen-Kloster erzogen worden, ist dann dort eingetreten und hat als Nonne, zuletzt als Oberin, eigentlich das ganze weitere Leben in diesem Kloster in einem intensiven Gebetsleben, aber auch in Werken der Nächstenliebe verbracht und Gott verherrlicht in der Nachfolge jener Heiligen, der ihr Kloster geweiht ist, nämlich der hl. Caterina von Siena († 29. 4. 1380). Sie starb am 10. Januar 1686 im hohen Alter von 86 Jahren und reich an Verdiensten, wie Papst Johannes Paul II. in der Seligsprechungsansprache betont hat:
»In Schwester Anna de los Angeles Monteagudo bewundern wir vor allem ihr christliches Beispiel als kontemplative Dominikanernonne aus dem berühmten Kloster Santa Catalina, einem Denkmal der Kunst und der Frömmigkeit, auf das die Bewohner von Arequipa mit Recht stolz sind. Schwester Anna verwirklichte in ihrem Leben das dominikanische Programm von Licht, Wahrheit, Liebe und Leben, zusammengefaßt in dem bekannten Satz: ›Contemplata aliis tradere – Betrachten und das Betrachtete weitergeben.‹ Schwester Anna verwirklichte dieses Programm in einer intensiven, strengen und radikalen Hingabe an das monastische Leben, dem Stil des Dominikaneror-

dens entsprechend, in der Kontemplation des Geheimnisses Christi, der Wahrheit und Weisheit Gottes. Gleichzeitig jedoch hatte ihr Leben eine einzigartige apostolische Ausstrahlung: sie war geistliche Lehrmeisterin und führte die Bestimmungen der Kirche, die auf die Reform der Klöster drängten, treu durch. Sie wußte alle ihre Untergebenen gut anzunehmen und führte sie auf den Weg der Buße und des Gnadenlebens. Der Ruf der Heiligkeit ihres verborgenen Lebens erregte auch jenseits der Mauern ihres Klosters Aufmerksamkeit. Bischöfen und Priestern half sie durch ihr Gebet und ihren Rat; Wanderer und Pilger, die zu ihr kamen, begleitete sie mit ihrem Gebet. Sie hat ihr langes Leben beinahe zur Gänze innerhalb der Klostermauern von Santa Catalina verbracht, schon im zarten Alter als Zögling, später als Ordensfrau und Oberin. In ihren letzten Lebensjahren verzehrte sie sich in einem schmerzensreichen Einswerden mit dem Geheimnis des gekreuzigten Christus. Schwester Anna von den Engeln bestätigte mit ihrem Leben die apostolische Fruchtbarkeit des kontemplativen Ordensstandes im mystischen Leib Christi, der Kirche. Das kontemplative Ordensleben hat in diesem Land ja bereits in den ersten Jahren der Evangelisierung Perus Wurzel gefaßt und macht auch weiterhin einen geheimnisvollen Reichtum der Kirche in Peru und in der ganzen Kirche Christi aus.

Die selige Anna von den hl. Engeln erinnert uns allein schon durch ihren Ordensnamen an die Erstlinge der Schöpfung, an unsere »Mitknechte«, die heiligen Engel. Sie wußte um ihre große Hilfsbereitschaft, um ihr brennendes Verlangen, uns zu Gott zu führen und uns vor dem Bösen zu bewahren.

Schwester Anna hat sich ganz sicher in ihrem Leben von dem Grundsatz des Apostels und Evangelisten Johannes leiten lassen: ›Wenn Gott uns so sehr geliebt hat, müssen auch wir einander lieben‹ (1 Joh 4,11). In der Schule des göttlichen Meisters wurde ihr Herz geformt, bis es die Sanftmut und Demut Christi erlernt hatte ... Die Liebe und den kirchlichen Sinn der Patronin ihres Klosters, der hl. Caterina von Siena, nachahmend, gewann sie ein mildes und demütiges Herz, das offen war für die Nöte anderer, besonders der Ärmsten. In Schwester Anna begegneten alle der echten Liebe. Die Armen und Geringen fanden Aufnahme und Hilfe, die Reichen ein Verständnis, das dabei die Aufforderung zur Bekehrung nicht scheute; Bischöfe und Priester wurden durch Gebet und Rat unterstützt, Kranke fanden Erleichterung, Trauernde Trost, Wandernden wurde gastfreundliche Aufnahme zuteil, Verfolgten Begnadigung erwirkt, Sterbende fanden die Hilfe inständigen Gebetes. In der betenden, helfenden Liebe von Schwester Anna waren in besonderer Weise die Armen Seelen im

Fegfeuer gegenwärtig, die sie ›ihre Freundinnen‹ nannte, dem uralten Brauch des Gebetes für die Verstorbenen gab sie durch das Licht der kirchlichen Lehre neue Leuchtkraft, und nach dem Beispiel des von ihr sehr verehrten hl. Nikolaus von Tolentino († 10. 9. 1305) schloß sie auch die Verstorbenen durch ihre Fürbitten in ihre Liebe ein. Wenn wir uns an diese Einzelheiten aus dem inneren Leben der neuen Seligen erinnern, an ihre Bußfertigkeit und Barmherzigkeit, an ihr ständiges, inbrünstiges Gebet für andere, dann läßt uns das an die Worte aus dem Buch Tobias denken: ›Es ist gut, zu beten und zu fasten, barmherzig und gerecht zu sein. Lieber wenig, aber gerecht, als viel und ungerecht, besser barmherzig sein, als Gold anhäufen ... Wer barmherzig und gerecht ist, wird lange leben‹ (Tob 12, 8–9), – so wie sie, die selige Schwester Anna von den Engeln, die reich an Tugenden und Verdiensten in hohem Alter starb.«

Der Engel des Herrn brachte Maria die Botschaft.

Die selige Maria Caterina v. d. hl. Rosa Troiani

Ordensschwester, Ordensgründerin

* *19. 01. 1813*
Giuliano di Roma (Italien)
† *06. 05. 1887 Kairo*

14. 04. 1985 Seligsprechung

Wie in unserer Zeit die Ursuline Sr. Emanuela sich um die Straßenkinder und Verwahrlosten der Großstadt Kairo in Ägypten annimmt, so hat es vor 100 Jahren ebenfalls dort die selige Maria Caterina Troiani getan, die von Papst Johannes Paul II. am 14. April 1985 zur Ehre der Altäre erhoben wurde.

Costanza Domenica Troiani[13] – so hieß diese neue Selige mit ihrem Taufnamen – wurde am 19. Januar 1813 in Giuliano di Roma (Diözese Ferentino, Italien) als drittes Kind der Eltern Tommaso Troiani und der Teresa Panici Cantoni geboren. Da das Mädchen durch eine Familientragödie mit drei Jahren die Mutter verlor, wurde es am 18. Juli 1816 den Caritas-Schwestern, die in Ferentino nach der Regel der hl. Clara lebten, zur Pflege und Erziehung übergeben. Mit 16 Jahren trat Costanza Domenica dieser Schwesterngemeinschaft bei und erhielt am 8. Dezember 1829 den Ordensnamen Maria Caterina von der hl. Rosa von Viterbo.

Schwester Maria Caterina trug ein glühendes Verlangen in sich, in die Mission zu gehen. Da gelangte damals ein Ansuchen des Apostolischen Vikars von Kairo zu den Schwestern von Ferentino, es sollten doch einige von ihnen zu ihm nach Kairo kommen und sich dort der verlassenen Mädchen annehmen. Im Jahre 1854 konnte Schwester Maria Caterina mit einer kleinen Gruppe von Mitschwestern nach Kairo reisen. Nach Überwindung größter Schwierigkeiten gelang es Schwester Maria Caterina, dort ein Heim samt Schule für Mädchen jeder Hautfarbe und Religionszugehörigkeit zu eröffnen. Da allmäh-

lich die Zahl der betreuten und zu betreuenden Mädchen immer mehr anstieg, wuchs auch die Notwendigkeit, daß die Schwestern aus Ferentino Nachschub aus dem Mutterkloster bekämen. Da dort aber ein solcher verwehrt wurde, zum großen Bedauern von Schwester Maria Caterina, die auf dem Kapitel des Jahres 1863 zur Äbtissin gewählt worden war, kam es zur Trennung der in Kairo wirkenden Schwestern von ihrem Mutterkloster in Ferentino. Sie wurden selbständig, und ihre Gemeinschaft nannte sich nun »Kongregation der Terziar-Franziskaner-Missionarinnen von Ägypten«; 1950 bekamen sie den Namen »Schwestern Franziskaner-Missionarinnen des Unbefleckten Herzens Mariens«.
Schwester Maria Caterina nahm sich in selbstloser Weise um arme, verlassene, ausgesetzte Kinder an. Es gelang ihr, Haus und Schule in Clot-Bey, jenem Vorort von Kairo, wo das Werk begonnen worden war, zu vergrößern und sogar weitere Häuser in Ägypten zu schaffen. Schließlich ging ein alter Traum der Seligen in Erfüllung: Sie konnte sogar ein Haus in Jerusalem eröffnen (1885). Sie schämte sich auch nicht, in finanzieller Not betteln zu gehen. Dabei gewann sie sehr angesehene Protektoren wie den Vizekönig von Ägypten, Ismail Pascha, dann den Sultan von Konstantinopel, den Kaiser Franz Joseph und den Erbauer des Suez-Kanals, Ferdinand Lesseps.
Die Spiritualität der Schwester Maria Caterina und ihrer Gemeinschaft war franziskanisch geprägt, wobei noch eine besondere Verehrung des göttlichen Herzens Jesu, außerordentliche Liebe zur jungfräulichen Mutter Jesu Christi und deren Bräutigam St. Joseph, sowie eine vertrauensvolle Verehrung der heiligen Schutzengel hinzukamen. Beim Tod von Schwester Maria Caterina am 6. Mai 1887 zeigte es sich, daß sie als die »weiße Mamma« nicht bloß von den Christen, sondern auch von den Muselmanen geschätzt und geliebt wurde.
Papst Johannes Paul II. sagte über diese Schwester, als er sie zur Ehre der Altäre erhob: »Glaube und Liebe erstrahlten im Leben von Schwester Caterina Troiani, der Gründerin des Instituts der ›Franziskanerinnen vom Unbefleckten Herzen Mariens‹. Von der göttlichen Vorsehung berufen, das Kloster der Clarissinnen von Ferentino zu verlassen, um sich mit einigen Mitschwestern nach Ägypten zu begeben, wo sie sich der menschlichen und christlichen Erziehung der Mädchen in jenem Land jenseits des Mittelmeeres widmen wollte, nahm sie mit voller Bereitschaft den Plan Gottes an. Eingedenk des in den ersten Jahren ihres Ordensberufes abgelegten Gelübdes, ›immer im Gehorsam und in Selbstvergessenheit zu leben‹, gab sie sich mit missionarischem Elan dem neuen Dienst in der Stadt Kairo hin. Vor ihr erhob sich damals ein Berg von Elend und Leid, in welchem sich

eine Synthese menschlicher Not zu spiegeln schien: Sklaverei, Hunger, Armut, Verlassenheit und Verwahrlosung von Kindern und Kranken, Ausbeutung und Benachteiligung seitens der Gesellschaft. Schwester Maria Caterina beschränkte sich nicht darauf, anderen zu empfehlen, was für jene unglücklichen Menschen getan werden sollte. Wie der barmherzige Samaritan im Gleichnis des Evangeliums hielt sie neben jedem der leiblich und seelisch leidenden Brüder und Schwestern inne, reichte ihnen liebevoll ihre wohltätige Hand und setzte sich für sie persönlich ein. Gegenüber dem Nächsten, der ein Opfer des Schmerzes, der Krankheit und des Elends geworden war, gab es für die Liebe der Schwester Maria Caterina keine Hindernisse: Katholiken, Orthodoxe, Muslime – alle fanden bei ihr Aufnahme und Hilfe, weil sie in jedem vom Schmerz gezeichneten Menschen das leidende Antlitz Christi erblickte. Nicht umsonst war die kleine Schwester mehr als unter ihrem Namen als ›Mutter der Armen‹ bekannt, und von den aus der Sklaverei befreiten Frauen des Ortes wurde sie die ›weiße Mutter‹ genannt. Nicht einmal lebensgefährliche Ansteckungsgefahr konnte der Kühnheit der Nächstenliebe von Schwester Maria Caterina Einhalt gebieten: Zweimal wütete damals die Cholera. Unter diesen dramatischen Umständen war die Selige mit ihren Mitschwestern nur darauf bedacht, den von der Seuche Betroffenen beizustehen. Eine dieser Schwestern mußte damals diesen Liebesdienst der Hingabe mit dem eigenen Leben bezahlen. Als die von Schwester Maria Caterina geschaffenen Werke allem Anschein nach ruhig gediehen, brach plötzlich 1882 der Krieg in Ägypten aus, der alles zunichte zu machen schien. Aber auch in dieser Situation traten der leuchtende Glaube, die kraftvolle Festigkeit und die glühende Liebe der Seligen hervor. Mit unerschütterlicher Hoffnung in die Vorsehung verhielt sie sich weiterhin unter allen Umständen entsprechend dem ihr treuen Grundsatz: ›Mißtraue dir selbst, vertraue auf Gott!‹ Die selige Caterina Troiani hat sich mit einem ihr eigenen Stil in den Dienst der Kirche eingefügt. Als aufmerksame und treue Jüngerin der hl. Clara und des hl. Franz von Assisi gelang es ihr, in sich das kontemplative Leben der einen mit dem Wanderapostolat des anderen zu verschmelzen. Sie war missionarisch in der Klausur und kontemplativ in der Mission, in der vollen und totalen Hingabe an den Herrn und an die Brüder.«

Die selige Pauline von Mallinckrodt

Ordensgründerin

* *03. 06. 1817*
Minden (Westfalen)
† *30. 04. 1881 Paderborn*

14. 04. 1985 Seligsprechung

Diese deutsche Selige[14] wurde als ältestes von vier Kindern des evangelischen, einem uralten westfälischen Adel entstammenden Finanzbeamten Detmar von Mallinckrodt und der tiefgläubigen Katholikin Bernhardine von Hartmann am 3. Juni 1817 in Minden in Westfalen geboren und auf den Namen Pauline getauft.
Das spätere caritative Wirken Paulines wurde durch das Vorbild der Mutter, von der sie schon als Kind zu Armen- und Krankenbesuchen mitgenommen wurde, grundgelegt.
Im Jahre 1824 übersiedelte die Familie nach Aachen. Dort besuchte Pauline von 1827 bis 1831 die Töchterschule St. Leonhard, an der damals die Lehrerin und Dichterin Luise Hensel († 1876) segensreich wirkte. Diese verstand es, in ihren Schülerinnen – entgegen den herrschenden Zeittendenzen – gemütstiefe Religiosität zu wecken, so daß viele ihrer Schülerinnen den Ordensberuf ergriffen, so u. a. Paulines Mitschülerinnen Clara Fey, die Stifterin der »Schwestern vom armen Kinde Jesus«, und Franziska Schervier, die Gründerin der »Armen Schwestern vom hl. Franziskus«. Pauline empfand für ihre Lehrerin eine tiefe Verehrung und blieb ihr zeitlebens verbunden, denn sie verdankte Luise Hensel – einer engen Freundin der Anna Katharina Emmerick – die Entfaltung ihrer religiös-caritativen Anlagen.
Die Grundhaltung der Güte und des Wohlwollens kennzeichnet das ganze weitere Leben Paulines. Als 1834 ihre Mutter an Typhus starb, erwog Pauline den Eintritt in einen Orden. Es kam dazu, aber auf eigenartigen Wegen und in dem von ihr selbst gegründeten Orden.

Nach der Pensionierung des Vaters übersiedelte die Familie Mallinckrodt 1839 nach Gut Böddeken in der Nähe von Paderborn. In den Wintermonaten wohnte die Familie in der Stadt Paderborn im ehemaligen Präsidentenhaus an der Busdorfkirche. Hier begann Pauline ihr Lebenswerk. Sie sah bald um sich herum viel Armut und Not und schloß sich einem »Frauenverein zur Pflege armer Kranker in ihren Häusern«, ebenso einem »Verein von Krankenpflegerinnen zu freiwilligen Nachtwachen« an. Aus den Bemühungen Paulines entstand 1840 eine Kinderbewahranstalt, in die unversorgte, noch nicht schulpflichtige Kinder aufgenommen und vor Verwahrlosung geschützt wurden. Pauline übernahm die Leitung und einen Großteil der anfallenden Kosten, die sie u. a. durch Wohltätigkeitsveranstaltungen hereinbrachte.
Am 4. April 1842 starb Paulines Vater. Nun übersiedelte sie für ganz nach Paderborn. Im gleichen Jahr 1842 nahm sie die ersten blinden, aus ärmlichen Verhältnissen stammenden Kinder auf und gründete mit Unterstützung des Kreisarztes Dr. H.-J. Schmidt das private Institut zur Ausbildung blinder Kinder. Die verschiedenen Möglichkeiten des Blindenunterrichts erwarb Pauline auf einer Reise durch Deutschland, Österreich und Oberitalien, die sie 1843 gemeinsam mit ihren Geschwistern unternahm. Fortan war die Pflege und Ausbildung der Blinden Hauptaufgabe ihres Wirkens.
Zum weiteren Ausbau der Blindenanstalt suchte Pauline von Mallinckrodt eine passende Ordensgemeinschaft, der sie selbst beitreten wollte, um darin ihr Leben ganz in den Dienst der Mitmenschen zu stellen. Weihbischof Anton Gottfried Claessen (1788–1847) von Köln, ein Freund der Familie Mallinckrodt, riet Pauline aber zur Gründung einer eigenen Ordensgemeinschaft. Tatsächlich entschloß sie sich 1849 dazu und gründete mit vier gleichgesinnten Frauen am 21. August 1849 auf der Grundlage der Augustinerregel die »Kongregation der Schwestern der christlichen Liebe, der Töchter der Unbefleckten Empfängnis« (»Congregatio Sororum Christianae Caritatis Filiarum Immaculatae Conceptionis«, SCC).
Die Schwestern dieser Ordensgemeinschaft, deren Oberin Pauline von Mallinckrodt bis zu ihrem Lebensende blieb, arbeiteten schließlich nicht nur am Blindeninstitut in Paderborn, sondern betreuten in den folgenden Jahren auch allgemeine Schulen sowie Waisenhäuser und Kinderbewahranstalten in vielen Städten Deutschlands. Bei ihrer Profeß am 4. November 1850 erklärte Mutter Pauline, wie man sie nun nannte, »dem Dienst der Blinden, der Kinder, der Hilfsbedürftigen, ihre Zeit, ihre Kräfte, Gesundheit und Leben weihen zu wollen«.

Mutter Pauline legte größten Wert auf solide Ausbildung der Schwestern, die in ihre Kongregation eintraten. Vor allem aber drang sie darauf, daß die Schwestern ein echtes geistliches Leben in wahrer Frömmigkeit führten und mit viel Liebe an die Erziehung der ihnen anvertrauten Kinder herangingen. Bezeichnend ist da ihr Ausspruch: »Die Liebe zu den Kindern ist die beste Lehrmeisterin der Erziehung; nur jemandem, der die Kinder liebt, darf man sie anvertrauen: Liebe im Herzen, Liebe im Ton, Liebe im Betragen gegen die Kinder – das zieht mit unwiderstehlicher Gewalt an, das zieht auch Gottes Segen auf sie und uns herab.«

Die religiöse Fundierung der Erziehung ist eines der herausragenden Kennzeichen der Pädagogik Paulines von Mallinckrodt. Tiefe Achtung vor der menschlichen Person prägten ihr Verhältnis zu allen Menschen, besonders auch zu den ihr anvertrauten Kindern. Man müsse den jungen Menschen annehmen, wie er ist, müsse Verständnis für ihn haben, an das »Gute« in ihm glauben und an seine grundsätzliche Entwicklungsfähigkeit.

1871 begann in Deutschland der Kulturkampf, in dessen Verlauf Pauline von Mallinckrodt die deutschen Niederlassungen ihrer Ordenskongregation verlor. Sie verlegte nun ihre Häuser in das benachbarte Ausland. In Mont Saint Guibert bei Brüssel schuf sie ein neues Mutterhaus der Kongregation. Ganz neue Wirkungskreise übernahm sie auch in Nord- und Südamerika: 1873 fuhren die ersten Schwestern in die Vereinigten Staaten Nordamerikas, 1874 nach Chile, um dort Schulen und Kindergärten zu übernehmen. 1879–1880 reiste Pauline von Mallinckrodt persönlich nach Amerika und besuchte alle ihre Töchter in Übersee. Fast ein ganzes Jahr war sie damals unterwegs. Nach ihrer Rückkehr besuchte sie auch die in Deutschland verbliebenen Schwestern und kehrte am 28. Dezember 1880 in dem Paderborner Mutterhaus ein, das ihr Bruder Georg nach Aufhebung der Klöster für alte, kranke Schwestern vom Staat gemietet hatte. Mittlerweile trat eine Lockerung der Kulturkampfgesetze ein; die Schwestern konnten nach und nach an ihre früheren Wirkungsstätten in Deutschland zurückkehren.

Als Pauline von Mallinckrodt am 30. April 1881 mit 63 Jahren in Paderborn starb, hinterließ sie ein weitverzweigtes Erziehungswerk, das zuletzt auch in Deutschland wieder neu aufgeblüht war. Die Ordensgemeinschaft zählte beim Tod der Gründerin 45 Häuser, davon 26 in Nordamerika und acht in Chile, in denen insgesamt 402 Schwestern, davon 284 in Amerika, in den verschiedenen Aufgabenbereichen segensreich tätig waren im Sinn der »Pädagogik der Liebe«, wie sie Pauline von Mallinckrodt praktiziert hatte.

Bei der Seligsprechung dieser großen deutschen Frau am 14. April 1985 hielt Papst Johannes Paul II. folgende »Laudatio« auf die neue Selige:
»Die geistliche Botschaft der neuen Seligen Pauline von Mallinckrodt können wir in einem sehr aktuellen und konkreten Lebensprogramm zusammenfassen: vorbehaltlose Christusnachfolge in unerschütterlichem Glauben, Liebe zu Gott und liebende Hingabe an die Unglücklichsten und Ärmsten um Christi willen.
Mutter Pauline war reich an natürlichen Gaben: Ein einfaches, freundliches Wesen, Zuversicht und Vertrauen zum Nächsten, Zielstrebigkeit in der Verwirklichung ihrer Vorhaben, beständige Treue zu den Grundentscheidungen ihres Lebens, auch in Prüfungen und größeren Schwierigkeiten, und eine Opfergesinnung, mit der sie sich hochherzig und ohne Vorbehalt an alle zu verschenken suchte. Diese reichen Gaben, die Gott ihr so überaus freigebig anvertraut hatte, entwickelte sie wunderbar unter der Anleitung ihrer Mutter Bernhardine und ihrer Lehrerinnen und Lehrer. Sie wuchs in der friedvollen Umgebung einer Familie heran, in der Liebe und gegenseitige Achtung herrschten, in einem Klima, das dennoch nicht ganz frei war von stillem Leid wegen der unterschiedlichen Konfession der Eltern: die Mutter, eine gläubige Katholikin, der Vater, ein überzeugter Protestant. Mit Hilfe der Gnade festigte sich hierdurch aber die Treue Paulines zum Herrn, indem sie sich mit dieser Situation auseinandersetzte.
Es gab in ihrer Jugend jedoch auch eine kritische Periode: eine Zeit großer Qual, voller Skrupel, Ängste und Unsicherheiten, die sie nur dadurch zu überwinden wußte, daß sie sich in tiefem und ständigem Gebet voll und ganz Gott anvertraute. Und Gott war ihr nahe und hellte ihre Seele mit einem solch klaren Glaubenslicht auf, daß es zu Recht eine besondere ›Gnade des Glaubens‹ genannt werden kann. Kraft dieser neuen, gottgegebenen Sicht konnte sie, wie sie in ihrer Selbstbiographie schreibt, ausrufen: ›Dieser Glaube durchdrang mich so klar und fest, daß ich ihm mehr geglaubt hätte als meinen Augen.‹ Der Glaube machte aus Pauline, wie ein Zeitgenosse von ihr bezeugt hat, eine Person wie aus einem Guß, klar und durchsichtig wie das Licht und ebenso einfach, so daß sie bereits mit 18 Jahren in eindeutiger Gewißheit das Ziel ihres Lebens in einer besonderen Berufung Gottes erkannte.
Ein bewußter und tapferer Glaube war es, mit dem sie Schmerzen, Bitterkeiten und vielerlei Prüfungen zu ertragen wußte und der sich in ihrer vollen und vorbehaltlosen Liebe zu Jesus Christus und zu seiner Mutter Maria zeigte, denen sie sich vertrauensvoll und zuver-

sichtlich überließ. Im Streben nach Gott und seiner größeren Ehre wuchs sie in der Gnade, indem sie sich immer wieder an den Quellen des Gebetes in einem tiefen eucharistischen Leben stärkte.
Aus ihrer Liebe zu Gott entsprang natürlich und spontan die Liebe zum Nächsten. Mit aller Zärtlichkeit widmete sie sich den unglücklichen blinden Kindern, denen sie inneres Licht schenken wollte als Abglanz des göttlichen Lichtes. Für diesen Liebesdienst um Christi willen gründete sie ihre ›Kongregation der Schwestern von der Christlichen Liebe‹. Zusammen mit jenen Kindern nahm sie sich dann noch weiterer Hilfsbedürftiger an; alle fanden in ihr und ihrem großenWerk Hilfe, Trost und vor allem Liebe. Dieselbe Liebe drängte sie dazu, für ihre Kongregation schließlich auch noch die Unterrichtung der Jugend hinzuzunehmen. Sie hielt dies für eine echte Mission, wie sie von den Erfordernissen der Zeit in besonderem Maße verlangt wurde. Kühn waren die Pläne der Seligen; aber sie wußte in stiller und demütiger Zurückhaltung die Stunde Gottes abzuwarten. Ihr Werk wuchs mit Erfolg, wenn auch unter fortwährendem Ringen und mit vielen Schwierigkeiten. In der Zeit seines besten Wachstums kam zugleich die Stunde eines zerstörerischen Sturmes in der harten Verfolgung unter den Gesetzen des Kulturkampfes. Aber auch hier zeigte Mutter Pauline ihre innere Offenheit für den Willen Gottes: Sie war bereit und fähig, den Prüfungen zu begegnen und ihren Kreuzweg zu gehen. Mutter Pauline ist ein Lebensbeispiel. Der angstvollen Unruhe des modernen Menschen zeigt sie heute einen Weg zu innerem Frieden: Mutig und zuversichtlich Gott im leidenden Bruder zu suchen. So ist ihre Botschaft aktuell, wie die Suche nach Gott immer aktuell ist.«

Der selige Benedetto (Angelo Ercole) Menni

Ordenspriester,
Barmherziger Bruder,
Erneuerer dieses Ordens

* *11. 03. 1841 Mailand*
† *24. 04. 1914 Dinan*

23. 06. 1985 Seligsprechung

Der in vielen Ländern Europas – auch in seinen Ursprungsländern Portugal und Spanien – lange Zeit verbotene, aufgelöste und ausgestorbene Hospitalorden der Barmherzigen Brüder, den der hl. Johannes von Gott ins Leben gerufen hatte, wurde im letzten Drittel des vorigen Jahrhunderts wieder zum Leben erweckt durch Benedetto Menni[15], der am 23. Juni 1985 zur Ehre der Altäre erhoben wurde. Dieser neue Selige wurde am 11. März 1841 in Mailand als Sohn der gläubig frommen Eltern Luigi und Luisa Menni, geb. Figini, geboren und noch am selben Tag auf den Namen Angelo Ercole getauft.
Im Jahre 1859 nahm sich der 18jährige Jungmann als freiwilliger Sanitäter der auf dem Schlachtfeld von Magenta verwundeten Soldaten an. Er half mit beim Transport der Verwundeten vom Bahnhof in Mailand in das dortige Krankenhaus der Barmherzigen Brüder und stand dann den bettlägrigen Soldaten bei und pflegte sie. Das Beispiel der Barmherzigen Brüder, das er dabei beobachten konnte, beeindruckte ihn sehr und weckte in ihm den Wunsch, es ihrem Leben und Wirken im Dienste der Kranken nachzumachen. Am 1. Mai 1860 trat er in den Orden der Barmherzigen Brüder ein und erhielt am 13. Mai 1860 mit dem Ordenskleid den Ordensnamen Benedetto. Am 15. Mai 1861 legte er die zeitlichen, am 17. Mai 1864 die feierlichen Ordensgelübde ab. Er studierte dann im Priesterseminar zu Lodi Theologie. Um aber auch als Mitglied des Hospitalordens sein für ihn notwendiges medizinisches und chirurgisches Wissen zu vertiefen, praktizierte er gleichzeitig im ordenseigenen Spital zu Lodi.

Nach Rom gerufen, machte er dort noch einen Kurs zur Vervollständigung seines Wissens mit, und empfing dann in Rom am 14. Oktober 1866 die Priesterweihe.
P. Giovanni Alfieri, der damalige Generalprior des Ordens des hl. Johannes von Gott, erkannte die Fähigkeiten des jungen Ordenspriesters und traute diesem eine ganz besondere Aufgabe zu: Er sollte unterdrückte, aufgelöste oder ausgestorbene Spitäler und Konvente des Ordens in Spanien, Portugal, Lateinamerika und auf den Philippinen wieder aufrichten und zu neuem Leben erwecken. Der genannte Generalprior des Ordens der Barmherzigen Brüder stellte den jungen P. Benedetto Menni eines Tages dem Papst der Immaculata, Pius IX., vor. Dieser aber, wie inspiriert von oben, legte überaus gütig die Hände des jungen Ordenspriesters in die seinen und sagte zu ihm: »Geh', mein Sohn, mit dem Segen des Himmels, um deinen Orden dort, wo seine Wiege stand, wieder aufzurichten und zu erneuern.« Dann gab ihm der Papst noch stichwortartig die Richtlinien an, nach denen diese Ordensrestauration erfolgen sollte: »Das Gemeinschaftsleben in Armut, Keuschheit und Gehorsam in möglichst vollkommener Weise!« (»Vita perfettamente commune, molto povera, molto casta e molto obbediente!«)
Am Tag seiner Ordensprofeß hatte P. Benedetto Menni gebetet und gelobt: »O Herr, ich will für meinen Orden arbeiten bis zum letzten Atemzug!« Von diesem Vorsatz beseelt und durch den päpstlichen Segen gestärkt, reiste P. Benedetto Menni am 16. Januar 1867 von Rom ab. Er hielt sich noch einige Monate in den Konventen seines Ordens zu Lyon und Marseille auf, um sich vom Geist inspirieren zu lassen, der dort zur Restauration des Ordens nach der Französischen Revolution geführt hatte. Im April 1867 kam P. Benedetto Menni in Barcelona an, ohne Geld und ohne Kenntnis der Sprache.
Anfangs war in Barcelona sogar der Erzbischof Montserrat y Navarro gegen den Plan einer Wiedererrichtung des Ordens der Barmherzigen Brüder in Spanien. Er nahm aber schon bald den jungen Ordenspriester unter seine Fittiche und half in sehr wirksamer Weise bei der Ausführung des Planes. Mit zwei Ordensbrüdern, die sich zu P. Benedetto gesellt hatten, wurde am 14. Dezember 1867 in Barcelona ein Kinderspital für arme, verlassene, rachitische Kinder errichtet.
Krankheit und Kriegswirren zwangen in der Folge P. Benedetto Menni mehrmals, Spanien wieder zu verlassen. Schließlich gelang es ihm aber doch, neben dem Kinderspital in Barcelona auch an die Errichtung eines ähnlichen Spitals in Madrid heranzugehen. Es folgten dann – da sich auch der nötige Ordensnachwuchs einstellte – die Errichtung von Spitälern in Granada, Sevilla, Málaga, Valencia, Gi-

braltar und Carabanchel Alto; dazu kamen weitere Häuser in Guadalajara in Mexiko sowie in Lissabon und Aldeja da Ponte in Portugal.
Im Jahre 1884 konnte P. Benedetto Menni mit einer schönen Schar von Ordensbrüdern, die er für den Beruf gewonnen und dann durch Wort und Beispiel geformt hatte, mit Erlaubnis des Heiligen Stuhls die Hispano-amerikanische Ordensprovinz seines Ordens errichten. Er selbst wurde der erste Provinzial und als solcher vom Ordenskapitel fünfmal wiedergewählt. Im März 1903, am Ende seiner Karriere als Provinzial, besaß diese Provinz 14 Häuser und Spitäler, die er errichtet und in ihrer Existenz gefestigt hatte; die vielen Projekte, die er geplant und zu verwirklichen versucht hatte, sind aber nicht mitgezählt.
Die Spitäler und Konvente, die P. Benedetto Menni gegründet hatte, waren nur für Männer bestimmt. Von den verschiedenen Behörden wurde er aber immer wieder gebeten, die Spitäler der Barmherzigen Brüder doch auch für Frauen zugänglich zu machen, vor allem die psychiatrischen Abteilungen. Da reifte in diesem dynamischen Ordensmann die Idee heran, einen eigenen selbständigen weiblichen Zweig des Ordens der Barmherzigen Brüder zu gründen. Zwei aus Granada gebürtige junge Frauen, Josefa Recio und Maria de las Angustias Jiménez, stellten sich ihm dazu zur Verfügung. Mit ihnen gründete er die Kongregation der »Hospitalschwestern des heiligsten Herzens Jesu“, die 1901 vom Heiligen Stuhl approbiert wurde. Die Zahl der Niederlassungen dieser Schwestern wuchs sehr rasch; sie breitete sich bald in Europa, Amerika und Afrika aus.
Nachdem P. Benedetto Menni 1903 seine Tätigkeit als Provinzial beendet hatte, sorgte er sich nun nahezu ausschließlich um das Wachstum und die Konsolidierung der von ihm ins Leben gerufenen Schwestern-Kongregation.
Im Jahre 1909 wurde P. Benedetto Menni nach Rom berufen und vom Heiligen Stuhl zum Apostolischen Visitator des gesamten Hospitalordens ernannt. Nach erfolgreicher Erledigung dieses Auftrags wurde er am 21. April 1911 Generalprior des Ordens. Er blieb dies jedoch nur bis zum 11. Juni 1912, bekam damals aber den Titel eines Ehren-Generalpriors.
Bald darauf wurde er nach Paris gesandt. Dort wurde er von einem Paralyse-Anfall überrascht, der sich in Dinan wiederholte, wo er schließlich am 24. April 1914 starb.
Zur Persönlichkeit dieses großen Erneuerers des Hospitalordens des hl. Johannes von Gott ist noch zu sagen: All seine bewundernswerte apostolische und caritative Tätigkeit kam beim seligen Benedetto Menni aus seiner glühenden Gottesliebe, die ihrerseits wieder in ei-

nem sehr intensiv gepflegten Innenleben und Gebetsleben wurzelte. Die Grundsätze, die sowohl seiner Aszese als auch seiner unermüdlichen Tätigkeit Ziel und Richtung gaben, sind die folgenden, von ihm formulierten: »Gott lieben und Ihm dienen, dabei sich selbst mißtrauen; das ganze Vertrauen vielmehr in Jesus setzen und sich ganz in seine Arme werfen! Beten, arbeiten, leiden, dulden, Gott lieben und schweigen!«

Papst Johannes Paul II. hat bei der Seligsprechung von P. Benedetto Menni über diesen neuen Seligen gesagt:

»P. Menni hat die Notwendigkeit, das eigene Leben ganz Christus zu weihen, voll begriffen. Er hatte die Worte des göttlichen Meisters gelesen und sich zu eigen gemacht: ›Was ihr einem meiner geringsten Brüder getan habt, das habt ihr Mir selbst getan‹ (Mt 25,40). Unter dem, was der Herr als ihm getan betrachtet, wählte P. Menni in besonderer Weise die liebende Sorge um die Kranken, vor allem um die kranken Kinder und die Geisteskranken. Indem er sich ganz von der Spiritualität des Hospitalordens des hl. Johannes von Gott, in den er jung eingetreten war, leiten ließ, wurde er nach der traurigen Zeit der napoleonischen Unterdrückung und der antikirchlichen politischen Herrschaft, die bis in seine Tage hinein fortdauerte, der Erneuerer seines Ordens. Er ist darum ein Ruhm des Hospitalordens der Barmherzigen Brüder; dieser hat in ihm ein leuchtendes Beispiel für den Dienst an dem Kranken, den er mit Christus gleichgesetzt hat. Darüber hinaus wußte P. Benedetto Menni, aus der Spiritualität seines Ordens wunderbare Früchte zu ziehen, indem er zum Gründer einer neuen Schwestern-Kongregation wurde, die sich vor allem in den Dienst der Geisteskranken gestellt hat: Die ›Hospitalschwestern des heiligsten Herzens Jesu‹, die heute bei dieser Seligsprechung jubeln, weil sie nun die Tugenden dessen feierlich von der Kirche anerkannt sehen, den sie als ihren Vater und Lehrer verehren. Die Seligsprechung ihres Gründers, die von ihnen so heiß gewünscht worden war, möge dazu beitragen, den Eifer für den Dienst an Christus in der Person der Kranken gemäß dem besonderen Charisma ihres Instituts zu steigern.

Die Arbeit, die P. Menni tat, um das Leiden so vieler Menschen zu lindern, war in den verschiedenen Ländern, in denen er seine caritative Tätigkeit ausübte, überaus aktuell, besonders in Spanien, wo er einen wichtigen Teil seines Lebens verbracht hat. Aber auch in unseren Tagen ist sein Werk weiterhin verdienstvoll und providentiell in einer Gesellschaft, in der leider oft die Schwächsten und Leidenden an den Rand abgeschoben werden.

Der selige Benedetto Menni entging – wie alle, die Christus nachfolgen – nicht dem Unverständnis und dem Leid, auch von seiten seiner Umgebung. Er war aber überzeugt von seinen edlen Absichten und wurde gestärkt durch seine tiefe Gemeinschaft mit Christus und der Kirche. Darum konnte er den Angriffen widerstehen und sein fruchtbares Werk des Dienstes an der Gesellschaft und am Reich Gottes weiterführen. Seine außerordentliche Tätigkeit war ständig getragen und beseelt von einer innigen, tiefen Hingabe an das heiligste Herz Jesu und von einer besonderen Verehrung der Gottesmutter, vor allem unter dem Namen Unserer Lieben Frau vom heiligsten Herzen Jesu. Durch seine beispielhafte Demut lebte er fortwährend in der Bereitschaft zur Umkehr und in einem grenzenlosen Vertrauen in die Macht der Göttlichen Vorsehung. Er war unermüdlich in seinem Bemühen, dem Weg Christi, des barmherzigen Samaritans, zu folgen, indem er auf einzigartige Weise seinem Beispiel im Erbarmen gegenüber dem leidenden Menschen folgte, ohne daß ihm dessen Stand oder Herkunft wichtig war, denn im Leidenden sah er immer einen jener geringsten Brüder, in denen der göttliche Erlöser verborgen gegenwärtig ist. ›Laßt uns Jesus bitten‹, so schrieb er in einem seiner Briefe, ›daß Er uns mit seiner Liebe entflamme! Laßt uns die Königin der Liebe bitten, die makellose Jungfrau, daß sie in uns dieses göttliche Feuer entfache!‹ Ohne dieses göttliche Feuer, d.h. ohne das Feuer des Heiligen Geistes, hätte dieser Selige all das, was er so wunderbar vollbracht hat, nicht leisten können.«

Der selige Peter Friedhofen

Schornsteinfeger, Ordensgründer

* *25. 02. 1819*
Weitersburg (Rheinland)
† *21. 12. 1860 Koblenz*

23. 06. 1985 Seligsprechung

In der Diözese Trier war zu Anfang des 19. Jahrhunderts aufgrund der dort herrschenden französischen Gesetze die organisierte kirchliche Armen- und Krankenpflege fast völlig stillgelegt worden. Im August 1802 waren auch noch die Trierer Alexianer-Brüder, die sich der Kranken und Armen besonders angenommen hatten, aus ihrem Kloster vertrieben worden. Es gab in der ganzen Diözese keine einzige sich der Krankenpflege widmende Ordensgemeinschaft mehr. Erst in den Dreißigerjahren des 19. Jahrhunderts konnten wieder kirchliche Gemeinschaften mit caritativ-sozialer Zielsetzung gegründet werden. Zu den markantesten Gemeinschaften dieser Art gehört die Gründung des Laien Peter Friedhofen[16], den Papst Johannes Paul II. am 23. Juni 1985 zur Ehre der Altäre erhoben hat.
Peter Friedhofen wurde am 25. Februar 1819 in Weitersburg bei Vallendar (Rhein) als Sohn einer kinderreichen Bauernfamilie geboren. Sein Vater gleichen Namens starb bereits 1820, also bald nach Peters Geburt; die Mutter Anna Maria, geb. Klug, folgte ihrem Gatten acht Jahre später, 1828, im Tod nach. So war Peters Leben als Vollwaise schon früh von materieller Not und Entbehrung gezeichnet. Er wuchs unter höchst kärglichen, armen Verhältnissen heran, doch wurde ihm eine feste religiöse Erziehung zuteil; vor allem wurde seine Frömmigkeit stark marianisch geprägt.
Als 14jähriger Junge ging Peter zu seinem Bruder Jakob, der in Ahrweiler Schornsteinfeger war, in die Lehre. In dieser Zeit fand Peter, durch das Brauchtum der Pfarrei angeregt, zu einer besonderen Ver-

ehrung des Jugendheiligen Aloisius von Gonzaga. Dafür gewann er später Gleichgesinnte, die er zu einer Bruderschaft zusammenschloß, deren Mitglieder sich die Förderung des religiösen Lebens und eine sittlich saubere Lebensführung zur Aufgabe stellten. In den auf die Lehre folgenden drei Wanderjahren zog Peter durch die Eifel, das Moselland und den Westerwald.
Nach erneuter Tätigkeit bei seinem Bruder Jakob ließ sich Peter, der den Meistertitel als Schornsteinfeger erworben hatte, 1842 in Vallendar als solcher nieder. Da er jedoch in dieser Zeit öfter krank war, konnte er seine beruflichen Pläne nicht verwirklichen, um so mehr aber suchte er für seine aloisianische Bruderschaft zu werben.
Auf der Suche nach einem ihm noch gemäßeren, religiös fest geprägten Lebensweg kam Peter Friedhofen im Oktober 1845 nach Aufgabe seiner Tätigkeit in Vallendar für kurze Zeit in das Redemptoristenkloster Wittem/Limburg, das ihn zwar tief beeindruckte, aber doch nicht halten konnte.
Nach dem Tod seines Bruders Jakob übernahm Peter Friedhofen im November 1845 dessen Stelle als Schornsteinfegermeister in Ahrweiler, vor allem um seine verwitwete Schwägerin mit ihren elf Kindern zu unterstützen. Während dieses Aufenthalts in Ahrweiler widmete er sich noch stärker als zuvor der von ihm gegründeten Aloisius-Bruderschaft, für die er in Vallendar eine Regel entworfen hatte.[17]
Im Jahre 1847 fand Peter Friedhofen durch Vermittlung einiger Aloisius-Brüder den Kontakt mit Ignatius Ließ, dem Sekretär des Trierer Bischofs Wilhelm Arnoldi, dem er seine Ideen über den weiteren Ausbau seiner Aloisius-Bruderschaft vortrug. Ein Jahr später erhielt er zusammen mit einigen Gesinnungsgenossen eine Audienz bei Bischof Arnoldi, der die Bruderschaft anerkannte und deren Regel bestätigte. Leider geriet die Bruderschaft noch im gleichen Jahr – vielleicht durch zu strenge Forderungen ihres Gründers – in eine Krise, so daß einige Mitglieder sich zurückzogen. Friedhofen selber wollte resignieren. In diesem Krisenjahr 1848/49 reifte in ihm dann der Ordensberuf. Zunächst dachte er an die Zusammenfassung der Aloisius-Brüder in einer Lebensgemeinschaft und baute zu diesem Zweck in seiner Heimatgemeinde Weitersburg ein Haus, das er »Klösterchen« nannte. Am 3. November 1849 informierte er den Bischöflichen Sekretär Ließ über seine Absichten. Danach sollte das Haus der Mutter Gottes gewidmet sein: »Alldort soll angefangen werden das strenge Leben der alten heiligen Klosterleute. Hierzu will ich den Anfang machen und will anderen mit Mut und Vertrauen vorangehen. Mit der Gnade Gottes wird man mich im künftigen Jahr angetan sehen mit einem Bußkleid. Hierzu fühle ich einen ungeheuren Antrieb

im Innern, dem ich nicht widerstehen kann. Weder Spott noch Verfolgung, noch Armut, noch Widerspruch kann mich davon abhalten, weil, wie ich hoffe, der Herr mit mir ist.« Friedhofen führte dann weiter aus, daß er zunächst einige Monate in ein Kloster gehen wolle, »um alles noch recht gut zu lernen und dann mit dem Ordenskleid das Haus zu beziehen«.

Schon am 7. November 1849 antwortete ihm der Bischöfliche Sekretär Ließ im Auftrag des Bischofs. Dieser begrüßte den Plan, »das Institut der Barmherzigen Brüder« für die Krankenpflege in der Diözese Trier zu begründen. Er empfahl Peter Friedhofen, sich bei den Alexianer-Brüdern in Aachen, Köln oder Neuß zu orientieren. Im Winter 1849/50 besuchte Friedhofen die selige Katharina Kasper in Dernbach, die kurz vorher unter schwierigsten Bedingungen die »Genossenschaft der Armen Dienstmägde Christi« für die Sozialarbeit gegründet hatte. Hier schöpfte Friedhofen neuen Mut für seine eigenen Pläne. Er wollte auf den vom Bischof angeratenen Besuch in einem Alexianerkloster verzichten und aus eigener Kraft beginnen. Sofort nach seiner Rückkehr von Dernbach unterbreitete er dem Bischöflichen Sekretär Ließ seine neuen Überlegungen. Er fühle sich berufen, etwas Eigenständiges zu beginnen, sich eng an Jesus anzuschließen, für die Bekehrung der Sünder und für die Förderung der Marienverehrung zu arbeiten und um dieser Ziele wegen »aus christlicher Liebe die Kranken zu pflegen«. Er betonte aber seine Bereitschaft, sich ganz den bischöflichen Anordnungen zu fügen. Schon ein paar Tage darauf kam die Antwort aus Trier. Bischof Arnoldi war mit dem Plan einer Gründung in Friedhofens Heimat in Weitersburg einverstanden und empfahl die Fertigstellung des begonnenen Hauses, verlangte aber von Peter Friedhofen die Schulung zum Krankenpfleger in einem Krankenhaus. Am 13. Juli 1850 reiste Peter Friedhofen mit seinem Freund Karl Marchand zu den Alexianer-Brüdern nach Aachen, wo er in die Pflege der Geisteskranken sowie in die stationäre und ambulante Krankenpflege eingeführt wurde.

Die bis zum 1. Dezember 1850 in Aachen gesammelten Erfahrungen bestärkten Peter Friedhofen im Entschluß, eine unabhängige Neugründung vorzunehmen: »Eine alte Regel nehme ich nicht an, sondern schreibe aus neuem Feuer und aus neuem Triebe eine Regel, nach der wir uns richten und nach der wir leben werden«, schrieb er an den Bischöflichen Sekretär Ließ. Er wollte die beabsichtigte Gründung unter den Schutz der Gottesmutter stellen und damit deren Verehrung fördern. Ende 1850 bezog er mit Karl Marchand und einem weiteren Mitarbeiter das bescheidene Haus in Weitersburg. Weitersburg aber erwies sich bald als wenig geeignet für die neue

Gründung; es kam bald zur Übersiedlung nach Koblenz. Dort nahm sich der junge Pfarrer Philipp de Lorenzi an der Liebfrauenkirche der Neugründung tatkräftig als Kommissar an. Es fand sich auch bald genug Arbeit für die »Barmherzigen Brüder von Maria Hilf«, wie die Mitglieder der Gründung von Peter Friedhofen schließlich hießen. Allmählich wuchs die Zahl, so daß 1858 die Genossenschaft den ersten Schritt ins Ausland wagen konnte. Die neuen Filialen, deren erste die in Luxemburg war, überhäuften Peter Friedhofen mit Aufgaben. Ihm dünkte aber die religiöse Prägung seiner Brüder wichtiger als das nur äußere Wachstum seines Werkes. Da ihn seit 1857 eine Lungentuberkulose hinderte, weite Reisen zu unternehmen, verkehrte er mit den Brüdern in den Filialen durch Briefe, die er ihnen sandte. Er empfahl darin den Brüdern eindringlich die Pflege des geistlichen Lebens und das Festhalten am Geist der Armut.
Neben den zahlreichen Briefen hinterließ der Selige seinen Ordensgenossen auch ein im Jahre 1860 verfaßtes Geistliches Vermächtnis.
Nach sechswöchiger Krankheit starb Peter Friedhofen am 21. Dezember 1860 im Alter von erst 41 Jahren, tief betrauert von seinen Brüdern und den Einwohnern der Stadt Koblenz. Seine einfache Herkunft und seine schwache Gesundheit hatten den jungen Mann, der sich zu seinem Werk berufen fühlte, nicht daran gehindert, im Dienste der Kranken und Armen Großes aufzubauen. Bei seinem Tod zählte die von Peter Friedhofen geschaffene Gründung in fünf Häusern 39 Mitglieder und 8 Postulanten.
»›Die Liebe Christi drängt uns‹, so bekennt von sich der Apostel Paulus. Dieselbe Liebe Christi war es, die auch den neuen seligen Peter Friedhofen dazu drängte, im Alter von 30 Jahren sein Leben ganz Gott und dem Dienst an den Armen zu weihen. Selbst arm und von schwacher Gesundheit, gab er seinen Zivilberuf als Schornsteinfeger auf, um aus religiöser Überzeugung und brennender Nächstenliebe einen Neuanfang zu wagen.«
So begann Papst Johannes Paul II. seine »Laudatio« auf den seligen Peter Friedhofen bei der Seligsprechungsfeier im Petersdom in Rom am 23. Juni 1985:
»Dieser Selige sah die Not entwurzelter, kranker und hilfebedürftiger Menschen und erkannte seine apostolisch-caritative Sendung. So gründete er 1850 die Gemeinschaft der ›Barmherzigen Brüder von Maria Hilf‹ mit der Aufgabe, Gott in den armen, kranken und alten Menschen zu dienen. Gottes Vorsehung hatte Peter Friedhofen durch eine harte Lebensschule dafür vorbereitet, die Zeichen der Zeit im großen sozialen Umbruch des 19. Jahrhunderts zu erkennen und aus dem Geist des Evangeliums darauf zu antworten. Als Vollwaise

mußte er bereits in seiner Kindheit Leid und materielle Not persönlich erfahren. Sein Elternhaus und die rheinische Heimat vermittelten ihm eine tiefe Religiosität, vor allem eine innige Verehrung der unbefleckten Jungfrau Maria. Schon zur Zeit seiner Berufsausbildung war er beseelt von großem apostolischem Eifer. Er sammelte gleichgesinnte junge Menschen um sich zu einer Aloisiusbruderschaft, um sie zu einem gottesfürchtigen Leben nach dem Evangelium anzuspornen. In diesem Jugendapostolat, im Ringen um persönliche Heiligkeit und in der besonderen Sorge und Hilfsbereitschaft für notleidende Mitmenschen reifte allmählich seine Berufung, die in der Gründung der Brüdergemeinschaft zur vollen Entfaltung gelangte, nämlich Christus so eng wie möglich nachzufolgen, die Menschen zu Christus zu führen, die Liebe zu Maria in die Herzen der Menschen einzupflanzen und aus christlicher Liebe den Kranken zu dienen. Das Werk seiner Ordensgründung war von großen Schwierigkeiten und Prüfungen begleitet, in denen sich der selige Peter Friedhofen als Mann unerschütterlichen Glaubens und Vertrauens in Gottes Vorsehung und in die Hilfe Mariens bewährte. In diesem übernatürlichen Kraftquell gründeten seine erstaunliche Entschlossenheit und Festigkeit, mit denen er trotz zunehmender körperlicher Krankheit sein Vorhaben verwirklichte und seiner Ordensgemeinschaft im Dienste der christlichen Nächstenliebe Gestalt und geistliche Weisung gab...«

Die selige Clementina Anuarite Nengapeta

Ordensschwester, Märtyrin

* *29. 12. 1939 Wamba (Zaïre)*
† *29. 11. 1964 Isiro (Zaïre)*

15. 08. 1985 Seligsprechung

Am 15. August 1985 hat Papst Johannes Paul II. in Kinshasa die erste schwarzfarbige Ordensschwester seliggesprochen: Sr. Clementina Anuarite Nengapeta[18]. Sie wurde 1939 in Wamba im afrikanischen Land Zaïre, dem ehemaligen Belgisch-Kongo, geboren. Die Taufe empfing sie gemeinsam mit ihrer Mutter und zwei älteren Schwestern im Jahre 1943. Im Februar 1953 kam sie zu den Schwestern der Heiligen Familie (Jamàa Takatifu) in Bafwabaka, die ihr eine gediegene Ausbildung verschafften. 1956 erwarb sie das Diplom einer Lehrerin. Im selben Jahr begann sie bei den genannten Schwestern das Noviziat. Am 5. August 1959 wurde sie zur Profeß zugelassen. Schon seit 1956 unterrichtete Sr. Clementina Anuarite in den ersten Volksschulklassen der Missionsschule in Bafwabaka. 1960 erwarb sie auch noch das Diplom der »Ecole d'Apprentissage Pédagogique« und besuchte auch einige Kurse an der »Ecole Ménagère«. Sie war also als Lehrerin und Erzieherin bestens ausgebildet. Sie stand aber auch mit ihrem klaren, festen Charakter und ihrer Hilfsbereitschaft ganz in ihrer Ordensgemeinschaft. Über ihre Lehrtätigkeit hinaus betätigte sie sich auch als Katechistin in der eigenen Schule und in Nachbardörfern. Überdies verstand sie es, der Xaveri-Gemeinschaft und der Legio Mariae Geist und Leben einzuhauchen. Mit großer Liebe und Treue stand sie zu ihrer schwarzen, afrikanischen Herkunft, noch mehr aber zu ihrer Ordensgemeinschaft. Als ihre Mutter, von ihrem Mann verlassen, mit den übrigen Kindern in große Schwierigkeiten geraten war und der gottgeweihten Sr. Clementina Anuarite gegenüber be-

merkte, sie solle doch ihren Ordensberuf aufgeben und heimkommen, um der Mutter und den Geschwistern kraft ihrer guten Ausbildung als Lehrerin zu helfen, da antwortete die bereits fest im Ordensberuf verankerte Schwester: »Wer die Hand an den Pflug legt und zurückschaut, ist des Himmelreiches unwürdig und beleidigt Gott schwer!«

So bewährte sich die 23jährige Ordensschwester, als sie einem teuflischen Versucher in die Hände fiel. In der Mittagsstunde des 29. November 1964 wurde sie gemeinsam mit ihren Mitschwestern von Angehörigen des Simba-Stammes nach Ibamhi, hierauf nach Isiro verschleppt. Dort versuchte der schwarze Hauptmann Pierre Olombe, ihr die gottgeweihte Jungfräulichkeit zu rauben. Als ihm das nicht gelang, weil sich die Schwester tapfer dagegen wehrte, wurde sie von dem Lüstling kaltblütig ermordet. So wurde die junge Schwester zur Märtyrin der gottgeweihten Reinheit und Jungfräulichkeit.

Im Januar 1978 wurde in der Diözese Isiro-Niangara sowie in Wamba und Bafwabaka, dann auch noch in Brüssel der kanonische Prozeß begonnen, bei dem der Mörder der Schwester seine bösen Absichten eingestand, so daß an der Echtheit des Martyriums kein Zweifel mehr bestand.

Papst Johannes Paul II. hat bei der feierlichen Seligsprechung am 15. August 1985 in Kinshasa vor einer unzählbaren Menschenmenge und vor den Vertretern der kirchlichen und staatlichen Autorität der Republik Zaïre folgende bedeutsame Ansprache gehalten:

»Dem Erzbischof von Kinshasa, Kardinal Malula, sowie allen meinen Brüdern im Episkopat weiß ich mich sehr verbunden und danke ihnen für den Eifer, mit dem sie die Seligsprechung der Ordensschwester Clementina Anuarite Nengapeta vorbereitet haben. Gott hat ›auf die Niedrigkeit seiner Magd geschaut‹ und auf die ungeteilte Liebe einer Tochter dieser afrikanischen Erde. Eines Tages schrieb Schwester Clementina Anuarite in ihr Tagebuch: ›Gott lieben, weil Er Großes an mir getan hat! Wie groß ist doch seine Güte!‹ Hier brachte sie durch die Wiederaufnahme des gleichen Gebetes, wie es Maria im Magnificat gesprochen hat, den eigentlichen Sinn ihres Lebens zum Ausdruck. Wir können sie dabei nur bewundern und zum Vorbild nehmen, denn sie ist für eure christliche Gemeinschaft wirklich beispielgebend und gereicht ihr zum Ruhm durch ihre verdienstvolle Treue Gott gegenüber. Schwester Clementina Anuarite hat ihr ganzes Leben in Oberzaïre, in Wamba und Bafwabaka, verbracht. Sie schien keine Begabungen zu besitzen, die über das Gewöhnliche hinausgingen. Als Kind bescheiden, ihrer Grenzen bewußt, war sie jedoch mit Ausdauer bemüht, diese Grenzen zu überwinden. Sie hatte ein lebhaftes, frohes Temperament. Spontan stellte sie sich anderen zur Verfügung, sie war diensteifrig und wollte den übernommenen Dienst mit Umsicht auch ausführen. Die Taufe hatte sie als Kind gleichzeitig mit ihrer Mutter empfangen. Der Glaube wuchs in ihr und wurde zum mächtigen richtungweisenden Antrieb in ihrem Leben. Noch sehr jung, wollte sie ihr Leben Gott als Ordensschwester weihen. Sie bereicherte die Gemeinschaft von Jamàa Takatifu, die Kongregation der Hl. Familie, die sich besonders den Erziehungsaufgaben widmet, durch ihren Fleiß, ihren Diensteifer, ihre Liebe zu ihren jungen Schülern, ihre Aufmerksamkeit den Armen und Kranken gegenüber, ihre Freude, die sie anderen mitteilte, ihr Verlangen, sich in geistiger Hinsicht weiterzuentwickeln. Die heute bei der Seligsprechungsfeier anwesenden Mitglieder ihrer Familie und ihrer Kongregation sind glücklich, ihre Eigenschaften bezeugen zu können. Schwester Clementina Anuarite verpflichtete sich vorbehaltlos zur Nachfolge Christi, dem sie ihre Treue und ihre Jungfräulichkeit geweiht hatte. Tag für Tag betete sie hingebungsvoll und inbrünstig zur Gottesmutter. Oft sah man sie im Gebet versunken vor dem Bild Unserer Lieben Frau; oft betete sie andächtig den Rosenkranz zusammen mit ihren Schwestern oder mit den Kindern, die in ihrer Obhut waren. Rührend hing sie an der kleinen Madonnenstatue, die sie bis zu ihrem Tod bei sich trug. Die Zeit der Prüfungen nahm diese junge Ordensschwester tapfer auf sich. Der Glaube, das Verantwortungsbewußtsein, der vorrangige Wert, den sie der Jungfräulichkeit beimaß, das intensive Gebet sowie die Unterstützung der Gemeinschaft erlaubten es ihr, auch in Gefahren und Schwierigkeiten unerschüttert zu bleiben. In der schrecklichen Angst, ihre gottgeweihte Reinheit verletzt zu sehen, sagte Schwester Clementina Anuarite, als ihr Leben bedroht war: ›Meine Seele ist jetzt beunruhigt.‹ Es sind das Worte, die an jene von Jesus erinnern (vgl. Joh 12,27) und die zeigen, wie tief das Evangelium in das Leben dieses jungen, gottgeweihten Menschen schon eingedrungen war. Sie überwand alle Unruhe und Angst. Ihr Mut kannte keine Schwächen. Durch die mitfühlende Anwesenheit ihrer Ordensvorgesetzten und ihrer Mitschwestern wurde ihr Mut gestärkt; die von ihr schließlich bezeugte Kühnheit war der Märtyrer würdig, wie sie ihre heroische Christusnachfolge – von Stephanus in Jerusalem angefangen – die Geschichte der Kirche kennzeichnen. Um ihre Oberin zu verteidigen, die aufgrund ihrer Weigerung bedroht wurde, wagte Schwester Clementina Anuarite zu sagen: ›Ihr werdet nur mich allein töten!‹ Als sie dann von den tödlichen Messerstichen getroffen wurde, hörten ihre Mitschwestern jene Worte aus ihrem Mund, die sie an den richtete, der sie mit seinen Messerstichen traf: ›Ich verzeihe Ihnen, denn Sie wissen nicht, was Sie tun!‹ Sie fügte noch hinzu: ›Das ist es, was ich mir gewünscht habe (nämlich das Martyrium)!‹ Schwester Clementina Anuarite folgte Christus, dem sie sich ganz geweiht hatte, auf radikalste Weise. So wie Er verzieh auch sie, so wie Er vollbrachte auch sie ihr Lebensopfer. Im Evangelium heißt es: Als Maria die Schwelle des Hauses des Zacharias erreichte, rief Elisabeth mit lauter Stimme: ›Selig, die du geglaubt hast, daß in Erfüllung geht, was der Herr dir sagen ließ!‹ (Lk 1,45). Auch sie, die Tochter eurer afrikanischen Erde, Clementina Anuarite Nengapeta, hat an die Erfüllung des Versprechens, das Gott ihr gegeben hat, geglaubt. Sie gehörte zu denen, die sich entschließen, um des Reiches Gottes willen auf die Ehe zu verzichten. Sie hatte das Beispiel der jungfräulichen Märtyrinnen vergangener Zeiten eingehend studiert und war besonders vom Opfer der hl. Maria Goretti und dem der Märtyrer von Uganda beeindruckt worden. Sie wußte, was sie ihre Glaubenstreue kosten konnte; sie hatte Christi Wort gehört: ›Es gibt keine größere Liebe, als wenn einer sein Leben hingibt für seine Freunde‹ (Joh 15,13). In der Stunde der Gefahr zögerte sie nicht, ihre Weihe an Christus in vollkommener Jungfräulichkeit über alles zu stellen. Am gleichen Abend, als sie im Blauen Haus des Isiro starb, sagte sie: ›Ich habe meine Gelübde erneuert, ich bin bereit zu sterben.‹

Schwester Clementina Anuarite ist eine eindrucksvolle Zeugin dafür, welch unersetzlichen Wert eine Verpflichtung bedeutet, die man Gott gegenüber hat und die durch seine Gnade unterstützt wird. Selig ist sie, die als eine aus unserer Mitte uns die Schönheit der vollen Selbsthingabe für das Reich Gottes bewiesen hat. Die Größe der gottgeweihten Jungfräulichkeit besteht darin, sich mit allen Fähigkeiten hinzugeben, um zu lieben, bis das ganze Wesen, frei von allen anderen Bindungen, imstande ist, den Herrn und die, die Er liebt, zu lieben. Darin liegt keine Mißachtung der ehelichen Liebe, denn wir wissen, daß Schwester Clementina Anuarite Eheleuten ihrer nächsten Umgebung helfend zur Seite stand, um die treue Einhaltung ihrer ehelichen Verpflichtungen zu fördern, deren Schönheit sie hervorhob. Der vorrangige Wert der Treue war es, der sie zum Martyrium geführt hat. Martyr heißt – wörtlich genommen – Zeuge. Schwester Clementina Anuarite gehörte zu jenen Zeugen, die mitreißen und den Glauben und die Hochherzigkeit der Brüder und Schwestern stärken. Als in der Nacht des 30. November 1964 alle Ordensfrauen der Gemeinschaft bedroht, niedergeschlagen und verletzt wurden, erschraken sie nicht vor Schwester Clementinas Opfer, sondern wurden von ihm in ihrer Standhaftigkeit ermutigt, diese Prüfung ruhig zu überstehen. Der Tod einer aus ihrer Gemeinschaft setzte ein beredtes Zeichen der Hoffnung. Das hohe Loblied auf Gottes Gnade könnt ihr alle, liebe Brüder und Schwestern, mit Schwester Clementina Anuarite singen. In ihr habt ihr im Grunde die erste Frucht der Hundertjahrfeier der Taufe eures Landes, die wir vor nicht allzu langer Zeit gemeinsam begangen haben. Hier habt ihr die volle Frucht der Taufgnade vor euch, nämlich die erste Frau aus Zaïre, eine Märtyrin des Glaubens, die die Kirche feierlich seligspricht...«

Der Papst nennt die selige Clementina Anuarite »die volle Frucht der Taufgnade« ihres Landes. Alle Getauften haben einen geistigen Urahnen, Johannes den Täufer, der von Gott sogar die Gnade erhalten hat, seinen Sohn im Jordan zu taufen.

Die selige Virginia Centurione Bracelli

Ehefrau, Mutter, Ordensgründerin

* *02. 04. 1587 Genua*
† *15. 12. 1651 Genua*

22. 09. 1985 Seligsprechung

Aus der adeligen Tochter eines Genueser Dogen, die im ausgehenden 16. Jahrhundert und in der ersten Hälfte des 17. Jahrhunderts in der bedeutenden italienischen Hafenstadt Genua lebte und wirkte, wurde eine vorbildliche Frohbotin der Caritas, der die Ehre der Altäre gebührt, wie Papst Johannes Paul II. bei der Seligsprechung von Virginia Centurione Bracelli[19] feierlich bestätigt hat.
Diese Selige der Stadt Genua wurde am 2. April 1587 dort geboren als Tochter des Dogen Giorgio Centurione und der Lelia, geb. Spinola, die ebenfalls altem Genueser Adel angehörte.
Dem Willen des Vaters gehorchend, heiratete Virginia mit 15 Jahren den jungen Sohn einer berühmten Familie namens Gaspare Bracelli. Dieser gab sich aber allzusehr dem Spiel und dem Vergnügen hin und verkürzte sich durch sein lasterhaftes Treiben das Leben. Dem untreuen Mann, von dem die edle Virginia zwar zwei Töchter hatte, der seine Familie aber verlassen hatte, ging Virginia Centurione Bracelli mit sorgsamer Liebe in Geduld und Demut so lange nach, bis sie ihn wenigstens vor seinem Tod wieder auf den rechten Weg gebracht und mit Gott versöhnt hatte.
Virginias Vater wollte seine 1607 nach kurzer, unglücklicher Ehe zur Witwe gewordene Tochter ein zweites Mal verheiraten. Sie aber lehnte energisch ab und zog sich zuerst zu Gebet und Buße zurück. Dann aber begann sie, sich voll dem Apostolat zu widmen. Zuerst sorgte und kümmerte sie sich um verlassene und verödete Landkirchen und ließ sie renovieren. Dann ging sie dazu über, sich um verlas-

sene Jugendliche zu sorgen, für die sie vier Schulen gründete. Nachdem sie ihre beiden eigenen Kinder durch die Hilfe ihrer Schwiegermutter Maddalena Lomellini und des Kapuziners P. Mattia Bovoni gut versorgt wußte, begann sie nun ganztägig und gewissermaßen hauptberuflich ihr Apostolat an den Armen und Kranken auszuüben, vor allem dann, als um 1630 durch Pest, Hunger und Krieg in Genua und ganz Norditalien die Not ungeheuer groß geworden war. 1626 verzichtete Virginia auf das ihr noch verbliebene Vermögen zugunsten der Armen.

Sie tat ihr mütterliches Herz weit auf bei der Führung der Gesellschaft der »100 Damen der Barmherzigkeit« (»Cento Signore della Misericordia«), die sich dem »Patronat für die Armen Jesu Christi« geweiht hatten. Gemeinsam mit diesen Frauen half Virginia, wo sie nur konnte, und tröstete mit ihren feurigen, durch großmütige Gottesliebe entflammten Worten. Das begonnene Apostolat mündete schließlich in das »Werk der Zuflucht« (»Opera del Rifugio«), das als Hilfs- und Auffangstelle für verlassene und gefährdete Jugendliche gedacht war. Virginia nahm solche Jugendliche in ihr Haus auf, und als dieses zu klein geworden war, pachtete sie ein aufgelassenes Kloster im Genueser Stadtteil »Monte Calvario«. Hier brachte sie 40 Jugendliche unter, die sie unter den Schutz »Unserer Lieben Frau von der Zuflucht« stellte. Es war der 13. April 1631. Dieses Datum galt fortan als Gründungstag der auf Virginia Centurione Bracelli zurückgehenden beiden weiblichen Ordensgemeinschaften der »Schwestern Unserer Lieben Frau von der Zuflucht am Kalvarienberg« (»Suore di Nostra Signora del Rifugio in Monte Calvario«) und der »Töchter Unserer Lieben Frau vom Kalvarienberg« (»Figlie di Nostra Signora al Monte Calvario«).

Virginia verstand es, für ihr Werk auch die Verantwortlichen der kirchlichen und zivilen Autorität zu interessieren. Überdies erreichte sie, daß die jungfräuliche Gottesmutter als »Königin von Genua« proklamiert wurde. Beim Kardinal-Erzbischof von Genua setzte sie sich dafür ein, daß in der Stadt Genua das 40stündige Gebet eingeführt und Volksmissionen abgehalten und zu diesem Zweck die Ordensgemeinschaft der »Missionare vom hl. Carl« gegründet wurde. Überdies machte sie sich als Friedensvermittlerin zwischen den verfeindeten Parteien der Stadt verdient und war darauf bedacht, daß ein schweres Zerwürfnis zwischen dem Dogen und dem Kardinal-Erzbischof von Genua beigelegt wurde.

Am 15. Dezember 1651 starb die hochverdiente Frau, tief betrauert von den Bewohnern der Stadt Genua. Leider vergaß man allmählich auf sie, und zwar so sehr, daß nicht einmal ihre geistlichen Töchter darum wußten, daß Virginia Centurione Bracelli die Gründerin ihrer Gemeinschaft war. Sie nannten sich nicht nach ihr Bracelli-Schwestern, sondern »Brignoline« nach dem Namen eines ihrer einstigen Protektoren Emanuele Brignole. Als man aber am 20. September 1801 anläßlich des 150. Todestages ihr Grab öffnete und ihren Leichnam völlig unverwest vorfand, erinnerte man sich wieder an diese große Frau hilfsbereiter Caritas im 17. Jahrhundert, als in Genua härteste Zeiten der Not herrschten.

1931 begann man den Seligsprechungsprozeß, der am 6. Juli 1985 durch die amtliche Bestätigung eines Wunders, das auf die Fürsprache Virginias geschehen war, glücklich zu Ende geführt wurde. Am 22. September 1985 hat Papst Johannes Paul II. sie in Genua seliggesprochen und dabei die folgende, hier verkürzt wiedergegebene beeindruckende Ansprache gehalten:

»›Wer der Erste sein will, soll der Letzte von allen und Diener aller sein‹ (Mk 9, 35). Diese herausfordernden, eindrucksvollen Worte des Evangeliums erlauben uns, eine Synthese des einzigartigen Lebens von Virginia Centurione Bracelli zu geben, die ich heute hier in dieser Stadt, in der sie geboren wurde und wirkte und in der sie auch begraben liegt, seligspreche.

Diener aller zu sein ist die Sendung, zu der sich der Sohn Gottes bekannt hat, als er zur Erlösung der Welt der leidende ›Knecht‹ des Vaters wurde. Jesus erläuterte mit einer wunderbaren Geste die Bedeutung, die er dem Wort ›Knecht‹ geben wollte. Die Jünger, die beunruhigt waren und wissen wollten, ›wer von ihnen der Größte sei‹, lehrte er, daß es statt dessen notwendig sei, sich auf den letzten Platz zu stellen, in den Dienst der Kleinsten. ›Er stellte ein Kind in ihre Mitte, nahm es in seine Arme und sagte zu ihnen: Wer ein solches Kind um meinetwillen aufnimmt, nimmt mich selber auf‹ (Mk 9, 36). Ein Kind aufnehmen konnte – zumal in der damaligen Zeit – heißen, sich den Personen minderen Ansehens zu widmen, sich mit tiefer Achtung, mit geschwisterlichem Herzen und voll Liebe um diejenigen zu kümmern, die die Welt vernachlässigt und die die Gesellschaft an den Rand abdrängt. Jesus offenbarte sich so als Vorbild derer, die den Kleinsten und Ärmsten dienen. Er identifizierte sich mit dem, der in der Gesellschaft der Letzte ist. Er verbirgt sich im Herzen des Armen, des Leidenden, des Verlassenen und sagt deshalb: ›Wer ein solches Kind um meinetwillen aufnimmt, der nimmt mich selber auf.‹

Das Leben der Virginia Centurione Bracelli scheint sich ganz im Lichte dieser biblischen Botschaft zu entfalten. Verzicht auf das eigene Vermögen, um den Bedürftigen, den Bettlern zu dienen, sie aufzunehmen, sich den Letzten zu widmen, den Leuten, die von den

Menschen am ärgsten vernachlässigt werden. Jung verwitwet, nahm Virginia die Einladung des Herrn an, Ihm in seinen Armen zu dienen. ›Ich will allein Dir dienen, der Du nicht sterben kannst‹, war Virginias Gebet vor dem Gekreuzigten. ›Ich will, daß du Mir in Meinen Armen dienst‹, war die Antwort des Herrn.

Virginia widmete sich zuerst den verlassenen Mädchen ihrer Stadt, damit sie nicht aus sozialer Not noch demütigendere moralische Nötigungen erfahren würden. Um ihnen das zu sichern, was für ein würdevolles Leben notwendig war, beherbergte sie sie zunächst in ihrem Haus und ging, obwohl sie adeliger Herkunft war, auf die Straße betteln. Ihre leidenschaftliche Nächstenliebe führte sie auch mitten in eine reiche, eifersüchtig auf ihre Privilegien bedachte Adelsgesellschaft, um Christus nachzufolgen, der ›obwohl er reich war, um unseretwegen arm wurde‹ (vgl. 2 Kor 8,9). Die Betrachtung über das Geheimnis vom Kalvarienberg ließ sie auf konkrete und tätige Art die weise Botschaft des Buches Tobit begreifen: ›Es ist gut, zu beten und zu fasten, barmherzig und gerecht zu sein ... Besser, barmherzig sein als Gold anhäufen‹ (Tob 12,8).

Aus Liebe zu Christus, der in seinen Armen lebt, wurde Virginia also arm und rief eine Form der Nächstenliebe ins Leben, die sich nicht auf bloße Hilfeleistung beschränkte, sondern die ganzheitliche menschliche Förderung zum Ziel hatte. Sie wollte alles daransetzen, für die Bettler annehmbare und auch in Zukunft gesicherte soziale Verhältnisse zu schaffen. So nahm sie auf geniale Weise die moderne Bedeutung von Hilfe und Fürsorge vorweg, indem sie lehrte, die Gaben der Liebe gleichsam zu verzinsen und mit ihrer feinsinnigen Pädagogik dem Notleidenden half, aus der niederdrückenden Haltung herauszufinden und die Verantwortung für sich selbst zu übernehmen. Die Armen selbst in ihren Behausungen im Armenviertel der Stadt Genua aufzusuchen, gehörte zu den besonderen Pflichten, die sie sich selbst vorbehielt, als sie die ›Damen‹ und die ›barmherzigen Helferinnen‹ dazu anhielt, ihren Dienst an den Armen zu verrichten. Denn sie hatte begriffen, daß die Liebe Christi nicht auf den Armen wartet, sondern ihn aufsucht, ihm in sein Elend folgt – aus reiner Liebe.

Wenn wir uns fragen, woher denn die Kraft und der Mut zu einer so großartigen Hingabe und zu so viel Arbeit gekommen ist, so finden wir, daß im Mittelpunkt des Lebens der seligen Virginia die Betrachtung des Gekreuzigten stand, des Jesus vom Kalvarienberg, der ihr immer gegenwärtig war, den sie liebte und anrief, besonders in den kritischen Augenblicken ihres eigenen Lebens und in der Geschichte der von ihr gegründeten Häuser. Mit dem Apostel Paulus konnte

Virginia sagen: ›Ich lebe im Glauben an den Sohn Gottes, der mich geliebt und sich für mich hingegeben hat‹ (Gal 2,20). Der Herr vermag mit unsagbarer Liebe einige auserwählte Seelen näher an sein Kreuz zu ziehen, wobei er sich der Widerwärtigkeiten des Alltags, der Streitigkeiten der Menschen und der Demütigungen bedient, die von der moralischen Not der Welt herrühren. So läutert er den Geist seiner Heiligen, befähigt sie, die Botschaft des Kreuzes anzunehmen, sie sich zu eigen zu machen und sie hochherzig zu leben. Diese Nähe vom Kreuze Christi ist ein Geschenk, das dem geheimnisvollen Wirken der göttlichen Gnade entspringt und mitunter die Perspektiven dessen, der in irdischen Maßstäben denkt, verschiebt. Doch tatsächlich verkündet Christus immer sein Erbarmen eben durch diese Seelen, die er zu herausragenden Zeugen der Liebe formt, denn in den Prüfungen ›suchten sie bei ihm Trost‹ und konnten sich ›mit Freude hingeben‹, wie wir im Psalm gesungen haben.

Tiefe Liebe zu Christus und echte Liebe zu den Armen und Bedürftigen ist die Botschaft, die Virginia an die Stadt Genua bei dieser Gelegenheit wiederholt... Genua, eine Stadt, die der Gottesmutter geweiht ist, der ›Madonna della Guardia‹, die die Genuesen grüßen, wenn sie abfahren und wenn sie von ihren Seereisen zurückkehren. Genua ist eine Stadt der Gottesmutter, weil Virginia Centurione wollte, daß Maria zur Königin dieser Stadt erklärt und proklamiert wurde... Der Gottesmutter vertraue ich die geistlichen Töchter der seligen Virginia Centurione an, die Mitglieder der Kommunitäten in Genua, die Schwestern Unserer Lieben Frau vom Kalvarienberg, die hier ›Brignoline‹ genannt werden, die Schwestern der Kommunitäten in Rom, die ›Töchter vom Kalvarienberg‹ und die Schwestern, die in Indien, Afrika und Lateinamerika tätig sind. Ich vertraue der seligsten Jungfrau Maria ihre Freude über diese Seligsprechungsfeier an; aber auch ihren Geist der Liebe, ihre hochherzige Hingabe an die Kleinen und Armen, ihren Einsatz für die Erziehung der Jugend, für das Apostolat. Ich tue dies, indem ich einem Satz der seligen Virginia Centurione Bracelli folge, der mir der Zitierung wert erscheint, weil er ein Zeichen ihres Gottvertrauens ist: ›Ich überlasse mich‹ – so sagte sie – ›in allem und für alles den Händen dessen, der mich erschaffen hat und der mir mehr geholfen hat und helfen wird, als ich es mir je vorstellen könnte.‹ So soll es für uns alle sein.«

Der selige Diego Luis de San Vitores Alonso

Missionär, Märtyrer

* *13. 11. 1627 Burgos*
† *02. 04. 1672*
am Strand von Tumon

06. 10. 1985 Seligsprechung

Wer kennt schon die »Marianen«, jene Inselgruppe in Mikronesien, zu der viele kleine und ein paar große Inseln wie Guam, Saipan und Rota gehören? Von 1565 bis 1898 herrschten hier die Spanier, und ein Spanier hat auf diesen Inseln erfolgreich missioniert und hat dort am 2. April 1672 den Martertod erlitten: Diego Luis de San Vitores Alonso[20]. Um auch den »Marianen« einen hilfreichen Schutzpatron zu geben, hat Papst Johannes Paul II. am 6. Oktober 1985 diesen von Seeleneifer glühenden Missionar, der sein ganzes Priesterleben unter die biblische Losung »Evangelizare pauperibus misit me« (Lk 4, 18) gestellt hat, seliggesprochen.
Diego Luis de San Vitores wurde am 13. November 1627 in der spanischen Stadt Burgos geboren. Da sein Vater dem spanischen Adel angehörte und im Dienst des spanischen Königs stand, mußte die Familie oft den Wohnsitz wechseln, zuerst in Diegos ersten Kindheitsjahren von Burgos nach Madrid (1631), dann nach Guadix bei Granada (1635) und schließlich wieder zurück nach Madrid (1638).
Zwei Jahre war Diego Zögling des den Jesuiten anvertrauten »Colegio Imperial« in Madrid. Ganz jung begann er dann das Noviziat bei den Jesuiten in Villarejo de Fuentes bei Cuenca. Da er am Ende der beiden Noviziatsjahre noch nicht einmal 16 Jahre alt war, mußte er noch ein drittes Noviziatsjahr absolvieren, bis er zu den Ordensgelübden zugelassen wurde. Von 1644 bis 1646 studierte der junge Jesuitenkleriker dann Philosophie und von 1646 bis 1650 Theologie. Am 23. Dezember 1651 wurde er zum Priester geweiht.

Nach Abschluß des dritten Probationsjahres und nach Lehrtätigkeit in Oropesa (Toledo), dann in Madrid und Alcalá in den Jahren 1653 bis 1660 durfte P. Diego Luis de San Vitores endlich seinen Kindheitstraum realisieren und in die Mission gehen. Aber er kam nicht nach China, wie er gehofft hatte, sondern über Mexiko nach Manila auf den Philippinen und dann auf die Marianen. Am 16. Juni 1668 landete er mit fünf Gefährten, darunter vier Priester, auf der Insel Guam.

In weniger als einem Jahr hatten die Glaubensboten auf Guam allein 6055 Menschen und zusammen mit den Täuflingen von zehn anderen Inselchen 13 289 Einwohner für den christlichen Glauben gewonnen; dies war ein Viertel der gesamten Einwohnerschaft. Nun entstand aber der Widerstand hartnäckiger Heiden und einiger Feinde der spanischen Herrschaft auf den Inseln. 1670 kam es erstmalig zum Blutvergießen. Einer der besten Mitarbeiter von P. Diego de San Vitores, P. Luis de Medina, wurde am 29. Januar 1670 ermordet. Die Mission nahm aber – unter dem Schutz der spanischen Macht und durch neue Mitarbeiter verstärkt – ihren erfolgreichen Fortgang. 1671 stieg die Zahl der Getauften bereits auf 30 000. Die seelsorgliche Betreuung der Neuchristen erfolgte von fünf Kirchen auf verschiedenen Inseln aus. Die treibende Kraft war bei dieser Evangelisierung der Marianen stets P. Diego Luis de San Vitores mit seinem Mut und seiner Zähigkeit, mit seiner großmütigen Hingabe an diese missionarische Aufgabe und mit seinem glühenden Seeleneifer. Er wechselte dabei ständig von einer Insel auf die andere. Auf der Suche nach einem Christen, der vom Glauben abgefallen war und zurückgewonnen werden sollte, wurde er am 2. April 1672 von diesem in furchtbarer Wut überfallen und aus Haß gegen den christlichen Glauben von einer Lanze durchbohrt. Der heldenhafte Glaubensbote starb am Strand von Tumon in geringer Entfernung von Agaña.

Papst Johannes Paul II. hat diesem Glaubensboten und Märtyrer bei der Seligsprechung in St. Peter in Rom am 6. Oktober 1985 folgende Charakterisierung gewidmet:

»Diego Luis de San Vitores Alonso vernahm bereits in ganz jungen Jahren in sich eine Stimme, die ihn fesselte und zugleich anspornte. Er fühlte sich von Christus, dem zur Erlösung der Menschheit vom Vater ewig Gesandten, angezogen. Er hatte in ihm das Verlangen geweckt, als Werkzeug seiner Heilssendung in ferne Lande zu ziehen. In den Ohren Diegos fanden die Worte des Herrn in der Synagoge von Nazaret Widerhall: ›Der Herr hat mich gesandt, damit ich den Armen das Evangelium überbringe‹ (Lk 4,18). Jesus stand vor der Tür und klopfte an. Seine Stimme wurde immer klarer und eindring-

licher im edelmütigen Herzen des jungen Mannes, der sich Gott öffnete und zum Eintritt in die Gesellschaft Jesu entschloß, womit er auf eine glänzende Zukunft verzichtete, die ihm seine persönlichen Anlagen und die gesellschaftliche Stellung seines Vaters verschafft hätten. Im Gebet und bei innerer Einkehr betrachtete die Seele Diegos den ›Jesus, der durch alle Städte und Dörfer zog, in den Synagogen lehrte und das Evangelium vom Reiche Gottes verkündete‹ (Mt 9, 35). Diego bat den Herrn um die Gnade, ›daß er nicht taub sei für seinen Ruf, sondern schnell bereit sei, seinen heiligsten Willen zu erfüllen‹, wie es in den ›Geistlichen Übungen‹ des hl. Ignatius von Loyola heißt. Der junge Ordensmann klopfte an die Tür seiner Vorgesetzten, damit sie ihn in die Mission im Fernen Osten entsendeten, wo er die Frohbotschaft Christi den Völkern verkünden wollte, die sie noch nicht kannten.
Nach einer langen und anstrengenden Fahrt nach dem Osten, die ihn über Mexiko führte, erreichte er die Philippinen, wo er fünf Jahre blieb, bevor er auf die Marianen entsandt wurde. Im Juni 1668 erreichten P. Diego Luis de San Vitores und fünf seiner Ordensgefährten den Archipel und errichteten auf der Insel Guam das Zentrum ihrer künftigen Missionsarbeit. Sein apostolischer Eifer und die völlige Hingabe an diese Menschen, die der geistlichen und menschlichen Förderung bedurften, kennzeichnen die Jahre des missionarischen Wirkens dieses vorbildlichen Glaubensboten, der in der Befolgung der Worte des göttlichen Meisters: ›Es gibt keine größere Liebe, als wenn einer sein Leben für seine Freunde hingibt‹ (Joh 15, 13), sein Blut als Opfergabe vergoß, während er Gott bat, denen zu vergeben, die seinen Tod verschuldet hatten.
Das Leben dieses neuen Seligen war gekennzeichnet von der vorbehaltlosen Bereitschaft, dorthin zu eilen, wohin Gott ihn rief. Dieser neue Selige spricht mit aktuellen und eindringlichen Worten zu den heutigen Missionaren über die Haltung der Offenheit und Bereitschaft, auf die Forderungen des Auftrags zu antworten: ›Geht hinaus in die ganze Welt und verkündet das Evangelium allen Geschöpfen‹ (Mk 16, 15). Junge Menschen, die ihr mich hört oder diese Botschaft empfangt: Öffnet euer Herz dem Herrn, der vor der Tür steht und anklopft. Seid hochherzig wie der junge Diego, der alles verließ und zum Pilger und Missionar in fremden, fernen Ländern wurde, um den Menschen Zeugnis zu geben von der Liebe Gottes.«

Der selige Francisco Gárate

Jesuiten-Laienbruder

* *03. 02. 1857*
Azpeitia (Baskenland)
† *09. 09. 1929 Deusto-Bilbao*

06. 10. 1985 Seligsprechung

Ein Seliger, von dem es eigentlich sonst nichts zu berichten gibt als nur dies, daß er als Laienbruder im Jesuitenorden die ihm gestellten Aufgaben – zuerst 10 Jahre lang als Krankenpfleger, dann 42 Jahre lang als Pförtner – in wirklich vorbildlicher Weise erfüllt und dadurch das Ziel der Vollkommenheit und Heiligkeit erreicht hat, ist im Landsmann des hl. Ignatius von Loyola, dem Laienbruder Francisco Gárate[21], zur Ehre der Altäre erhoben worden, als ihn Papst Johannes Paul II. am 6. Oktober 1985 zusammen mit zwei anderen Jesuiten seligsprach.

Bruder Francisco Gárate stammte von einem Bauernhof in der unmittelbaren Nähe des Schlosses Loyola in der Pfarre Azpeitia (Guipúzcoa, Baskenland/Spanien). Dort wurde er am 3. Februar 1857 geboren. Er trat mit 17 Jahren bei den Jesuiten ein und begann das Noviziat, das sich damals aufgrund kriegerischer Auseinandersetzungen im Baskenland im Dorf Poyanne in Frankreich befand. 1876 legte er als Laienbruder die Ordensgelübde ab. Zehn Jahre lang erfüllte er mit größter Gewissenhaftigkeit, Geduld, Sanftmut und Güte die delikate Aufgabe eines Krankenpflegers in den drei Jesuitenkollegien in La Guardia an der spanisch-portugiesischen Grenze. Dann war er von 1887 bis zu seinem Tod am 9. September 1929 Pförtner an der Jesuiten-Universität in Deusto-Bilbao, wo seine Tugenden die Bewunderung aller erregten, die ihn kennenlernten. Er war ein vollkommener Nachahmer des hl. Alfons Rodríguez, der ebenfalls als Jesuiten-Laienbruder den Pförtner-Beruf ausgeübt hatte.

Immer war Bruder Francisco Gárate liebenswürdig, geduldig, unermüdlich tätig. Eines Tages wurde er vom Jesuiten-Kardinal Boetto gefragt, wie er denn bei so viel beruflicher Beanspruchung immer ruhig und ausgeglichen bleiben könne. Er gab zur Antwort: »So weit es mir möglich ist, alles gut zu machen, tu ich es. Das übrige tut unser Herr. Mit seiner Hilfe wird alles leicht und schön, weil wir einen guten Herrn haben.«

Die »Laudatio« auf diesen schlichten Ordensmann, die Papst Johannes Paul II. bei der Seligsprechung hielt, lautete so:

»Die Botschaft der Heiligkeit, die Bruder Francisco Gárate Aranguren uns hinterlassen hat, ist so einfach und klar, wie sein opferreiches Leben als Ordensmann an der Pforte der Universität in Deusto war. Seit seiner Jugend öffnete Francisco nach und nach sein Herz dem Herrn, der an seine Tür klopfte und ihn einlud, sein treuer Jünger und Freund zu sein. Wie die seligste Jungfrau Maria, die er wie eine Mutter zärtlich liebte, antwortete er mit Hochherzigkeit und grenzenlosem Vertrauen auf den Ruf der Gnade.

Bruder Gárate erlebte seine Ordensweihe als radikale Öffnung für Gott, dem er vorbildlich dienen, den er ehren wollte und von dem er die Inspiration und Kraft empfing, allen seine große Güte zu bezeigen. Das konnten sehr viele Personen bestätigen, die durch die Pforte des allzeit ›liebenswürdigen Bruders‹, wie er gern genannt wurde, in der Universität von Deusto gingen: Studenten, Professoren, Angestellte, Eltern der Studenten – kurzum Leute aller Schichten und jeden Ranges, die in Bruder Gárate die liebenswürdige, immer lächelnde Haltung eines Mannes bewunderten, der sein Herz ganz in Gott verankert hatte.

Bruder Francisco gibt uns ein konkretes, recht aktuelles Zeugnis vom Wert des inneren Lebens, das die Seele eines jeden Apostolates, auch der Ordensweihe, sein muß. In der Tat, als sich Bruder Francisco Gott hingegeben und sein Leben in Gott den Mittelpunkt gefunden hatte, ließen die apostolischen Früchte nicht auf sich warten. Von der Pforte des universitären Studienzentrums aus machte dieser Laienbruder der Gesellschaft Jesu die Güte Gottes durch die evangelisierende Kraft seines stillen, demütigen Dienstes gegenwärtig ...«

+ JHS +

Der selige Joseph Maria Rubio y Peralta

Priester, Jesuit

* *22. 07. 1864 Dalías (Spanien)*
† *02. 05. 1929 Aranjuez*

06. 10. 1985 Seligsprechung

Ein hervorragender spanischer Prediger und Beichtvater aus dem Jesuitenorden in den letzten Jahrzehnten des 19. und in den ersten Jahrzehnten des 20. Jahrhunderts wurde am 6. Oktober 1985 in der Person des Ordenspriesters Joseph Maria Rubio y Peralta[22] zur Ehre der Altäre erhoben.
Dieser Selige wurde am 22. Juli 1864 als Sohn eines frommen bäuerlichen Elternpaares, das zwölf Kindern das Leben geschenkt hat, in Dalías (Almería) in Spanien geboren. Nach einer glücklich verbrachten Kindheit begann der Junge im Jahre 1875 in Almería die Mittelschulstudien. Da er bald schon die Berufung zum Priestertum klar erkannt hatte, studierte er von 1876 an am Knabenseminar der Diözese Almería weiter und trat 1879 in das Priesterseminar zu Granada ein, wo er zwei Jahre lang Philosophie, vier Jahre lang Theologie und wieder zwei Jahre lang Kirchenrecht studierte. 1886 begab er sich nach Madrid, um dort 1887 seine Studien mit dem Lizenziat in Theologie und mit dem Doktorat in Kirchenrecht abzuschließen. Am 24. September 1887 wurde er in Madrid zum Priester geweiht. Schon damals spürte er stark die Neigung, sich dem Jesuitenorden anzuschließen, aber verschiedene äußere Umstände verhinderten dies 19 Jahre lang.
Nachdem der Neupriester für kurze Zeit bis 1889 als Vizepfarrer in Chinchón angestellt worden war, wurde er Pfarradministrator in Estremera, 1890 aber nach Madrid berufen als Professor für Metaphysik, Latein und Pastoraltheologie am Priesterseminar sowie als Synodalexaminator und Notar an der Bischöflichen Kurie.

Im Jahre 1905 machte der Priester Rubio Peralta eine Pilgerfahrt ins Heilige Land. Im darauffolgenden Jahr konnte er endlich in Granada in die Gesellschaft Jesu eintreten. Dort legte er am 12. Oktober 1908 die Ordensgelübde ab. Nach einem weiteren Studienjahr und nach Tätigkeit in der Jesuitenresidenz in Sevilla mußte P. Rubio Peralta 1910 noch die sogenannte III. Probation in Manresa machen, bis er dann endlich von der Jesuitenresidenz in Madrid aus bis zu seinem am 2. Mai 1929 erfolgten Tod eine überaus segensreiche und wirksame Seelsorgetätigkeit vor allem als Prediger und Beichtvater entfalten konnte.

So viel zum äußeren Lebenslauf dieses vorbildlichen Priesters, der eine ganz große Liebe zur heiligsten Eucharistie und zum göttlichen Herzen Jesu hatte. Er zeichnete sich in den 18 Jahren seines pastoralen Wirkens in Madrid und darüber hinaus so sehr aus, daß ihn der damalige Bischof von Madrid den Apostel dieser spanischen Hauptstadt nannte. Von den frühen Morgenstunden an standen lange Reihen von Pönitenten am Beichtstuhl von P. Rubio Peralta an. Seine vielen Predigten, die schlicht und einfach sowie frei von jedem Pathos waren, trafen die Herzen seiner Zuhörer ähnlich wie etwa einst die schlichten Predigten des hl. Johannes Maria Vianney, des Pfarrers von Ars. P. Rubio Peralta war vor allem auch ein überaus gesuchter Exerzitienleiter für jede Alters- und Berufsklasse. Er setzte sich unermüdlich ein, um das Werk der »Marías de los Sagrarios« und das »de los Caballeros y las Señoras de la Guardia de Honor« zu fördern. Mit großem Mut und glühendem Seeleneifer drang er auch in die Quartiere der ärmsten und am meisten verlassenen Menschen in der Bannmeile von Madrid ein und trug dort viel zur religiös-sittlichen Hebung dieser Menschen bei. In seinen letzten Lebensjahren wurde der pastorale Dienst von P. Rubio Peralta stark durch zahlreiche außerordentliche Geschehnisse unterstützt, die ihm den Titel eines »Wundertäters« eintrugen. Sein Sterben am 2. Mai 1929 in Aranjuez war in den Augen zahlreicher Gläubiger das eines Heiligen.

Papst Johannes Paul II. bestätigte dies bei der Seligsprechung am 6. Oktober 1985:

»José Maria Rubio y Peralta wurde in Dalías (Almería) geboren und übte sein Apostolat vor allem in der spanischen Hauptstadt aus, wo er als der ›Apostel von Madrid‹ bekannt geworden ist. Sein Leben als treuer Jünger Christi lehrt uns, daß es die Haltung des Gehorsams und der Demut gegenüber dem Handeln Gottes ist, die den Christen auf dem Weg zur Vollkommenheit vorankommen läßt und ihn zu einem wirksamen Werkzeug der Erlösung formt. P. Rubio entfaltete im Beichtstuhl und auf der Kanzel eine große apostolische Aktivität.

Sein ausgesprochenes Feingefühl als Seelenführer ließ ihn den passenden Rat, das richtige Wort, die manchmal anspruchsvolle Buße finden. Während jahrelanger, geduldiger Arbeit im stillen verstand er es, Männer und Frauen aus allen Gesellschaftsschichten zu Aposteln heranzubilden. In vielen Fällen wurden sie seine Mitarbeiter in den von ihm inspirierten und geschaffenen Werken der Wohltätigkeit und der christlichen Nächstenliebe. Er bildete engagierte Laien aus, denen gegenüber er seinen bekannten Ausspruch wiederholte: ›Du mußt damit beginnen!‹, um sie zu ermutigen, als Christen in die Elendsviertel der Jahrhundertwende am Stadtrand der Großstadt Madrid zu gehen, wo er Schulen gründete und den Kranken, Alten und Arbeitslosen beistand. Seine innige Verbundenheit mit Christus, besonders im hl. Sakrament der Eucharistie, und seine Verehrung des heiligsten Herzens Jesu führten ihn in die Vertrautheit mit dem Herrn, in sein Denken und Fühlen ein.
Im beispielhaften Weg seines Lebens erscheint dieser berühmte Sohn des hl. Ignatius von Loyola dem heutigen Menschen als ein echter ›zweiter Christus‹, als ein Priester, der den Nächsten von Gott her sieht und darum die Fähigkeit besitzt, den anderen etwas mitzuteilen, was denen vorbehalten ist, die in Christus leben.«

Der selige Titus Brandsma

Karmeliten-Ordenspriester, Professor, Redakteur, Märtyrer

* *23. 02. 1881*
Bolswaard (Niederlande)
† *26. 07. 1942 KZ Dachau*

03. 11. 1985 Seligsprechung

Der niederländische Priester-Journalist und Märtyrer[23], »für den sich über Dachau der Himmel geöffnet hat«, wie der Titel einer Biographie dieses Glaubenshelden in der Zeitschrift »La Civiltà Cattolica« lautete, ist am 3. November 1985 von Papst Johannes Paul II. zur Ehre der Altäre erhoben worden. Er verdiente es wahrlich, denn er war nicht nur Priester, Journalist und Märtyrer, er war auch ein vorbildlicher, heiligmäßiger Karmelit.
Am 23. Februar 1881 wurde er in Bolswaard bei Bolsward im niederländischen Friesland geboren. Nach dem Besuch des Gymnasiums der Franziskaner in Megen trat er 1898 bei den Karmeliten ein und wurde 1905 zum Priester geweiht. Es folgten von 1906 bis 1909 weitere Studien an der Päpstlichen Universität Gregoriana in Rom, wo er zum Dr. phil. promoviert wurde. 15 Jahre lang dozierte nun P. Titus Brandsma an der Ordenshochschule der Karmeliten in Oss. Daneben entfaltete er ein überaus intensives Apostolat: Er gründete eine marianische Zeitschrift und war Chefredakteur einer örtlichen Zeitung; er schuf eine öffentliche katholische Bücherei und ein wissenschaftliches Lyzeum; er bemühte sich um die Errichtung eines Herz-Jesu-Denkmals auf einem öffentlichen Platz; er organisierte verschiedene Ausstellungen und einen Missionskongreß. Überdies besorgte er die Übersetzung der Werke der hl. Teresa von Avila in die niederländische Sprache. Wahrlich, es war ein ungemein vielseitiges Apostolat, das dieser dynamische Ordenspriester ausübte.
1923 wurde P. Titus Brandsma als Professor für Philosophie und Ge-

schichte der Mystik an die Katholische Universität Nimwegen berufen. Hier gründete er ein Institut für niederländische Mystik und sammelte mehr als 16000 Fotokopien von Handschriften, in denen mystische und spirituelle Abhandlungen des Mittelalters enthalten sind; er organisierte drei Kongresse über niederländische Spiritualität und war überdies in den Jahren 1932–33 Rektor der Katholischen Universität Nimwegen.
In der Geburtsstadt des hl. Petrus Canisius war P. Titus Brandsma aber auch über den Sektor der Wissenschaft hinaus apostolisch tätig, vor allem auf ökumenischem Gebiet, desgleichen für die Weltmission, für die Seelsorge an Nichtkatholiken, die konvertieren wollten. Auch für die Sprache und Kultur seiner Heimat Friesland arbeitete P. Titus Brandsma in dieser Zeit. Überdies war er Schriftleiter der Niederländischen katholischen Enzyklopädie und geistlicher Assistent der katholischen Journalisten.
Dieser unermüdliche Arbeiter für das Reich Gottes war trotz schlechter Gesundheit immer gut gelaunt. Er zeigte viel Humor im Verkehr mit den Mitmenschen, er besaß große Herzensgüte und unbegrenzte Bereitschaft, allen, die ihn um Hilfe baten, zu helfen. Bei aller Aktivität war P. Titus Brandsma zudem immer ein Mann unerschütterlichen Glaubens und tiefer Geistigkeit.
Dieser kluge, gebildete, vielseitig begabte Mann der Kirche durchschaute sehr früh schon die Gefährlichkeit des in Deutschland an die Macht gekommenen Nationalsozialismus. Vom Jahre 1934 an zeigte er sich auf Konferenzen, in Artikeln, die er verfaßte, und in Kursen, die er an der Universität organisierte, als ernst zu nehmender Gegner. Als im Mai 1940 die deutschen Truppen die Niederlande besetzten, erwies sich P. Titus Brandsma sogleich als unerschrockener, mutiger Verteidiger der katholischen Kirche und ihrer Einrichtungen, voran der katholischen Schule. Als geistlicher Assistent der katholischen Journalisten trachtete er mit Erfolg danach, von den katholischen Zeitungen jegliche nationalsozialistische Propaganda fernzuhalten. Im Dezember 1941 schrieb er, nachdem die Besatzungsmacht immer wieder auf die katholische Presse und ihre Journalisten Druck auszuüben suchte, einen Brief an die Direktoren und Chefredakteure der katholischen Zeitungen und Zeitschriften: es gelte – koste es, was es wolle –, ganz energisch der nationalsozialistischen Propaganda entgegenzuwirken. Die Folgen blieben nicht aus: Am 19. Januar 1942 wurde P. Brandsma von der Gestapo verhaftet und in das Gefängnis von Scheveningen gebracht. In den dort mit ihm angestellten Verhören verteidigte der tapfere Priester mutig und klar die Haltung der Kirche gegenüber dem Nationalsozialismus.

Vom März bis April 1942 wurde P. Titus Brandsma im Konzentrationslager Amersfoort festgehalten. Hier half er, soweit er dies konnte, seinen Schicksalsgenossen, ermutigte sie zum Durchhalten, nahm ihnen die Beichte ab, tröstete sie und zeigte sich selbst in abgeklärter Heiterkeit. Zeugen bestätigten, daß P. Titus Brandsma auf alle Gefangenen tiefen Eindruck machte.
Nach kurzem Aufenthalt in den Gefängnissen von Scheveningen und Cleve kam P. Titus Brandsma schließlich in das Konzentrationslager Dachau. Hier wurde er härtester Zwangsarbeit unterworfen und oft ganz unwürdig und gemein mißhandelt. Schon nach einem Monat war P. Brandsma völlig entkräftet. Er wurde in das Krankenrevier des Konzentrationslagers eingeliefert. Dort verabreichte man ihm am 26. Juli 1942 eine tödliche Carbolsäure-Spritze. Sein Leichnam wurde eingeäschert.
Der Tod des Ordenspriesters Brandsma hinterließ in den Niederlanden einen ganz tiefen Eindruck. Der Ruf dieses tapferen Glaubenshelden wurde nach dem Krieg noch viel stärker, als seine in der Gefangenschaft verfaßten Schriften im Druck erschienen. Der selige Titus Brandsma ist Autor folgender Werke:
Godsbegrip (Nimwegen 1932), Carmelite Mysticism (Chicago 1936, Dublin 1985), Mijn cel en dagorde van een gevangene (Tilburg 1944), Het laatste geschrift (Tilburg 1944), De groote heilige Teresia van Jesus (Utrecht 1946), God ... anders dan vroeger (Nimwegen 1969), Jardín cercado (Gaudete 1978), Ejercícios bíblicos con Maria para llegar a Jesús (Nimwegen 1978), Geert Groote: zijn keer naar de Heer (Nimwegen 1982), Mystiek leven. Een bloemlezing (Nimwegen 1985).
Bei der Seligsprechung von P. Titus Brandsma am 3. November 1985 in der Basilika St. Peter in Rom hielt Papst Johannes Paul II. folgende ergreifende Ansprache:
»›Die Seelen der Gerechten sind in Gottes Hand‹ (Weish 3,1). Die Kirche hört dieses Wort Gottes am heutigen Sonntag nach dem Allerheiligenfest und dem Tag, der dem Gedenken aller verstorbenen Gläubigen gewidmet ist; die Kirche hört dieses Wort an dem heutigen Tag, an dem sie Titus Brandsma, einen Sohn der Niederlande, ein Mitglied des Karmeliterordens, zur Ehre der Altäre erhebt.
Hier wird wieder ein Mann der Ehre der Altäre für würdig befunden, der die Qualen des Konzentrationslagers Dachau durchgemacht hat, ein Mann, der – nach den Worten der heutigen Liturgie im Buch der Weisheit 3,4 – ›gestraft‹ wurde; und gerade in dieser Bestrafung im Konzentrationslager, das das Schandmal unseres Jahrhunderts ist, hat Gott Titus Brandsma seiner würdig befunden (vgl. Weish 3,5).

Titus Brandsma hat Qualen durchgemacht; in den Augen der Menschen wurde er bestraft. Die ehemaligen Gefangenen der Konzentrationslager wissen sehr gut, welcher Kreuzweg diese Straforte waren: Orte einer großen Prüfung, Prüfung der physischen Kräfte, erbarmungslos vorangetrieben bis zur völligen Vernichtung, Prüfung der moralischen Kräfte... Die Konzentrationslager sind entsprechend dem Programm der Menschenverachtung, entsprechend dem Programm des Hasses eingerichtet worden. Welche Prüfung des Gewissens, des Charakters, des Herzens mußte ein Jünger Christi durchmachen, der sich an die Worte Christi über die Feindesliebe erinnerte! Haß nicht mit Haß, sondern mit Liebe erwidern, das war vielleicht eine der größten Prüfungen der moralischen Kräfte des Menschen. Aus dieser Prüfung ist Titus Brandsma als Sieger hervorgegangen. Inmitten wütenden Hasses brachte er es fertig, zu lieben, alle zu lieben, auch seine Peiniger. ›Auch sie sind Kinder des gütigen Gottes‹, sagte er, ›und wer weiß, ob nicht etwas an ihnen hängen bleibt...‹

Ein solcher Heroismus stellt sich natürlich nicht unvermittelt ein. P. Titus reifte im Lauf seines ganzen Lebens dazu heran, angefangen von den ersten Erfahrungen seiner Kindheit, die er im Schoß einer tiefchristlichen Familie in seinem geliebten Friesland verbrachte. Von den Worten und dem Vorbild seiner Eltern, von den Unterweisungen in der Dorfkirche, von den im Bereich seiner Pfarrgemeinde durchgeführten Initiativen der Nächstenliebe lernte er das grundlegende Gebot Christi über die Liebe zu allen, die Feinde nicht ausgeschlossen, kennen und befolgen. Das war eine Erfahrung, die ihn zutiefst prägte, bis sie seinem ganzen Leben die Richtung gab.

Die Tätigkeiten, die P. Brandsma im Lauf seines Lebens entfaltete, weisen eine erstaunliche Vielfalt auf. Wollte man aber nach ihrem Beweggrund und ihrer Antriebskraft suchen, würde man sie genau hier finden: in dem bis zur äußersten Konsequenz durchgeführten Gebot der Liebe.

P. Brandsma war vor allem Professor der Philosophie und der Geschichte der Mystik an der Katholischen Universität Nimwegen. Auf diese Aufgabe verwendete er seine besten menschlichen und beruflichen Kräfte, indem er für die wissenschaftliche Ausbildung einer großen Zahl von Studenten sorgte. Doch er beschränkte sich nicht darauf, ihnen abstrakte, von ihren konkreten Daseinsproblemen losgelöste Kenntnisse zu vermitteln. Er liebte seine Studenten und fühlte sich deshalb verpflichtet, ihnen jene Werte mitzuteilen, die sein Leben inspirierten und trugen. So entstand zwischen dem Professor und den Studenten ein Dialog, der sich ausweitete und schließlich nicht nur

die großen alten Menschheitsfragen einschloß, sondern auch jene Fragen, die von den Ereignissen einer Zeit gestellt wurden, über die die nationalsozialistische Ideologie immer düsterere Schatten warf. Die Studenten bildeten freilich nur eine kleine Gruppe der viel größeren nationalen Wirklichkeit, in die P. Brandsma hineingestellt war. Sein Herz konnte den vielen Brüdern gegenüber nicht gleichgültig bleiben, die außerhalb der akademischen Institutionen standen und die sich auch nach einem klärenden Wort sehnen mochten. Für sie wurde P. Titus Brandsma Journalist. Jahrelang arbeitete er an Tageszeitungen und Zeitschriften mit und vertiefte in Hunderten von Beiträgen den Reichtum seines Geistes und seiner Sensibilität. Und auch hier hatte seine Mitarbeit nicht bloß Berufscharakter: viele Journalisten-Kollegen fanden in ihm einen diskreten Vertrauten, einen erleuchteten Ratgeber, einen aufrichtigen Freund, der stets bereit war, Sorgen und Leiden mit ihnen zu teilen und ihnen Hoffnungen einzuflößen.
Es gab keine Schranke, die dem Eifer der Liebe, von dem dieser große Karmelit beseelt war, hätte Einhalt gebieten können. Die Liebe ist es auch, die das Engagement erklärt, mit dem er die ökumenische Bewegung förderte, und zwar in der Haltung unverändertlicher Treue gegenüber der Kirche und völliger Loyalität gegenüber den Angehörigen anderer Konfessionen. Tief ergriffen von einem so leuchtenden Zeugnis konsequenten Lebens nach dem Evangelium sagte ein protestantischer Pfarrer von P. Brandsma: ›Unser in Christus geliebter Bruder Titus Brandsma ist wahrhaftig ein Mysterium der Gnade!‹ Ein Urteil von einzigartiger Eindringlichkeit ist das. Was im Leben von P. Brandsma vor allem Erstaunen wachruft, ist eben dieses sich immer offenkundigere Entfalten der Gnade Christi. Hier liegt das Geheimnis der gewaltigen Ausstrahlung seiner Tätigkeit, hier ist die Quelle des stets frischen Stromes seiner Liebe. P. Titus selbst war sich übrigens dessen voll bewußt, daß er alles der Gnade verdankte, d.h. dem göttlichen Leben, das in ihm am Werk war, indem es aus den unerschöpflichen Quellen des Erlösers in seine Seele floß. Das Wort Christi: › Ohne Mich könnt ihr nichts tun‹ (Joh 15, 5) war für ihn Richtschnur seiner täglichen Entscheidungen. Deshalb war er ein inständiger Beter. Er sagte: ›Das Gebet ist Leben, nicht etwa nur eine Oase in der Wüste des Lebens.‹
Als Professor für Geschichte der Mystik war er bestrebt, das Fach, das er lehrte, in jedem Augenblick seines Lebens zu leben. ›Wir dürfen keine Trennung zwischen Gott und der Welt in unserem Herzen vornehmen‹, sagte er, ›wir müssen vielmehr die Welt stets vor dem Hintergrund Gottes betrachten.‹ Aus dieser tiefen Verbundenheit

mit Gott entsprang in der Seele von P. Brandsma ein fortdauernder Strom von Optimismus, der ihm die Sympathie aller eintrug, die das Glück hatten, ihn kennenzulernen. Und dieser Optimismus hat ihn nie verlassen, er begleitete ihn vielmehr sogar in das Inferno des Konzentrationslagers. Bis zuletzt gab er dort den anderen Gefangenen Halt und schenkte ihnen Hoffnung; für alle hatte er ein Lächeln, ein verstehendes Wort, eine gütige Geste. Sogar die ›Krankenschwester‹, die ihm am 26. Juli 1942 die Todesspritze verabreichte, bezeugte später, daß sie das Gesicht jenes Priesters, der ›Mitleid mit mir hatte‹, immer in lebendiger Erinnerung habe.

Und das Gesicht von P. Titus Brandsma steht heute auch vor uns: Wir betrachten sein strahlendes Lächeln in der Herrlichkeit Gottes. Er spricht zu den Gläubigen seiner niederländischen Heimat und zu allen Gläubigen der Welt, um das noch einmal zu bekräftigen, was die Überzeugung seines ganzen Lebens gewesen ist: ›Auch wenn das Neuheidentum die Liebe nicht mehr haben will, so wird uns doch die Liebe die Herzen der Neuheiden zurückgewinnen. Die praktische Lebenserfahrung wird die Liebe immer aufs neue eine siegreiche Kraft sein lassen, die die Herzen der Menschen erobern und festhalten wird.‹

Wenn wir die Lebensbeschreibung von Titus Brandsma auf uns wirken lassen, wenn wir den Blick des Herzens auf den apostolischen Eifer dieses Dieners Gottes richten und ihn dann auf seinen Märtyrertod heften, so gewinnen die Worte der heutigen Liturgie eine ganz besondere Bedeutung: Gott hat ihn geprüft ... Wie Gold im Schmelzofen hat er ihn erprobt und ihn als vollwertiges Opfer angenommen (vgl. Weish 3, 5–6) ...«

Die selige Maria Theresia von Jesus Gerhardinger

Lehrerin, Ordensgründerin

* *20. 06. 1797*
Stadtamhof (Regensburg)
† *09. 05. 1879 München*

17. 11. 1985 Seligsprechung

Eine hochverdiente Ordensstifterin, die dem bayerischen Volk entstammt, ist der Kirche von Bayern als neue Selige geschenkt worden in der Person der am 20. Juni 1797 in Regensburg-Stadtamhof geborenen Karolina Gerhardinger[24], die als Ordensfrau den Namen Maria Theresia von Jesus angenommen hat. Sie wurde am 17. November 1985 von Papst Johannes Paul II. zur Ehre der Altäre erhoben.
Das einzige Kind eines angesehenen Schiffsmeister-Ehepaars erhielt in der Schule der Chorfrauen von Notre-Dame in Stadtamhof die schulische Ausbildung. An dieser Schule, die 1809 im Zuge der Säkularisation den Chorfrauen entzogen wurde, wirkte Karolina Gerhardinger vom 15. Lebensjahr an als Lehrerin: »Sie zeichnete sich nicht nur durch methodisches Geschick und hohes pädagogisches Können aus, sie machte sich auch den Gedanken ihres heiligmäßigen Seelenführers, des damaligen Dompfarrers und späteren Regensburger Bischofs Georg Michael Wittmann († 8. 3. 1833) zu eigen, der sich von einer guten Ausbildung und christlichen Erziehung der Mädchen eine sittliche Erneuerung, aber auch eine Verbesserung der wirtschaftlichen Situation des bayerischen Volkes erwartete« (E. H. Ritter).
Nach dem Tod von Bischof Wittmann, der der jungen Lehrerin sehr viel geholfen hatte, nahm sich ihrer sein Freund, der kaiserliche Hofkaplan in Wien, Franz Sebastian Job, ganz besonders an. Er ermöglichte es ihr, in seiner Heimat Neunburg vorm Wald eine Schule zu eröffnen und die erste klösterliche Gemeinschaft des »Vereins der

Armen Schulschwestern von Unserer Lieben Frau« mit zwei ehemaligen Schülerinnen zu beginnen. 1834 empfing Karolina Gerhardinger von König Ludwig I. die Genehmigungsurkunde zur Klostergründung, welche der Bischof von Regensburg, Franz X. Schwäbl († 1841), bestätigte. Im Jahre 1835 legte Karolina Gerhardinger, die sich nun »Mutter Maria Theresia von Jesus« nannte, die Ordensgelübde ab. Die junge Ordensgemeinschaft wuchs sehr rasch, so daß die Ordensstifterin 1837 den Münchener Erzbischof Lothar Anselm von Gebsattel († 1846) um die Erlaubnis bat, ein Mutterhaus in seiner Erzdiözese errichten zu dürfen. Er stellte ihr in München das ehemalige Klarissenkloster am Anger zur Verfügung. Zehn Jahre später besaß die junge Schwesterngemeinschaft der »Armen Schulschwestern Unserer Lieben Frau« bereits 52 Häuser in Bayern. Es folgte die Gründung von Niederlassungen in Württemberg, Baden, Westfalen, Schlesien, Böhmen, Österreich und England.
Im Jahre 1847 reiste Mutter Maria Theresia Gerhardinger mit fünf Schwestern nach Amerika, wo sie der aus Böhmen stammende sudetendeutsche Bischof Johannes Nepomuk Neumann († 1860, 1977 heiliggesprochen) bei der Gründung von Schulen und eines Mutterhauses in Baltimore kräftig unterstützte.
1848 kehrte Mutter Maria Theresia Gerhardinger nach München zurück und bemühte sich nun vor allem um die kirchliche Anerkennung ihrer Kongregation. Nach harten Prüfungen erreichte sie 1854 die päpstliche Bestätigung für ihre Ordensgemeinschaft und ihre Ernennung zu deren Generaloberin auf Lebenszeit. Als solche war sie gegen sich sehr streng, zu ihren Mitschwestern aber voll mütterlicher Fürsorge. Sie besaß ein ausgesprochenes Talent in der rechten Ausgestaltung der Lehrerinnenausbildung und -fortbildung. Sie schuf verschiedene Schultypen und gründete die ersten Kinderhorte und die ersten Haushaltungsschulen in Bayern. Mutter Maria Theresia war aber nicht nur überaus tüchtig im Schulwesen, sondern auch eine ernsthaft nach Vollkommenheit und Heiligkeit strebende Frau, für ihre Mitschwestern und Schülerinnen allzeit ein nachahmenswertes Vorbild, da ihr ganzes Wesen auf Gottes- und Nächstenliebe ausgerichtet war. Kraft für ihr aufopferndes Wirken holte sie sich in der täglichen hl. Kommunion, in der eifrig gepflegten Anbetung des Herrn im Altarssakrament und in grenzenlosem Vertrauen auf die Fürsprache der Gottesmutter.
Bei ihrer Seligsprechung sagte der oberste Hirte der Kirche über die Ordensgründerin, deren Kongregation bei ihrem Tod am 9. Mai 1879 in München schon über 3000 Schwestern an 300 Orten in aller Welt zählte, folgendes:

»›Ihr seid das Licht der Welt‹ (Mt 5,14). Diese Worte des Evangeliums sagt Christus heute in besonderer Weise zur neuen Seligen Maria Theresia Gerhardinger. Die Kirche hebt das Licht ihres heiligmäßigen Lebens und Wirkens durch die Seligsprechung auf den Leuchter, damit es fortan vor allen Menschen leuchte. Die Kirche ehrt in Mutter Maria Theresia eine begnadete Erzieherin und zugleich ein außergewöhnliches christliches Erziehungswerk, das diese Selige durch die von ihr gegründete Kongregation der ›Armen Schulschwestern von Unserer Lieben Frau‹ in vielen Ländern und Kontinenten bis in unsere Tage fortsetzt.
Als Karolina Gerhardinger im Alter von nur 12 Jahren ihre Berufung zur Lehrerin bereitwillig annahm und später ihren Schulorden gründete, entsprach sie einer großen Herausforderung ihrer Zeit, die sie als besonderen Anruf Gottes an sie verstand. Die durch die politischen und sozialen Umwälzungen verursachte Bildungs- und Glaubensnot, der sittliche Verfall der Familie, vor allem die Verwahrlosung der Jugend, verlangten nach neuen Wegen für eine tiefgreifende Erziehung und christliche Erneuerung besonders unter der Landbevölkerung und in den einfacheren und armen Volksschichten. Mit Bischof Wittmann, ihrem geistlichen Berater, war die Selige davon überzeugt, daß die Frauen und Mütter die Sittlichkeit der Nationen bestimmen. Darum widmete sich die Selige mit ihren Mitschwestern hauptsächlich der christlichen Erziehung der weiblichen Jugend, um durch die Heranbildung guter Mütter und Hausfrauen zur sittlichen Gesundung der Familien und zur Besserung der Gesellschaft beizutragen.
Karolina Gerhardinger verstand ihren Erzieherberuf als Auftrag, im Geist Christi für die anderen ›Salz der Erde‹ (Mt 5,13) zu sein. Ihr sozialer Einsatz ist zutiefst christliches Apostolat, das in der persönlichen Ganzhingabe an Gott im Ordensstand seinen vollkommensten Ausdruck findet. Sie gründete ihren Orden letztlich auch, um ›Gott zu verherrlichen‹ und für ›das Heil der Seelen‹ zu sorgen. Deshalb wollte sie, daß ihre Schwestern in den Schulen nicht nur Unterricht erteilen, sondern ›die Bildung des Menschen zu lebendiger Gottesfurcht ... und zu einem christlichen Leben erstreben‹.
Das Geheimnis der großen Fruchtbarkeit von Mutter Maria Theresias Wirken und ihres Erziehungswerkes war neben ihrer beruflichen Tüchtigkeit vor allem die Strahlkraft ihres eigenen geistlichen Lebens: sie besaß ein unerschütterliches Gottvertrauen und glühende Liebe zu Christus und zu den Armen. Das Wort der Hl. Schrift, die Eucharistie und das Gebet waren ihre innere Kraftquelle. In nächtlicher Stille verbrachte sie oft lange Zeit vor dem Tabernakel, um Got-

tes Willen zu erkennen und sich die Kraft zu erbitten, ihn in die Tat umzusetzen. Für sich und ihre Schwestern wählte sie Maria zum Vorbild und weihte ihr ihre Kongregation. Wie Maria sollten die Schwestern leben und wirken und ihr eigenes Leben ganz auf Gott ausrichten und Christus zu den Menschen in dieser Welt tragen. Maria Theresia von Jesus, diese schlichte, aber zielstrebige und mutige Ordensfrau, hat Großes für die Menschen und für das Reich Gottes geleistet. Bei ihrer Ordensgründung erwies sie sich als ›starke Frau‹, die für dieses Werk, das sie stets als ›Gottes Werk‹ bezeichnete, keine Opfer und Mühen scheute. Ihr Schulorden wurde bahnbrechend für die Entwicklung des Bildungswesens in zahlreichen europäischen Ländern und in Amerika. Das geistige Erbe der neuen Seligen lebt heute fort in rund 7500 Schulschwestern in Europa, Nord- und Lateinamerika, in Asien, Ozeanien und Afrika. Ihr Erziehungsideal ist auch in der säkularisierten Gesellschaft unserer Zeit ebenso aktuell und gültig wie je zuvor. Möge die selige Maria Theresia von Jesus Gerhardinger dafür nicht nur den Schwestern ihrer Kongregation, sondern allen christlichen Erzieherinnen fortan leuchtendes Vorbild und hilfreiche Fürsprecherin sein.«

Der Ansprache des Papstes sei noch die Predigt angefügt, die Kardinal-Erzbischof Friedrich Wetter, in dessen Bischofsstadt München das Mutterhaus der geistlichen Töchter der seligen Maria Theresia Gerhardinger liegt, am Tag nach der Seligsprechung, am 18. November 1985, in der römischen Basilika Santa Maria Maggiore gehalten hat:

»Es war im Jahre 1810. Der Vater erfüllte der dreizehnjährigen Karolina ihren Wunsch. Der Schiffsmeister Willibald Gerhardinger nahm seine Tochter mit auf die Fahrt donauabwärts von Regensburg nach Wien. Unterwegs geriet das Floß in einen gefährlichen Strudel. Es neigte sich zur Seite, und die Mitreisenden schrien vor Angst auf. Karolina aber stand furchtlos neben dem Vater. ›Mein Vater steht am Steuer; er weiß, was er will‹, soll sie nach der Überlieferung gesagt haben.

›Mein Vater steht am Steuer; er weiß, was er will.‹ Dieses Wort der Dreizehnjährigen, übertragen auf den Vater im Himmel, gibt uns den Blick frei in das innerste Geheimnis unserer seligen Maria Theresia. Wie sie sich als Kind auf der Donau dem Vater anvertraut hat, so vertraute sie sich auf dem Strom ihres fast 82 Jahre währenden Lebens dem Vater im Himmel an. Ihm überließ sie das Steuer ihres Lebensschiffleins, er durfte über sie nach seinem Willen verfügen. Dies machte ihr Leben sehr einfach und sehr groß. Gott stand am Steuer und lenkte ihr Lebensschifflein durch alle Schwierigkeiten und Ge-

fahren, so wie ihr Vater bei der denkwürdigen Donaufahrt das Floß durch den Strudel gesteuert hatte.
Gott bereitete sie in ihrer Jugend für das große Werk vor, das er ihr zugedacht hatte. Er fügte es, daß Karolina auf Veranlassung des Dompfarrers und späteren Regensburger Bischofs Georg Michael Wittmann zur Lehrerin ausgebildet wurde und die Schule ihres Heimatortes Stadtamhof zu einer Musterschule emporführte. In jenen Jahren ließ Gott die Berufung zum Ordensleben in ihr wach werden. Doch die erste Enttäuschung kam: Als sie sich kurz vor dem Ziel sah und mit einer klösterlichen Gemeinschaft die Schule ihrer Heimatgemeinde Stadtamhof bei Regensburg weiterführen wollte, erhielt sie trotz ihrer großen Verdienste vom Magistrat eine harte Absage.
Der Vater aber stand am Steuer und half weiter. 1833 begann sie mit zwei Gefährtinnen in Neunburg vorm Wald das Klosterleben. Die bittere Armut, die sie dort erwartete, machte sie nicht mutlos. Denn die Liebe zu Gott hatte ihr Herz mit der Liebe zur Jugend erfüllt. Sie sah die vielen Kinder und Jugendlichen der religiösen und sittlichen Verwahrlosung ausgesetzt. Dieser Not wollte sie Abhilfe schaffen. Vor allem ging es ihr darum, die weibliche Jugend zu erziehen und zu bilden: ›Denn die Mädchen von heute sind die Frauen und Mütter von morgen!‹ So begann sie im Vertrauen auf Gott ihr Werk, das sie allerdings nicht als *ihr* Werk betrachtete, sondern als *Gottes* Werk. Sie selbst verstand sich nur als Werkzeug in Gottes Hand.
Der hoffnungsvolle Beginn wurde jedoch überschattet vom Tod ihres Bischofs, von dem der Gedanke der Ordensgründung stammte und der ihr als väterlicher Freund von Kindheit an zur Seite gestanden war. Ein Jahr später starb Wittmanns Freund, der Wiener Hofkaplan Job, der nach dem Tod des Bischofs die Sorge für die junge Schwesterngemeinschaft übernommen hatte. So verlor unsere Selige in der schwierigen Gründungsphase ihre beiden wichtigsten Helfer. Hinzu kamen gehässige Stimmen aus Neunburg selbst: ›Die anderthalb Nonnen können wieder hingehen, woher sie gekommen sind‹, sagten die Leute.
Doch der Vater war am Steuer, Gott half weiter. In König Ludwig I. von Bayern fand sie einen Helfer. Er empfing sie in Audienz. Vorher aber war Maria Theresia Gerhardinger in eine Kirche gegangen, um zu beten. Sie war dabei so tief ins Gebet versunken, daß sie die Zeit vergaß und zu spät zum König kam. Dieser jedoch nahm sie freundlich auf und half ihr weiter, weil er ihre Größe und den Nutzen ihres Werkes für sein ganzes Königreich erkannte. ›Diese Frau weiß, was sie will, und was sie will, ist groß gedacht‹, sagte er später von ihr. Sie erhielt auch die bischöfliche Bestätigung ihrer neuen Ordensgemein-

schaft. Karolina legte die ewige Profeß ab, nahm den Klosternamen Maria Theresia von Jesus an und weihte ihr Leben Gott ganz und für immer.
Trotz der klosterfeindlichen Haltung des Landtags, trotz der Verleumdungen und üblen Nachreden, trotz der bitteren Armut segnete Gott ihre Gründung. Die neue Ordensfamilie wuchs. Filialen wurden gegründet. Schwester Maria Theresia mußte sich nach einem größeren Mutterhaus umschauen. Sie hatte bereits 1839 in München in der Au eine Niederlassung gegründet. König Ludwig I. gab ihr das ehemalige Klarissenkloster bei St. Jakob am Anger in München. Zehn Jahre nach der Erstgründung in Neunburg vorm Wald 1843 konnte sie in das Angerkloster umsiedeln, welches damit das Stamm-Mutterkloster der Armen Schulschwestern von Unserer Lieben Frau wurde.
Bereits vier Jahre später erreichte sie ein Hilferuf aus Amerika. Um die Jugend der deutschen Aussiedler kümmerte sich niemand; sie stand in der Gefahr zu verwahrlosen. ›Die Vorsehung ruft‹, war die Antwort der Seligen. Sie selbst brachte die ersten fünf Schwestern über den Ozean. Tief erschüttert war sie, als sie das Elend der deutschen Auswanderer, vor allem der Kinder und Jugendlichen, sah. Die Schwestern waren aber nicht nur erwünscht, sie stießen auch auf Ablehnung, sogar bei Bischöfen. Maria Theresia gab nicht nach, bis sie Fuß gefaßt hatten. Der Herr tröstete sie inmitten der Enttäuschungen und Mühsale mit einer tiefen Gotteserfahrung, von der sie in der ihr eigenen zurückhaltenden Weise sagte: ›Mit mir geht etwas vor, der Herr hat mich an sich gezogen.‹
Nach über einem Jahr Abwesenheit kehrte die Selige nach München zurück. Das Werk blühte weiter auf. Sie gründete Niederlassungen in Westfalen, Schlesien, Baden, Österreich, Ungarn und England. Trotz des sichtbaren Segens kam wiederum Schweres über Mutter Maria Theresia. Sie geriet in Konflikt mit dem Münchener Erzbischof Karl August Graf von Reisach (1800–1869), dem späteren Kurienkardinal Reisach. Es ging um die Struktur der neuen Gründung. Der Erzbischof wollte nicht, daß dem Münchener Mutterhaus alle Niederlassungen unterstehen sollten. Er wollte nicht, daß einer Frau, nämlich der Generaloberin, so weitreichende Vollmachten eingeräumt werden. Nach der Vorstellung des Erzbischofs sollten in den jeweiligen Diözesen Mutterhäuser errichtet werden. Damit wäre die Einheit ihres Ordens zerbrochen. Maria Theresia fand aber auch bischöfliche Fürsprecher in Rom.
Schließlich kam es zur Versöhnung mit Erzbischof Reisach. Im Jahre 1845 erhielt die Gründung der seligen Maria Theresia die Anerkennung durch den Apostolischen Stuhl, 1859 wurde die Regel vorläu-

fig, 1865 endgültig bestätigt. Diese Jahre des Konfliktes waren für sie überaus schwer. Sie sagte nachher: ›Die bisherige Leidensepoche hat mich wenigstens um 20 Jahre älter gemacht.‹
Nun hatte sie ihr Ziel erreicht. Die Bedrängnisse von innen waren überwunden. Doch es dauerte nicht sehr lange, und die Bedrängnisse von außen brachen wieder auf. Im Zusammenhang mit dem Ersten Vatikanischen Konzil erhob sich aufs neue die Kirchenfeindlichkeit. Im Kulturkampf mußte sie zusehen, wie die von ihr gegründeten Häuser in Preußen, Baden, Westfalen und Schlesien aufgehoben wurden. Doch die Gründerin blieb stark.
Woher hatte sie diese Stärke? Aus ihrem unerschütterlichen Vertrauen zu Gott: ›Der Vater steht am Steuer; er weiß, was er will.‹ Und er weiß es besser als wir Menschen. Darum wollte sie nur eines, seinen Willen erfüllen. Das gilt auch dann, wenn es schwer wird. ›In Gottes Namen! Der Herr schickt nicht mehr, als wir tragen können, und das auf uns zu nehmen, ist der Christen Beruf auf Erden‹, schrieb sie in einem ihrer Briefe. Und ein andermal sagte sie: ›Lasten, die man für Gott übernimmt, werden durch ihn zum Segen.‹ Sie hat um Gottes willen schwere Lasten getragen. So ist ihr Leben zu einem Segen für unzählige Menschen, vor allem für die weibliche Jugend, geworden.
Und woher hatte sie dieses unzerstörbare Vertrauen? Aus ihrer ungeteilten Gottesliebe. Was sie ihren Schwestern als Ideal vorstellte, das lebte sie ihnen auch vor: ›Unsere Vollkommenheit besteht nach meinem Dafürhalten in der Liebe Gottes. ... Schenken wir Gott unser ganzes Herz; es gehört ihm ja! ... Ihn laßt uns über alles lieben!‹
Ihr liebendes Herz wußte auch um das Geheimnis und den Segen des Leidens. Hat Gott nicht durch das Leiden seines Sohnes die Welt erlöst? ›Alle Werke Gottes gehen leidvoll.‹ Dieses Wort, von ihr gesprochen, steht auf ihrem Grab im Münchener Anger. Aber sie sagte weiter: ›Dann aber stehen sie desto fester und blühen desto herrlicher.‹ Dieses Wort hat sich an ihr und ihrem Lebenswerk erfüllt. Als die Selige am 9. Mai 1879 ihr Leben in Gottes Hände zurücklegte, blühte ihr Orden in Ost- und Westeuropa und in Nordamerika. Zu dritt hatten sie 1833 begonnen. Bei ihrem Tod, 46 Jahre später, waren es über 2500 Schwestern, bereit, das Werk ihrer Stifterin und geistlichen Mutter in die Zukunft zu tragen.
›Der Vater steht am Steuer; er weiß, was er will.‹ Die selige Maria Theresia hat nicht versucht, Gott das Steuer aus der Hand zu nehmen. Sie hat sich vielmehr Gott anvertraut und von ihm leiten lassen. Die tägliche liebende Hingabe an Gott hat sie zu menschlicher Größe und christlicher Vollkommenheit geführt.«

Der selige Pius v. hl. Aloisius Campidelli

Passionisten-Kleriker

* *29. 04. 1868 Trebbio (Italien)*
† *02. 11. 1889 Casale (Italien)*

17. 11. 1985 Seligsprechung

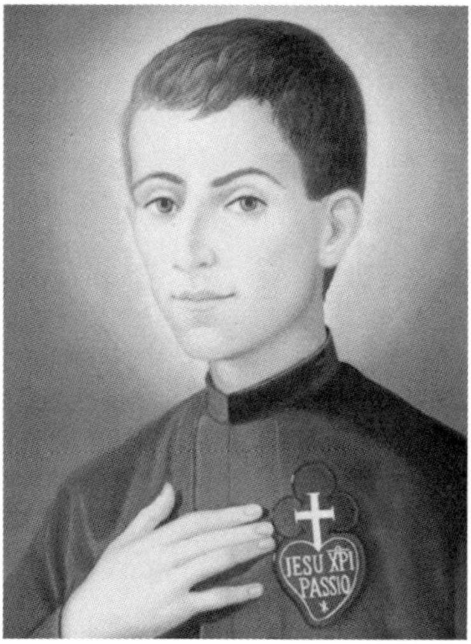

Ein junger Kleriker des Passionistenordens, der auf dem Weg zum Priestertum starb, ist der selige Pius vom hl. Aloisius Campidelli[25], den Papst Johannes Paul II. am 17. November 1985 zur Ehre der Altäre erhoben hat.

Der kurze Lebensweg dieses neuen Seligen – er dauerte nur 21 Jahre – ist schnell geschildert. Er zeigt aber sehr eindringlich, wie Priesterkandidaten sich auf den heiligen Beruf vorbereiten sollten.

Am 29. April 1868 wurde Luigi als vierter von sechs Söhnen der frommen, fleißigen Bauersleute Giuseppe und Filomena Campidelli, geb. Belpani, in Trebbio geboren und am selben Tag noch in der Pfarrkirche von Poggio Berni (Diözese Rimini) auf die Namen Luigi (Aloisius), Nazareno, Francesco getauft.

Seine Kindheit verbrachte Luigi, der von schwächlicher Gesundheit war, bei viel Frömmigkeit und allgemeiner Vorbildlichkeit in der Schule des Kaplans A. Bertozzi sowie beim Ministrieren und bei sonstigen kleinen Hilfsdiensten in der Kirche. Die erste hl. Kommunion empfing Luigi am 9. Juni 1878. Sie wurde für ihn zum Beginn einer starken, anhaltenden Vereinigung mit Jesus und zum Erwachen des Priester- und Ordensberufes. Die Sehnsucht danach konkretisierte sich während der Volksmission, die von Passionisten-Patres im Oktober 1880 in Poggio Berni gehalten wurde. Luigi wurde im Passionisten-Kloster Santa Maria di Casale (St. Arcangelo di Romagna) am 27. Mai 1882 in diesen Orden aufgenommen und als Frater Pius vom hl. Aloisius eingekleidet.

Im Noviziat hatte Frater Pius als Novizenmeister P. Michael von der Gottesmutter, der einst in seinem Noviziat und Klerikat den hl. Gabriel von der Schmerzensmutter als Kurskollegen gehabt hatte. Am 20. Januar 1883 wurde das Passionisten-Noviziat nach St. Eutizio bei Soriano (Viterbo) verlegt. Hier konnte der neue Novizenmeister P. Vitale über den Novizen Fr. Pius in das Register derer, die die Ordensprofeß abgelegt haben, folgendes schreiben: »Möchte es doch Gott gefallen, daß alle Novizen den Fußstapfen ihres guten Kurskollegen Fr. Pius folgen; dann könnte der Novizenmeister ruhig schlafen.«

Am 24. Juli 1883 kehrte Fr. Pius nach Santa Maria di Casale zurück, wo er am 30. April 1884 die zeitliche Ordensprofeß mit den drei Ordensgelübden der Armut, der Keuschheit und des Gehorsams und dem Sondergelübde der Passionisten, allzeit sich in das Leiden Christi zu vertiefen, ablegte. Von da an ging er gewissenhaft den theologischen Studien nach bis zu seiner schweren Erkrankung. Er bemühte sich in jeder Hinsicht, sowohl im Studium als auch im geistlichen Leben voranzukommen und ganz besonders regeltreu zu sein. Mit Datum vom 13. Mai 1886 begann der junge Kleriker einen geistlichen Blumenstrauß aus Opfern und Gebeten aufzuzeichnen, den er im Augenblick des Todes der Gottesmutter überreichen wollte. Daraus wird ersichtlich, mit welchem Ernst und Eifer der junge Ordenskleriker nach Vollkommenheit strebte und vorbehaltlos bemüht war, ein vorbildlicher Ordenspriester im Orden der Passionisten zu werden. Am 17. Dezember 1887 empfing Fr. Pius in Rimini die vier niederen Weihen, fühlte sich aber auf Grund der Lektüre von Aussprüchen mancher Kirchenväter über die unsagbar hohe Würde des Priesterberufes fortan völlig unwürdig, danach zu verlangen. In der Vorbereitung auf die Subdiakonatsweihe erkrankte Fr. Pius im Juli 1889 ganz schwer. Sofort war er bereit, sein Leben Gott aufzuopfern für die Kirche, für den Papst, für seine Ordenskongregation, für die Bekehrung der Sünder und ganz speziell für seine geliebte Heimat, die Romagna. Am 2. November 1889 starb Fr. Pius nach einer Ekstase, die fast eine Stunde gedauert hatte. Auch von ihm gelten zweifellos die Worte im Buch der Weisheit (4, 13): »Früh vollendet, hat dieser Gerechte doch ein volles Leben gehabt; da seine Seele dem Herrn gefiel, enteilte sie aus der Mitte des Bösen.«

Papst Johannes Paul II. sagte über diesen Frühvollendeten bei der Seligsprechung am 17. November 1985:

„Im internationalen Jahr der Jugend 1985 kann ich Pius Campidelli, Bruder Pio di San Luigi, zur Ehre der Altäre erheben, einen jungen Mann, der, wie ein kräftiges Salz, sein Leben für sein Land und Volk hingegeben hat. Er gab sein Leben für die Kirche, für den Papst, für die Bekehrung der Sünder, für seine Heimat, die Romagna. Bruder Pius hat den fundamentalen Wert seines Ordenslebens exakt in der Hingabe seiner selbst gefunden. Dieser wesentliche Punkt in seiner inneren Haltung ist den Zeugen besonders im Augenblick des Todes aufgefallen, als er ›mit vollem Bewußtsein des baldigen Lebensendes sich täglich als vollkommenes Lebensopfer anbot und sich so ganz dem Willen Gottes anheimgab. Er bot sich für die Kirche an ... und besonders für das Wohl seiner geliebten Heimat, der Romagna. Hier drückt sich in besonderer Weise seine Tugend aus, hier offenbart sich der Stil seiner geistlichen Erfahrung.

Von Kindheit an spürte Pius Campidelli die Neigung zum Gebet, zur Liturgie, zur religiösen Unterweisung. Unterstützt vom guten Beispiel der Familie, hat er sich besonders der Verehrung der Gottesmutter, des Altarssakramentes und des gekreuzigten Herrn gewidmet, freilich in typisch kindlichen Erscheinungsformen. Nachdem er dann in die Kongregation der Passionisten eingetreten war, fand er dort ein günstiges Klima vor, in welchem er die ihn beherrschende Neigung zur Einigung mit Gott im Innersten seiner selbst entwickeln und vorbereiten konnte, um einmal in der Ausübung des priesterlichen Dienstes auch anderen Menschen diese leidenschaftliche Erfahrung zu vermitteln. Bis zum Priestertum selbst gelangte er jedoch nicht mehr, weil Gott ihn im Alter von 21 Jahren zu sich rief. In das besondere Gelübde der Passionisten, nämlich stets des Leidens, Sterbens und Auferstehens Jesu zu gedenken, verstand er es, sein eigenes Leben vollständig hinzugeben. Er verwirklichte so die Sendung und besondere Berufung seiner Ordensgemeinschaft.

Der selige Pius vom hl. Aloisius entstammte einer armen Familie, er hatte eine zerbrechliche Gesundheit und dazu eine nur durchschnittliche Begabung. Aber seine Armut und die eigene Begrenztheit hielt er weder für ein Unglück, noch fühlte er dies als seelische Belastung; im Gegenteil, er verwirklichte das Größte, das er vermochte, weil er ›die Weisheit im Gebet suchte ... von Jugend an ihr folgte ... und dabei Belehrung in Menge fand‹ (vgl. Sir 51,13–16). Auf diese Weise wurde Bruder Pio wirklich ›Salz der Erde‹ für jene, die ihn im Leben kannten; und er fährt fort, ›Salz‹ für jene zu sein, die das leuchtende Zeugnis seines Beispiels nachzuahmen suchen.«

Die selige Rafqa (Rebecca) Ar-Rayyes

Ordensschwester

* *1832 Himlaya (Libanon)*
† *23. 03. 1914 Ad Dahr*

17. 11. 1985 Seligsprechung

Hier handelt es sich um eine Ordensfrau aus dem Libanon, deren Seligsprechung am 17. November 1985 dem Papst Johannes Paul II. ein besonderes Anliegen war, um die schwer leidende christliche Bevölkerung dieses hart heimgesuchten Landes im Nahen Orient zu trösten und zu ermutigen.
Diese libanesische Selige[26] wurde im Jahre 1832 in der Ortschaft Himlaya geboren und auf den Namen Butrusiyyah (Petra) getauft. Mit sieben Jahren verlor sie ihre Mutter; der Vater heiratete ein zweites Mal. Mit 14 Jahren wollten sie der Vater und die Stiefmutter verheiraten, sie wurden sich aber in der Wahl des Bräutigams nicht einig. Es entstand darob ein großer Familienzwist, dem das Mädchen durch Flucht aus dem Elternhaus entgehen wollte. Butrusiyya wollte Ordensschwester werden und bat um Aufnahme im Kloster St. Maria von der Befreiung in der Nähe des Dorfes Bikfayya bei den Mirjam-Schwestern. Der Vater und die Stiefmutter versuchten mit Gewalt, das Mädchen aus dem Kloster herauszuholen, aber ohne Erfolg. Das Mädchen begann das Noviziat. Dann wurde die Kandidatin, die bei der Einkleidung den Namen Schwester Anissa (= Agnes) bekommen hatte, nach Ghazir versetzt. Dort legte sie die Ordensprofeß ab und blieb sieben Jahre hier als Küchenschwester im Seminar. Im Jahre 1860 wurde sie, ein paar Monate vor dem folgenschweren Druseneinfall, nach Deir El-Qamar versetzt. Beim Massaker durch die Drusen konnte Schwester Anissa ihr Leben und das vieler Kinder retten. Sie kam nun nach Gebail und dann nach Maad.

Als die Jesuiten, von denen die Mirjam-Schwestern abhingen, aus dem Libanon vertrieben wurden, löste sich die Schwesterngemeinschaft auf. Da aber Schwester Anissa unbedingt dem Ordensideal treu bleiben wollte, schloß sie sich dem Baladita-Orden an, dessen Schwestern ein sehr strenges kontemplatives Leben führten. Hier erhielt nun Schwester Anissa den neuen Ordensnamen Rafqa-Rebecca. Als ein Jahr seit ihrem Eintritt in das Kloster St. Simon El-Qarn vergangen war, bat Schwester Rebecca den Herrn, er möge sie durch Krankheit in ihrer Treue erproben. Das erfüllte sich in auffallender Weise: Sie wurde von verschiedenen Krankheiten heimgesucht, zuletzt durch völlige Lähmung und Erblindung. Sie ertrug alles in ergreifender Geduld und in vollkommener Vereinigung mit dem gekreuzigten Herrn und der Schmerzensmutter. Schwester Rebecca starb am 23. März 1914 im Ruf der Heiligkeit.
Bei ihrer Seligsprechung am 17. November 1985 in der Peterskirche in Rom sagte der Papst:
»Die Herkunft der seligen Rafqa (Rebecca) lenkt unseren Blick und unser Herz auf das Land des geliebten Libanon, von dem uns bereits die Bibel sehr eindrucksvolle Bilder überliefert hat. Heute ist diese Erinnerung mit tiefem Schmerz verbunden wegen der unzähligen Leiden, welche die unglückliche Bevölkerung dieses Landes zu erdulden hat. Darum erhebt sich aus meinem Herzen zu dieser neuen Seligen die heiße Bitte um Fürsprache. Ich bitte sie, bei Gott für ihr geliebtes, aber so gepeinigtes Vaterland einzutreten. Mögen die Bewohner des Libanon im Beispiel dieser starkmütigen Frau, die so viel erlitten hat, ohne je selbst Leiden zuzufügen, die Ermutigung finden, um den Weg des Verzeihens, der Versöhnung und des Friedens zu gehen.
Die selige Rafqa von Himlaya war wirklich ›Salz der Erde‹ und ›Licht der Welt‹. So lebte sie die Sendung, die allen Jüngern Christi obliegt. Nachdem die neue Selige zuvor aus den reichen kirchlichen und monastischen Traditionen des Libanon viel empfangen hatte, hat sie ihrem Land und der Kirche die geistliche Würze eines Lebens, das durch und durch von der Gesinnung unseres Heilands Jesus Christus geprägt war, hinterlassen. Sie ist wahrlich ›ein Licht auf dem Berge‹, und man kann auf sie den schönen Psalmvers anwenden: ›Der Gerechte gedeiht wie die Palme, er wächst wie die Zedern des Libanon‹ (Ps 92,13).
Nachdem sie zunächst bei den Mirjam-Schwestern eingetreten war und den Namen Schwester Anissa (Agnes) erhalten hatte, wurde sie nach kurzer Vorbereitung damit beauftragt, ihren jungen Landsleuten Grundschulunterricht und Glaubensunterweisung zu erteilen. Bei

diesen schwierigen Aufgaben bewies sie solche Sorgfalt und Hingabe, daß ihre Schüler und deren Angehörige davon tief berührt wurden. Die Kinder wandten sich ihr spontan zu. Während der Verfolgung des Jahres 1860 rettete sie viele von ihnen. Man berichtet, ein Kind aus Deir-el-Qamar sei dem Tod entkommen, indem es sich unter den Mantel der verehrten Schwester flüchtete.
Das Jahr 1871 stellte eine Wende im Leben von Schwester Anissa dar: Ihre geliebte Kongregation der Mirjam-Schwestern wurde aufgelöst. Schwester Anissa wandte sich nun dem libanesischen Maronitenorden zu und legte dort am 25. August 1873 ihre feierliche Profeß ab unter dem Namen Rafqa (Rebecca), dem Namen ihrer Mutter. Im Alter von 50 Jahren und noch bei guter Gesundheit erbat sich Schwester Rafqa unter dem geheimnisvollen Anstoß des Heiligen Geistes die Gnade, von Krankheit heimgesucht zu werden. Ohne daß sie dabei etwa das Opfer eines krankhaften Verlangens nach Schmerzen gewesen wäre, verspürte sie doch ganz stark die geistliche Anziehungskraft einer Angleichung an den leidenden Christus. Vom Jahre 1885 an bis zu ihrem Tod im Jahre 1914 hatte sie täglich Kopf- und Augenschmerzen, durch die sie nach und nach völlig kraftlos und blind wurde. Ihr häufiges Gebet war damals: ›Mit Deinem Leiden, o Jesus, will ich vereint sein!‹
Bewundernswerte Schwester Rafqa, du demütiges und wahres Abbild des gekreuzigten Christus, wir danken dir! Wenn du auch der einzigartigen und überreichen Erlösung durch unseren Herrn Jesus Christus nichts hinzugefügt hast, so hast du uns doch das aufrüttelnde Zeugnis einer geheimnisvollen und schmerzensreichen Mitwirkung bei der Zuwendung der Früchte der Erlösung hinterlassen. Mögen die Jünger Christi, wo immer sie heute leben, sowie deine Landsleute im Libanon, die durch zehn Jahre voller Kämpfe hart geprüft sind, aus deinem Leben in Krankheit und Leid und nun in der Herrlichkeit den christlichen Mut schöpfen, zu opfern, zu hoffen, zu vergeben und zu lieben!«

Die selige Alfonsa v. d. Unbefleckten Empfängnis Anna Muttathupandatu

Klarissin

* *19. 08. 1910*
Arpukara (Kerala)
† *28. 07. 1946*
Bharananganam (Kerala)

08. 02. 1986 Seligsprechung

Die indische Klarissin Alfonsa von der Unbefleckten Empfängnis[27] hat Papst Johannes Paul II. bei seiner apostolischen Reise nach Indien am 8. Februar 1986 in Kottayam gemeinsam mit dem Priester Kyriakus Elias Chavara zur Ehre der Altäre erhoben, was für die Katholiken des ganzen indischen Subkontinents, vor allem aber für die zahlreichen Katholiken der indischen Provinz Kerala, eine große Freude war, zumal die Seligsprechung der Ordensschwester nur vierzig Jahre nach ihrem Tod am 28. Juli 1946 erfolgte.
Anna Muttathupandatu, wie Schwester Alfonsa seit ihrer Taufe im syro-malabarischen Ritus hieß, wurde am 19. August 1910 in Arpukara (Kerala, Indien) geboren. Als kleines Kind verlor sie ihre Eltern. Von der Großmutter und einer Tante mütterlicherseits wurde sie aufgezogen. Schon früh spürte sie in sich die Berufung zum gottgeweihten Ordensstand und trat 1927 in das Klarissenkloster zu Bharananganam ein. 1931 weihte sie sich Gott durch die zeitliche, 1936 durch die ewige Profeß und nahm es von da an ganz ernst mit der Treue zu dem, was sie in den Gelübden der Armut, der Keuschheit und des Gehorsams gelobt hatte.
Bald schon wurde Schwester Alfonsa im Unterricht eingesetzt, mußte diese berufliche Arbeit aber aus gesundheitlichen Gründen wieder aufgeben. So wurden ihr andere, ihrer schwachen Gesundheit mehr angepaßte Aufgaben übertragen. Sie erwies sich dabei immer als besonders still, aber überaus liebenswürdig den Mitschwestern gegenüber. Sie litt jedoch viel unter Feindseligkeiten und unter den ihr

abverlangten Opfern. 1945 erkrankte sie schwer; dabei spürte sie: »Ich fühle es, der Herr hat mich als Opfergabe und Sühnopfer durch Leiden bestimmt. Es stimmt: ein Tag, an dem ich einmal nichts zu leiden hatte, war für mich ein verlorener Tag!«

Alfonsa wurde immer mehr zur Opfer- und Sühneseele. Bei ihrem Sterben – es war der 28. Juli 1946 – hinterließ sie bei allen, die sie kannten, den Eindruck einer wirklich heiligen Ordensschwester. Dieser Ruf verstärkte sich nach ihrem Tod mehr und mehr. Es waren schließlich Tausende und Tausende, die zu ihrem Grab pilgerten, und zwar nicht nur Katholiken, sondern auch Muslime und Hinduisten. Da der Ruf ihrer Heiligkeit schließlich so groß geworden war, wurde 1955 in Kerala der Informativprozeß für die Seligsprechung begonnen und in Rom weitergeführt. Auf Grund des festgestellten heroischen Tugendgrades (1983) und auf Grund des auf die Fürbitte der Schwester Alfonsa erfolgten Wunders (1985) konnte Papst Johannes Paul II. am 8. Februar 1986 auf seiner Reise durch Indien in Kottayam die Seligsprechung dieser Klarissin vornehmen. Er sagte: »Die Kirche auf der ganzen Welt freut sich heute mit der Kirche von Indien, weil P. Kyriakus Elias Chavara und Schwester Alfonsa von der Unbefleckten Empfängnis zu den Reihen der Seligen in der großen Gemeinschaft der Heiligen erhoben werden. Dieser Mann und diese Frau, beide Glieder der syro-malabarischen Kirche hier in Kerala, sind durch ihr rückhaltloses Mitwirken mit der Gnade Gottes zu großen Höhen der Heiligkeit emporgestiegen. Beide hatten eine glühende Gottesliebe, aber der eine wie die andere folgte einem ganz bestimmten geistlichen Weg.«

Hier schilderte der Papst dann den Lebensweg des P. Kyriakus Elias Chavara. Dann sagte er über Schwester Alfonsa noch konkret dies: »Schwester Alfonsa von der Unbefleckten Empfängnis, die ein Jahrhundert nach P. Kyriakus Elias geboren wurde, hätte dem Herrn gern mit ähnlichen apostolischen Werken wie dieser gedient. Sie pflegte vom Anfang ihres Ordenslebens an eine persönliche Andacht zu P. Kyriakus. Aber der Weg zur Heiligkeit war für Schwester Alfonsa offensichtlich ein anderer. Es war der Weg des Kreuzes, der Krankheit und des Leidens.

Schon in früher Jugend hatte Schwester Alfonsa den Wunsch, als Ordensfrau Gott zu dienen, aber erst nach vielen Prüfungen konnte sie schließlich dieses Ziel erreichen. Als es ihr dann möglich wurde, trat sie in eine Klarissinnen-Gemeinschaft ein. Während ihres ganzen Lebens, das nur 36 Jahre währte, dankte sie Gott unaufhörlich für die Freude und das Privileg ihres Ordensberufes sowie für die Gnade ihrer Gelübde der Keuschheit, der Armut und des Gehorsams.

Schon früh in ihrem Leben erfuhr Schwester Alfonsa große Leiden. Im Lauf der Jahre ließ sie der himmlische Vater immer mehr am Leiden seines geliebten Sohnes teilnehmen. Denken wir daran, wie sie nicht nur sehr heftige körperliche Schmerzen ertrug, sondern auch innerlich zu leiden hatte durch die Tatsache, von anderen mißverstanden und falsch beurteilt zu werden. Aber immer nahm sie alles Schwere mit heiterer Gelassenheit und mit Gottvertrauen an und war fest davon überzeugt, daß dadurch ihre Beweggründe geläutert und ihr geholfen würde, ihre Eigenliebe zu überwinden und sie immer enger mit ihrem geliebten göttlichen Bräutigam zu verbinden. An ihren Seelenführer schrieb sie einmal: ›Lieber Vater, da mein guter Herr Jesus mich so sehr liebt, wünsche ich aufrichtig, in diesem Krankenbett zu bleiben und auch noch anderes, was immer es sei, zu leiden, sogar bis ans Ende der Welt. Ich spüre nämlich, daß Gott die Absicht hat, mein Leben zu einer Opfergabe zu machen, zu einem Opfer des Leidens‹ (20. November 1944). Sie brachte es schließlich fertig, das Leiden sogar zu lieben, weil sie den leidenden Herrn Jesus Christus liebte. Sie lernte das Kreuz lieben durch ihre Liebe zum gekreuzigten Herrn. Schwester Alfonsa wußte, daß sie durch ihr Leiden am Apostolat der Kirche teilnahm, sie fand am Leiden Freude, indem sie alles Christus aufopferte. So scheint sie sich die Worte des hl. Paulus zu eigen gemacht zu haben: ›Jetzt freue ich mich an den Leiden, die ich für euch ertrage: Für den Leib Christi, die Kirche, ergänze ich in meinem Erdenleben das, was an den Leiden Christi noch fehlt‹ (Kol 1,24). Gott hat Schwester Alfonsa mit einer liebevollen, glücklichen Gemütsart ausgestattet, mit der Fähigkeit, sich an gewöhnlichen, einfachen Dingen zu erfreuen. Das Gewicht menschlichen Leids, sogar Mißverständnisse und Eifersucht von seiten anderer, vermochten nicht die Freude am Herrn in ihrem Herzen auszulöschen. In einem Brief, den sie kurz vor ihrem Tod (im Februar 1946) in einer Zeit heftigen körperlichen und geistlichen Leidens geschrieben hat, erklärte sie: ›Ich habe mich ganz Jesus übergeben. Er mag mir zuteilen, was er will. Mein einziger Wunsch in dieser Welt ist, aus Liebe zu Gott zu leiden und darin meine Freude zu finden.‹

P. Kyriakus und Schwester Alfonsa geben Zeugnis für die Größe und Schönheit der Berufung zum Ordensleben ... Innerhalb der großen Familie der Kirche beruft Gott, unser Vater, einige dazu, Christus noch enger nachzufolgen und das Leben in einer besonderen Weihe durch die Profeß mit den Gelübden der Keuschheit, der Armut und des Gehorsams Ihm zu schenken. Ihr Ordensleute der Kirche, legt öffentlich Zeugnis für das Evangelium und für den Primat der Gottesliebe ab! Durch eine fortdauernde Bindung und lebenslange Treue zu euren Gelübden sucht ihr in der Christusverbundenheit zu wachsen und in einer einzigartigen Weise zum Leben und zur Sendung der Kirche beizutragen. Wie lebenswichtig ist doch dieser euer Beitrag! In reicher Verschiedenheit der Form lebt ihr voll eure evangelische Weihe. Einige von euch haben den persönlichen Anruf des Herrn zu einem kontemplativen Leben vernommen, indem ihr, wenn auch verborgen vor der Welt, euer Leben und Beten für die ganze Menschheit darbringt. Andere wurden zu einem aktiven, apostolischen Leben berufen, indem ihr euren Dienst des Lehrens, der Gesundheitsfürsorge, der Pfarrarbeit, der Exerzitien, der Werke der Caritas und vieler Formen pastoraler Tätigkeit erfüllt. Welchen Dienst auch immer ihr leistet, liebe Ordensmänner und Ordensfrauen, zweifelt nie am Wert eures gottgeweihten Lebens! Ob euer Dienst den großen apostolischen Mühen des Paters Kyriakus gleicht oder ob er die Form des verborgenen Leidens annimmt, wie bei Schwester Alfonsa: was immer er sein mag, er ist wichtig im Leben der Kirche ... Auch wenn ihr euch mutlos fühlt oder niedergeschlagen wegen persönlicher Versäumnisse oder Sünden, vertraut dann um so mehr auf die Liebe Gottes zu euch! Wendet euch zu ihm um Erbarmen, Vergebung und Liebe! Denn wie der hl. Paulus in seinem Römerbrief (8,26) schreibt, ›nimmt Gott sich unserer Schwachheit an‹. In ihm finden wir unsere Kraft, unseren Mut und unsere Freude. Ohne den lebenswichtigen Beitrag der Ordensmänner und Ordensfrauen würde die barmherzige Liebe der Kirche abnehmen, ihre Fruchtbarkeit geschmälert werden. So bete ich denn, daß die Seligsprechung dieser beiden vorbildlichen Ordensleute Indiens euch neuen Eifer für eure kostbare Berufung verleihen möge.«

Indische Madonna
Sr. Claire um 1970
Eos 162

Der selige Kyriakus Elias Chavara

Priester, Ordensgründer

* *10. 02. 1805*
Kainakary (Indien)
† *03. 01. 1871*
Koonammavu (Indien)

08. 02. 1986 Seligsprechung

Gemeinsam mit der indischen Klarissin Alfonsa von der Unbefleckten Empfängnis, die dem syro-malabarischen Ritus angehörte, hat Papst Johannes Paul II. am 8. Februar 1986 in Kottayam in Indien auch einen hochverdienten Priester des gleichen syro-malabarischen Ritus, Kyriakus Elias Chavara[28], seliggesprochen.
Kyriakus Chavara wurde am 10. Februar 1805 in Kainakary (Alleppey, Indien) geboren und im syro-malabarischen Ritus getauft. Nachdem er den Volksschulunterricht in seinem Heimatdorf erhalten hatte, kam Kyriakus nach Pallipuram zu seiner humanistischen und theologischen Ausbildung. Maßgeblich war daran beteiligt der Priester Thomas Palackal. Im November 1829 empfing Kyriakus durch Bischof Maurillo Stabellini OCD, den Apostolischen Vikar von Malabar, die Priesterweihe. Am 11. Mai 1841 gründete der junge Priester gemeinsam mit seinem Lehrer Thomas Palackal und dem Priester Thomas Porukara die »Kongregation der Diener der unbefleckten Empfängnis Mariens". Die Kongregation hatte sich die Aufgabe gestellt, ihre Mitglieder zu ernstgenommenem Ordensleben anzuhalten, wobei sie sich für das Missionsapostolat möglichst weit öffnen sollten.
Als der Priester Thomas Palackal 1841 und der Priester Thomas Porukara 1849 starben, wurde P. Kyriakus Chavara der anerkannte Führer der jungen Ordensgemeinschaft, die sich am 6. Dezember 1855 in einen Dritten Orden der Unbeschuhten Karmeliten wandelte und den Namen der »Kongregation der Diener der unbefleckten

Empfängnis Mariens vom Karmel« annahm. P. Kyriakus legte als erster die Profeß mit den drei Ordensgelübden ab und gab sich nun den Ordensnamen Kyriakus Elias von der Hl. Familie. Dann nahm er zehn weiteren Patres die Profeß ab, deren Superior als Prior seines Institutes er fortan war. 1861 wurde das Institut dem Orden der Unbeschuhten Karmeliten angeschlossen (aggregiert).
In der Leitung seiner Kongregation zeigte P. Kyriakus Elias außerordentliche Fähigkeiten bei der Formung der Mitglieder dieser Ordensgemeinschaft, die es mit ihrer Hingabe an Gott ganz ernst nahmen. P. Kyriakus Elias schuf für seine Kongregation eine stark eucharistisch ausgerichtete Spiritualität, zu der aber auch kindliche Marienverehrung gehörte. Überdies wurde in dieser Ordensgemeinschaft ein intensiver Geist des Gebetes und der Abtötung spürbar, dazu große Sensibilität für neue Methoden der Evangelisation.
Besonders eifrige Predigttätigkeit, vor allem auch das Halten von Exerzitien, und kluge, individuelle Seelenleitung waren jene Gebiete, auf denen sich P. Kyriakus am meisten auszeichnete. Er wurde dabei durch den Apostolischen Vikar von Verapoly und durch die Missionare aus dem Orden der Unbeschuhten Karmeliten tatkräftig unterstützt. Hier gehört vor allem P. Leopold Beccaro genannt, der seit 1864 Seelenführer und Beichtvater von P. Kyriakus und seinen Novizen war. Mit P. Leopold Beccaro gemeinsam gründete P. Kyriakus Elias 1866 in Koonammavu ein Frauenkloster des III. Ordens der Unbeschuhten Karmelitinnen. Daraus entwickelten sich zwei Zweige der weiblichen Kongregation der Unbeschuhten Karmelitinnnen, und zwar der malabaresische Zweig, aus dem die starke »Kongregation der Töchter der Mutter des Karmels« wurde, und der lateinische Zweig, der sich »Kongregation der Theresianischen Schwestern von Verapoly« nannte.
Besonders bedeutsam wurde die Tätigkeit, die P. Kyriakus Elias anläßlich der Wirren entfaltete, die durch den eingedrungenen chaldäischen Metropoliten Thomas Rochos verursacht worden waren, dem es gelungen war, einen großen Teil der Pfarrgemeinde auf seine Seite zu ziehen und ein schmerzliches Schisma herbeizuführen. Damals übertrug der Apostolische Vikar B. Baccinelli dem P. Kyriakus Elias im Gehorsam das Amt des Generalvikars für die Malabaresen. P. Kyriakus Elias arbeitete als solcher unermüdlich, um die verlorengegangene Einheit wiederherzustellen; er betete und predigte und bemühte sich mit allen Kräften und überaus klug, um die Folgen des Schismas zu beheben. Als dann der eingedrungene Metropolit wieder wegzog und dessen ehemaliger Sekretär als neuer Metropolit von Badgad nach Indien kam, gelang es P. Kyriakus Elias, diesen zur Aufgabe sei-

nes angemaßten Amtes zu bringen und zu bekehren. Bei seiner mannigfaltigen Tätigkeit fand P. Kyriakus noch Zeit, um Schriften geistlichen Inhalts in Prosa und in Versen in der Malayalam-Sprache zu verfassen. Die meisten Schriften wurden erst nach seinem Tod veröffentlicht; einige aber, die pastoralen und liturgischen Inhalts waren, konnte er noch selbst im Druck veröffentlichen.
Der mit großer Liebe ausgestattete syro-malabaresische Priester Kyriakus Elias Chavara reifte im Laufe der Jahre zu einer überragenden Persönlichkeit der Kirche in Indien heran. Er starb hochverdient nach kurzer Krankheit am 3. Januar 1871 in Koonammavu, umgeben von seinen geistlichen Söhnen, seinem edlen Seelenführer Pater Beccaro und dem Generalvikar.
Bei der Seligsprechung am 8. Februar 1986 in Kottayam in Indien sagte Papst Johannes Paul II. über Kyriakus Elias Chavara folgendes: »Er bemühte sich im Lauf der fast 66 Jahre seines Erdendaseins hochherzig darum, das christliche Leben in Kerala zu erneuern und fruchtbarer zu machen. Seine tiefe Liebe zu Christus erfüllte ihn mit apostolischem Eifer und ganz besonders mit der Sorge um die Förderung der Einheit in der Kirche. Mit großem Edelmut arbeitete er im Dienst am Heil der Seelen mit anderen zusammen, vor allem mit seinen Brüdern im Priesteramt und mit Ordensleuten. Zusammen mit P. Thomas Palackal und P. Thomas Porukara gründete er eine indische Ordensgemeinsachaft für Männer, die heute unter dem Namen ›Karmeliten von der Unbefleckten Empfängnis Mariens‹ bekannt ist. Später legte er mit Hilfe des italienischen Missionars P. Leopold Beccaro den Grund zu einer indischen Ordensgemeinschaft für Frauen, zur ›Kongregation Unserer Lieben Frau vom Karmel‹. Diese Kongregationen wuchsen und gediehen, und man gewann in Indien größeres Verständnis für Ordensberufungen und würdigte sie mehr. Durch die gemeinsamen Anstrengungen der Mitglieder der neuen Ordensfamilien wurden die Hoffnungen des Gründers weit übertroffen und seine Werke vervielfältigt.
Das Leben von P. Kyriakus Elias zusammen mit den neuen Ordensleuten war dem Dienst an der syro-malabarischen Kirche gewidmet. Unter seiner Führung oder auf seine Anregung hin wurde eine große Zahl von apostolischen Initiativen unternommen: Einrichtung von Seminaren für die Ausbildung des Klerus; Einführung von jährlichen Exerzitien; ein Verlagshaus für katholische Veröffentlichungen; ein Haus zur Pflege von Armen und Sterbenden; Schulen zur Allgemeinbildung und Programme zur Unterweisung von Katechumenen. P. Kyriakus Elias leistete auch Beiträge zur syro-malabarischen Liturgie und zur Ausbreitung der eucharistischen Frömmigkeit und der Ver-

ehrung der Heiligen Familie. Vor allem aber widmete er sich ermutigend und beratend den christlichen Familien, überzeugt von der grundlegenden Bedeutung der Familie im Leben der Gesellschaft und der Kirche. Aber kein apostolisches Anliegen war dem Herzen dieses großen, im Glauben tief verwurzelten Mannes teurer als das der Einheit und Eintracht innerhalb der Kirche. Es war, als habe ihm immer das Gebet Jesu vor seiner Seele gestanden, das der Herr am Abend vor seinem Kreuzesopfer sprach: ›Alle sollen eins sein! Wie Du, Vater, in mir bist und ich in Dir bin, sollen auch sie in uns eins sein‹ (Joh 17,21). Heute erinnert die Kirche feierlich in Liebe und Dankbarkeit an all sein Bemühen, der drohenden Uneinigkeit zu widerstehen und die Priester und Gläubigen zu ermuntern, die Einheit mit dem Sitz des Petrus und der Universalkirche aufrechtzuerhalten. Der Erfolg, den er in dieser Hinsicht wie in all seinen vielen Unternehmungen hatte, ist zweifellos seiner großen Bruderliebe und seinem Gebet zuzuschreiben, die sein tägliches Leben kennzeichneten, sowie seiner innigen Christusverbundenheit und seiner Liebe zur Kirche als dem sichtbaren Leib Christi auf Erden.«

Christus, Pantokrator, Marienberg Ettal/332

Der selige Antoine Chevrier

Weltpriester,
Gründer des Prado

** 16. 04. 1825 Lyon (Frankreich)*
† 02. 10. 1879 Lyon

04. 10. 1986 Seligsprechung

»Der Priester oder der echte Jünger Unseres Herrn Jesus Christus« (»Le prêtre ou le véritable disciple de Notre Seigneur Jésus Christ«), so lautet der Titel jenes lesenswerten Buches, das der französische Priester Antoine Chevrier verfaßt hat. Noch lesenswerter ist das Buch des Lebens dieses am 4. Oktober 1986 in Lyon seliggesprochenen Priesters, weil er darin handgreiflich und eindringlich gezeigt hat, wie der Priester, der echte und wahre Jünger Jesu Christi, ist und sein soll: selbstlos, arm, um ganz für die Armen dazusein und ihnen die Frohbotschaft Christi vorzuleben und zu verkünden. Er hat in der Liebe zu den Armen 1857 das Institut »La Providence du Prado« und 1859 die Kongregation der Priester des Prado und der Franziskaner-Schwestern des Prado gegründet. Durch die Angehörigen dieser Gemeinschaften wirkt der heiligmäßige Lyoner Weltpriester bis in unsere Gegenwart beispielhaft weiter und lebt vor, wie die Priester sein sollten.

Antoine Chevrier[29] wurde am 16. April 1825 in Lyon in eine bescheidene Familie hineingeboren und hat in dieser französischen Stadt sein ganzes Leben bis zu seinem seligen Heimgang am 2. Oktober 1879 zugebracht. Er wollte Missionar werden und dachte an den Eintritt in eine Missionsgesellschaft. Es kam nicht dazu. Doch den missionarischen Geist bewahrte er sich, zu dem er sich bei seiner Priesterweihe am 25. Mai 1850 verpflichtet hatte. Darum nahm der Neupriester die von anderen abgelehnte Stelle eines Vikars in der Pfarrei St. André im Arbeiter- und Armenviertel von Lyon an. Sieben Jahre wirkte er hier in der Seelsorge. Da kam Weihnachten 1856: Die Meditation über das Weihnachtsgeheimnis ging ihm in dieser heiligen Nacht ganz eigenartig tief zu Herzen. Er erfaßte in ganz einzigartiger Weise Sinn und Bedeutung der ergreifenden Armut des göttlichen Kindes in der Krippe. Das ließ ihn fortan nicht mehr los.

Im Jahre 1857 nahm er den Auftrag an, als Kaplan in der »Stadt des Jesuskindes«, einer Gründung zur Unterweisung armer, verlassener Kinder von Lyon, zu wirken. Bald mußte sich der Priester Chevrier von diesem Werk wieder trennen, weil er feststellte, daß seine Gründer mehr auf soziale Aktivitäten aus waren und nicht, wie er, an der Evangelisierung dieser Menschen interessiert waren.

Unterstützt von dem Bruder Pierre Louat, der sich den Buben widmete, und von den Schwestern Amalie und Maria, die sich um die Mädchen kümmerten, beschloß Antoine Chevrier, einen in der Nähe der St.-André-Pfarre gelegenen Tanzsaal, Prado genannt, zu erwerben. An dieser Lokalität stabilisierte sich nun das Werk des edlen Priesters, das der Vorbereitung der Kinder auf die Erstkommunion diente. Auch alle übrigen Aktionen des Seligen, die er zur Evangelisierung der abseitsstehenden, armen oder arbeitslosen Menschen unternahm, kristallisierten sich um das Wort »Prado« herum, genauso wie seine Ordensgründungen. Er nahm sich der Kinder und der Armen an und gründete eine Schule, aus der in der Folge die ersten Priester des Prado hervorgingen, desgleichen die ersten Schwestern.

Antoine Chevrier war einer der ersten im Frankreich der zweiten Hälfte des 19. Jahrhunderts, denen die Glaubensapostasie in den Reihen der Arbeiter und insgesamt in den unteren Schichten der Bevölkerung zum Bewußtsein gekommen und nahegegangen ist. Darum insistierte er auf aktuelle Ausbildung der Priester, die »arm unter den Armen« sein sollten, um diesen wieder nahezukommen.

Es ist ergreifend, wie Papst Johannes Paul II. in seiner Ansprache bei der Seligsprechung des Priesters Antoine Chevrier in Lyon am 4. Oktober 1986 gerade unter diesem Aspekt die Bedeutung dieses neuen Seligen herausgearbeitet hat. Man müßte hier eigentlich die ganze lange Ansprache des Papstes zur Kenntnis bringen. Wenigstens die wichtigsten Abschnitte seien hier abgedruckt:

»›Ich preise Dich, Vater, Herr des Himmels und der Erde, weil Du all dies den Weisen und Klugen verborgen, den *Kleinen* aber geoffenbart hast‹ (Mt 11,25). Diese Worte sind zum ersten Mal von Jesus von Nazareth, vom Sohn Israels, vom Nachkommen Davids, vom Sohn Gottes gesprochen worden; sie stellten eine grundlegende Wende in der Geschichte der Offenbarung Gottes an den Menschen, in der Geschichte der Religion, in der geistlichen Geschichte der

Menschheit dar ... Wir kommen heute tief ergriffen auf diese Worte Christi zurück. Sie gewinnen eine neue Aktualität, denn wir haben die Gestalt eines Priesters vor Augen, der in der Kirche des 19. Jahrhunderts aufs engste mit der Stadt Lyon verbunden war und den ich heute hier in Lyon seligsprechen kann. Ich freue mich darüber.
Die Universalkirche feiert heute (4. Oktober) das Fest des hl. Franz von Assisi: Ihm hat Gott Vater die Freude gemacht, Christus in der größten Armut und Demut zu folgen. Im 13. Jahrhundert hat dieser Heilige seinen Zeitgenossen zur Wiederentdeckung des Evangeliums verholfen. P. Antoine Chevrier, der neue Selige, war ein glühender Bewunderer des ›Poverello‹ von Assisi. Er gehörte dem Dritten Orden der Franziskaner an. In seinem Sterbezimmer kann man eine Statuette des hl. Franziskus und eine des hl. Johannes Maria Vianney sehen, bei dem sich Antoine Chevrier 1867 in Ars Rat geholt hat, als er sich als junger Priester gefragt hatte, wie er den Weg der Armut, den ihm das Geheimnis der Krippe nahegelegt hatte, gehen solle.
Diese drei Heiligen: Franz von Assisi, Johannes Maria Vianney, der Pfarrer von Ars, und der Priester Antoine Chevrier haben das eine gemeinsam: sie gehören zu jenen ›Kleinen‹, zu jenen ›Armen‹, zu jenen Sanftmütigen und Demütigen, an denen der himmlische Vater seine volle Freude gefunden hat und denen Christus das unergründliche Geheimnis Gottes enthüllt hat ... Mit Jesus loben und preisen auch wir Gott für diese drei bewundernswerten Heiligengestalten, die von derselben leidenschaftlichen Gottesliebe beseelt waren und die in einer vergleichbaren strengen Armut und Bescheidenheit lebten, aber jeder gemäß dem ihm eigenen Charisma: Der hl. Franz von Assisi hat als Diakon mit seinen Gefährten im Herzen des Volkes italienischer Städte die Liebe zu Christus geweckt. Der Pfarrer von Ars hat allein mit Gott in seiner Landkirche das Gewissen seiner Pfarrkinder und unübersehbarer Menschenmassen wachgerüttelt, indem er ihnen Gottes Vergebung anbot. P. Antoine Chevrier, der Weltpriester im großstädtischen Milieu, war zusammen mit seinen Mitbrüdern der Apostel der ärmsten Arbeiterviertel am Stadtrand von Lyon, als gerade die Großindustrie im Entstehen war. Und diese missionarische Sorge hat ihn denn auch dazu bewogen, auf der Suche nach der Heiligkeit einen radikalen, am Evangelium orientierten Lebensstil anzunehmen.
Sehen wir uns Antoine Chevrier genauer an: Er ist einer jener ›Kleinen‹, die nicht mit den ›Weisen und Klugen‹ seines und anderer Jahrhunderte verglichen werden können. Er stellt eine Kategorie für sich dar, er besitzt Größe im Sinn des Evangeliums: Seine Größe zeigt sich gerade in dem, was man seine Kleinheit oder seine Armut nen-

nen kann. Während er bescheiden mit den ärmsten Mitteln lebte, wurde er Zeuge des in Gott verborgenen Geheimnisses, Zeuge der Liebe, die Gott den Massen der ihm ähnlichen ›Kleinen‹ entgegenbringt. Er war ihr Diener, ihr Apostel; für sie war er der ›Priester nach dem Evangelium‹, um den ersten Titel seiner Predigtsammlung über den ›Wahren Jünger Jesu Christi‹ aufzugreifen. Für die heute hier anwesenden zahlreichen Priester, angefangen von denen des ›Prado‹, den er gegründet hat, ist dieser Priester ein unvergleichlicher Führer. Aber auch alle christlichen Laien, die die gegenwärtige Versammlung hier bilden, werden in ihm ein großes Licht finden, weil dieser Priester jedem Getauften zeigt, wie die Frohbotschaft Christi den Armen verkündet und wie Jesus Christus durch seine eigene Existenz gegenwärtig gemacht werden soll.

Apostel – genau das ist es, was P. Chevrier sein wollte, als er sich auf den Priesterberuf vorbereitete: ›Jesus Christus ist der Gesandte des Vaters, der Priester aber ist der Gesandte Jesu Christi.‹ Die Armen selbst haben in P. Chevrier den Wunsch geweckt, sie zu evangelisieren. Aber es war Jesus Christus, der P. Chevrier ergriffen hatte: Die Meditation vor der Krippe zu Weihnachten 1856 hat ihn bis ins Innerste aufgewühlt. Von da an bemühte er sich immer mehr, Jesus besser kennenzulernen, sein Jünger zu werden, sich an Ihn zu halten, um Ihn den Armen besser verkündigen zu können ...

Der Apostel ist ein Mann, der von Jesus Christus ergriffen worden ist. Der Apostel vertraut absolut darauf, daß er, weil ihn der Tod Christi prägt, auch zur Auferstehung von den Toten gelangen wird (vgl. Phil 3,10); er ist also ein Mann mit einer eschatologischen Hoffnung, die sich durch den Heilsdienst, den er für die anderen vollbringt, in die Hoffnung jedes Tages, in ein Programm des täglichen Lebens umsetzt. P. Chevrier setzte alle Anstrengungen daran, um die rechte Kenntnis von Jesus Christus zu erreichen, um Christus besser zu begreifen, so wie er von Ihm ergriffen worden war. Er meditierte unablässig über das Evangelium, er schrieb Tausende Seiten Kommentare, um seinen Freunden zu helfen, ebenfalls wahre Jünger Christi zu werden. ›Wir müssen den armen Jesus Christus in der Krippe darstellen, den in seiner Passion leidenden Jesus Christus, den eucharistischen Jesus Christus, der sich als Speise verzehren läßt ... Die Kenntnis Jesu Christi ist der Schlüssel zu allem. Gott und seinen Christus kennen, das ist der ganze Mensch, der ganze Priester, der ganze Heilige.‹ Das sind Worte von P. Chevrier in seiner Schrift ›Der wahre Jünger Christi‹, beziehungsweise in seinem Brief an seine Seminaristen. Das Gebet aber, das seine Betrachtung krönt, lautet so: ›O Wort, o Christus, wie bist Du schön, wie bist Du groß ... Mach',

daß ich Dich erkenne und Dich liebe! Du bist mein Herr und mein einziger Meister!‹
Seit damals stand P. Chevrier vollständig für das Werk Christi zur Verfügung: ›Jesus Christus kennen, für Jesus Christus arbeiten, für Jesus Christus sterben‹, so schrieb er in einem Brief. Und in seiner Schrift ›Der wahre Jünger Christi‹ rief er aus: ›Herr, wenn Du einen Armen brauchst, einen Narren, hier bin ich ..., um Deinen Willen zu tun. Ich stehe zu Deiner Verfügung.‹
P. Chevrier hat sich vom Dienst an den anderen voll und ganz in Anspruch nehmen lassen. Seine Brüder waren in erster Linie die Armen, die Obdachlosen, denen er nach dem Willen des Herrn 1856 in dem überschwemmten Stadtviertel la Guillotière begegnete. Das waren die Kinder der ›Stadt des Jesuskindes‹, mit denen ihn Camille Rambaud, ein Laie, bekanntgemacht hatte; das waren dann jene, die er zusammen mit anderen Älteren im Saal des Prado aufgenommen hat; Menschen, die keine Schule besucht und keine Glaubensunterweisung erhalten hatten, die nirgendwo anders die Vorbereitung auf die Erstkommunion machen konnten. Sie waren manchmal verlassen, wurden oft verachtet und ausgebeutet; sie wurden, wie er sagte, zu ›Arbeitsmaschinen, dazu geschaffen, ihren Arbeitgebern zu Reichtum zu verhelfen‹. Dazu gehörten auch noch alle Gruppen von Elenden, Armen, Ausgestoßenen, die sich bewußt waren, ›daß sie nichts besitzen, nichts wissen, nichts gelten‹. Auch die Kranken und die Sünder gehörten zu diesen Armen.
Warum fühlte sich P. Chevrier besonders zu denen hingezogen, die er nach Art des Evangeliums ›die Armen‹ nannte? Ihm war ihr menschliches Elend zutiefst bewußt, und er sah zugleich den Graben, der sie von der Kirche trennte. Er spürte für sie die Liebe und Zärtlichkeit Jesu Christi. Durch ihn schien Christus selbst zu seinen Zeitgenossen zu sagen: ›Kommt alle zu mir, die ihr euch plagt und schwere Lasten zu tragen habt! Ich werde euch Ruhe verschaffen. Nehmt mein Joch auf euch und lernt von mir, denn ich bin gütig und von Herzen demütig; so werdet ihr Ruhe finden für eure Seele. Denn mein Joch drückt nicht und meine Last ist leicht‹ (Mt 11,28–30).
Der Herr hatte P. Chevrier ein besonderes Charisma verliehen, um zum Nächsten der Armen zu werden. Durch ihn hat Christus die Stadt Lyon und das Frankreich des 19. Jahrhunderts seine Seligpreisungen wieder hören lassen. Durch den seligen Chevrier sagt uns Christus heute wieder: ›Selig, die arm sind vor Gott ... Selig, die hungern und dürsten nach der Gerechtigkeit ... Selig die Barmherzigen‹ (Mt 5,3–7). Sicher sollen und müssen alle Schichten evangelisiert werden, die Reichen wie die Armen, die Klugen wie die Unwissen-

den. Niemand darf Gegenstand eines mangelnden Verständnisses, mangelnder Sorgfalt, schon gar nicht einer Geringschätzung von seiten der Kirche sein. Alle sind ja in gewissem Sinn Arme vor Gott. Aber unter den Umständen, in denen P. Chevrier gelebt hat, war der Dienst an den Armen ein notwendiges Zeugnis, und das ist heute überall der Fall, wo man der Armut begegnet. Das gilt für die unzähligen Apostel, die im Lauf der Geschichte das verwirklicht haben, was wir heute die ›bevorzugte Option für die Armen‹ nennen. P. Chevrier betrachtete sie mit dem Blick des Evangeliums, er achtete sie und liebte sie im Glauben. Er fand Christus in den Armen und zugleich die Armen in Christus. Er idealisierte sie nicht, er kannte ihre Grenzen und Schwächen; er wußte im übrigen, daß sie Liebe und Gerechtigkeit entbehren mußten. Er hatte das Gefühl für die Würde jedes Menschen, ob reich oder arm. Er wollte das Wohl, das Heil für einen jeden von ihnen. Sein Respekt vor den Armen drängte ihn dazu, sich zu ihresgleichen zu machen, unter ihnen zu leben, wie Christus es getan hat, manchmal mit ihnen zu arbeiten, mit ihnen zu sterben. Er hoffte, daß die Armen so begreifen würden, daß sie von Gott, der sie liebt wie ein Vater, nicht verlassen sind.
Für sich selbst machte P. Chevrier folgende Erfahrung: ›In der Armut findet der Priester seine Kraft, seine Stärke, seine Freiheit.‹ Sein Traum war, arme Priester auszubilden, die zu den Armen zurückkehren sollen.
Heute bitten wir den seligen Antoine Chevrier, uns immer mehr die Achtung des Evangeliums vor den Armen und die Sorge des Evangeliums für die Armen zu lehren. Liebe Brüder und Schwestern, ihr wißt, wer diese Armen in unserer heutigen Welt sind. Es sind all jene, denen es an Brot fehlt, aber auch jene, die ohne Arbeit, ohne Verantwortlichkeiten sind, deren Würde nicht beachtet wird; auch jene sind es, die von Gott nichts wissen. Hier ist nicht mehr nur die Welt der Arbeiter betroffen, sondern viele andere Schichten. In einer totalen Konsumgesellschaft gibt es paradoxerweise ›neue Arme‹, die nicht über das ›soziale Minimum‹ verfügen; es gibt die Menge derer, die unter der Arbeitslosigkeit leiden, Jugendliche, die keinen Arbeitsplatz finden, oder Personen reiferen Alters, die den Arbeitsplatz verloren haben ...
P. Chevrier wollte die Armen vor allem von der religiösen Unwissenheit befreien. Im Prado trachtete er, zugleich mit dem Grundunterricht – man würde das heute Alphabetisierung nennen – der Jugendlichen auch für ihre Glaubensunterweisung zu sorgen, um ihnen die Teilnahme an der Eucharistie zu ermöglichen. Für diese Aufgabe rief er eine Gruppe von Freiwilligen, von Männern und Frauen ins Leben

und bildete sie aus. ›Mein ganzer Wunsch wäre es, gute Katecheten für die Kirche vorzubereiten und eine Priestervereinigung zu bilden, die in dieser Absicht arbeitet‹, so schrieb er in einem Brief an seine Seminaristen. Sie sollten überall hingehen, ›um Jesus Christus zu zeigen‹, als Zeugen, die durch ihre einfache, aber sorgfältig vorbereitete Katechese, aber auch durch ihr Leben das Evangelium verkünden. Er selbst widmete dieser Aufgabe einen Großteil seiner Zeit, indem er mit armseligen, aber passenden Mitteln jedes Wort des Evangeliums, aber auch den Rosenkranz und den Kreuzweg konkret kommentierte. Er sagte: ›Die katechetische Unterweisung des Menschen ist der große Auftrag des heutigen Priesters.‹ Die Armen haben in der Tat ein Recht auf das Evangelium in seiner Gesamtheit. Die Kirche respektiert die innere Überzeugung derer, die ihren Glauben nicht teilen, aber sie hat den Auftrag, Zeugnis zu geben von der Liebe Gottes ihnen gegenüber.
Heute ist das religiöse Gesamtklima nicht mehr das der Zeit des P. Chevrier. Es ist gekennzeichnet von Zweifel, von Skeptizismus, vom Unglauben, ja sogar von Atheismus und von einem maximalen Freiheitsanspruch.
Noch mehr wird dabei das Bedürfnis nach einem klaren und glühenden Angebot des Glaubens, des *ganzen* Glaubens, spürbar. Die religiöse Unwissenheit greift in beunruhigender Weise heute um sich. Ich weiß, daß sich viele Katecheten dieser Tatsache bewußt sind und ihre Zeit und ihre Begabung in Lyon wie im übrigen Frankreich hochherzig dafür einsetzten, hier Abhilfe zu schaffen. Der Appell von P. Antoine Chevrier sollte uns alle anspornen, uns an den an uns ergangenen Auftrag zu halten. Hört ihr nicht seinen Aufruf: ›Von Gott reden können, das ist schön.‹? ...
P. Antoine Chevrier, führe uns auf den Weg des Evangeliums! Du bist selig, deine Gestalt erhebt sich und erstrahlt in hellem Licht der acht Seligpreisungen Jesu. Die Stadt Lyon wird dich selig nennen, sie, die dich schon seit dem Tag deines Heimgangs mit Verehrung umgeben hat. Ebenso die Kirche, die in dir den – von Jesus mehr als die Weisen und Klugen gerühmten – ›Kleinen‹, den Apostel, den Diener der Armut verehrt. Wie Paulus von Christus ergriffen, hast du gelebt, alles vergessen, was hinter dir war, ganz ausgerichtet auf das, was vor dir lag. Ja, du hast dich völlig der Zukunft zugewandt, der großen Zukunft aller Völker in Gott. Du bist auf das Ziel zugelaufen, um den Preis zu erringen, den im Himmel, zu dem uns in Christus Jesus Gott berufen hat. Es ist der Preis der Liebe, es ist die Liebe!«

Die selige Teresa Maria a Cruce Manetti

Ordensgründerin

* *02. 03. 1846 Campi Bisenzio*
† *23. 04. 1910 Campi Bisenzio*

19. 10. 1986 Seligsprechung

Am Weltmissionssonntag, 19. Oktober 1986, fuhr Papst Johannes Paul II. nach Florenz und erhob dort das Kind eines Vorortes dieser Stadt, die am 2. März 1846 in Campi Bisenzio (San Martino) geborene Teresa Maria a Cruce Manetti, durch die Seligsprechung zur Ehre der Altäre.

Teresa Adelaide Manetti[30] wurde von ihren Eltern christlich und streng erzogen. Das herangereifte Mädchen offenbarte ein besonderes Organisationstalent, denn schon mit 18 Jahren scharte Teresa andere Mädchen um sich zu gemeinschaftlichem Leben und Arbeiten in der Betreuung von Kindern. Aus dieser Gruppe, die eine besondere Verehrung zur hl. Teresa von Avila hatte und sich aus deren Schriften inspirieren ließ, entwickelte sich das Institut der Terziarschwestern-Karmelitinnen von der hl. Teresa. Diese Gemeinschaft breitete sich rasch aus und erlangte durch den heiligen Papst Pius X. 1904 die päpstliche Approbation. Im selben Jahr wurde die Gründerin zur Generaloberin der Schwesterngemeinschaft gewählt, stand aber nur noch sechs Jahre an deren Spitze, weil der Krebs ihr leibliches Leben im Tod zunichte machte, der am 23. April 1910 eintrat.

Schwester Teresa Maria a Cruce (»vom Kreuz«, wie sie sich in ihrer Ordensgemeinschaft nannte) war bei aller Aktivität eine sehr kontemplative Frau, die mit mystischen Gnaden und Charismen von Gott beschenkt wurde. Sie war eine große Beterin, der die Anbetung des Herrn Jesus in der hl. Eucharistie ein besonderes Anliegen war. Sie war aber auch eine sehr realistisch eingestellte Frau von großer Tatkraft, die sie im Dienst der Armen und Leidenden mit ganz besonderer Liebe zur Auswirkung kommen ließ. Eine besondere Vorliebe zeigte sie für die Kleinen, die Geringgeschätzten und Verachteten, ganz besonders für die Waisenkinder.

In der Ansprache bei der Seligsprechung in Florenz zeigte Papst Johannes Paul II. besonders schön auf, worin die charakteristische Heiligkeit dieser Ordensfrau bestand:

»Die Kirche, die seit Jahrhunderten in Florenz besteht, möchte heute am Weltmissionssonntag ihr missionarisches Bewußtsein und ihre missionarische Bereitschaft dadurch erneuern, daß sie an der Erhebung einer ihrer hochverehrten Töchter zur Ehre der Altäre teilnimmt: an der Seligsprechung der Dienerin Gottes, Schwester Teresa Maria vom Kreuz. Der wesentliche Beweggrund des missionarischen Bewußtseins und der missionarischen Bereitschaft ist, daß die Kirche unaufhörlich in sich die Berufung zur Heiligkeit trägt und so in ihrer Heilssendung ausharrt. Was sagt uns die heutige Liturgie über die Heiligkeit? Was sagt sie uns über die Heiligkeit dieser Dienerin Gottes, die aus der Stadt Florenz stammt?

Die Heiligkeit ist jenes ›Aufheben der Augen zu den Bergen‹, von dem der 121. Psalm spricht; sie ist die Intimität mit dem Vater im Himmel, die Intimität durch Christus im Heiligen Geist. In dieser Intimität lebt der Mensch, der sich seines Weges, der seine Grenzen und seine Schwierigkeiten hat, bewußt ist, der Mensch, der voller Vertrauen auf Gott blickt. Heiligkeit ist das Bewußtsein, ›behütet‹ zu sein, behütet von Gott. Der Heilige weiß nur zu gut um seine Hinfälligkeit, um die Bedenklichkeit seiner Existenz und seiner Fähigkeiten. Aber er läßt sich nicht in Schrecken versetzen. Er fühlt sich dennoch sicher. Er vertraut darauf, daß Gott »seinen Fuß nicht wanken läßt, daß er sein Hüter ist, daß er ihn vor allem Bösen behütet‹ (vgl. Ps 121,3–7). Die Heiligen spüren, auch wenn sie in sich selbst noch so viel Dunkelheit wahrnehmen, daß sie für die Wahrheit geschaffen sind, für Gott, der die Wahrheit ist. Darum geben sie dieser Wahrheit immer mehr Raum in ihrem Leben. Von da stammt die Sicherheit, die sie kennzeichnet: Wo die anderen wanken, halten sie stand, wo die anderen zweifeln, sehen sie das Wahre.

Was sagt uns heute die Liturgie über die Heiligkeit der Dienerin Gottes Teresa Maria vom Kreuz? Heiligkeit, das sind auch die im Gebet erhobenen Hände, während rundherum ein Gefecht im Gange ist, während der Kampf zwischen Gut und Böse weitergeht.

Der Eifer für Kontemplation und Gebet scheint auf den ersten Blick eine Flucht vor den Kämpfen des Lebens zu sein, eine Absage an jeden Kampf. Wer aber so denkt, weiß nichts von der Macht des Gebe-

tes. Teresa Maria Manetti war eine große Frau der Tat. Doch von Jugend an wurde ihr die Gnade zuteil, die Macht des Gebetes zu begreifen, deren sie besonders in der eucharistischen Anbetung gewahr wurde, die zusammen mit einer innigen Verehrung für die seligste Jungfrau Maria die Quelle ihrer Kraft und ihrer Freude war. Die Freude am Gebet und das Bedürfnis, die Liebe, mit der sie sich von Christus geliebt fühlte, zu erwidern, waren für die Dienerin Gottes von frühester Jugend an eins. Und dieses Verlangen, das Gute zu tun, setzte sich sogleich in die Initiative um, die sie, noch nicht 20jährig, ergriff, nämlich einige gleichaltrige Frauen in einem gemeinsamen Leben um sich zu sammeln und ein Hilfswerk für die arme und verlassene weibliche Jugend aufzubauen. Trotz verschiedener Schwierigkeiten und Nöte nahm die Initiative bald feste Gestalt an und wurde – im Zeichen der Spiritualität des Karmel – nach einigen Jahren zu einem Ordensinstitut Päpstlichen Rechts, das 1904 von Papst Pius X. anerkannt wurde. Seitdem begannen die geistlichen Töchter von Teresa Maria Manetti auch im Ausland, im Libanon und im Heiligen Land, Fuß zu fassen.
Teresa Maria hat auf vorbildliche Weise die Weisungen des hl. Paulus gelebt, die wir in der Liturgie haben: ›Von Kindheit an‹ hat sie sich von der Wahrheit des Wortes Gottes überzeugen lassen, auf diese Wahrheit hat sie gebaut, in ihr ist sie ›standhaft geblieben‹. Und im Lauf der Jahre hat sie ihre ›Standhaftigkeit‹ und innere Kraft gestärkt und es verstanden, ›zu lehren‹, indem sie ihre geistlichen Töchter überzeugte und sie zur Gerechtigkeit und zu jedem guten Werk ausbildete, bis heute und auch in Zukunft.
Ein Wesensmerkmal, das an Teresa Maria Manetti besonders ins Auge sprang, war die Freude. Sie war eine Frau von mütterlicher Zärtlichkeit und ungewöhnlicher Ausgeglichenheit. Ihre weisen Worte, ihr Blick und ihre Haltung vermochten allen so viel Licht, Trost und Hoffnung einzuflößen, daß sie ständig von Menschen jeden Standes und Ranges aufgesucht wurde, die oft stundenlang warteten, um von ihr in ihrem kleinen Konvent unter der Bisenzio-Damm-Mauer empfangen zu werden und ihre Worte des Glaubens zu hören, die imstande waren, das Leiden zu verwandeln und Frieden zu schenken. Die Freude der Teresa Maria Manetti war freilich nicht die enttäuschende Freude dieser Welt. Ihre Freude war die Frucht eines hohen Preises, den sie allerdings gern zahlte, weil sie sich von der Liebe zu Christus und zu den Seelen getrieben fühlte. Sie hatte viel zu leiden: Von der Kritik bis zur Verleumdung, vom Martyrium eines bösartigen Tumors, der sie unter entsetzlichen Schmerzen aufzehrte, bis zur Angst vor der ›dunklen Nacht‹ des Glaubens,

die sie in den tiefsten Wurzeln ihres Geistes heimsuchte. Aber da sie sich in alledem vollkommen in die Hände Gottes fallen ließ, konnte sie im Frieden leben und schien gleichsam die Worte des hl. Paulus zu wiederholen, wenn sie sagte: ›Trotz aller Not ströme ich über von Freude‹ (2 Kor 7,4). Das ist die Freude, die uns die neue Selige lehrt, eine Freude, die Wahrheit, Fülle und Fruchtbarkeit ist und die uns offen macht für das göttliche Leben. Heute haben wir diese Freude dringend nötig. Es ist die Freude, die vom Kreuz kommt, jenem Kreuz, mit dem Teresa Maria Manetti ihren Namen als Ordensfrau gekennzeichnet hat, jenes Kreuz, das in Florenz auch einem Platz den Namen gab, der zugleich ein Geschichts-, Kunst-, Kultur- und Glaubensdenkmal ist ...«

Drei Märtyrinnen[31] aus dem Karmel St. Joseph zu Guadalajara

Drei Schwestern, die dem gleichen Karmel angehörten und am gleichen Tag, am 24. Juli 1936, am gleichen Ort, aus Haß gegen den katholischen Glauben ermordet wurden, sind am gleichen Tag, am 29. März 1987, von Papst Johannes Paul II. seliggesprochen worden. Sie gehören zusammen geschildert:

Die selige Maria Pilar (Jacoba) Martínez García

Karmelitin, Märtyrin

* *30. 12. 1877*
Tarazona (Spanien)
† *24. 07. 1936*
Guadalajara (Spanien)

29. 03. 1987 Seligsprechung

Die am 30. Dezember 1877 in Tarazona (Guadalajara, Spanien) Geborene und dort am selben Tag auf den Namen Jacoba Getaufte hatte eine ältere Schwester, die in den Karmel in Guadalajara eingetreten war und dort am 12. Oktober 1898 Profeß gemacht hatte, als Jacoba 21 Jahre alt war. Die schöne Feier und die gleiche Gesinnung wirkten in der jüngeren Schwester ansteckend. Auch sie trat in den St.-Joseph-Karmel in Guadalajara ein und erhielt bei der Einkleidung den Ordensnamen Sr. Maria Pilar vom hl. Franz Borgia. Am 15. Oktober 1899 machte sie ihre Profeß. Zum guten Vorbild der älteren Schwester kam bei dieser von Gott zum Martyrium bestimmten Karmelitin auch noch das Vorbild ihres Priesterbruders, der es mit seinem gottgeweihten Beruf als Pfarrer in Torrellas (1887–1891) und dann in Corella (1891–1898) ebenfalls ganz ernst nahm. Bei ihm hatte die junge Jacoba in der Kindheit und Jugend viele Monate verbracht.
Im Karmel erwies sich Sr. Maria Pilar stets von starkem Glauben und von eucharistischer Frömmigkeit. Hingebungsvoll übte sie ihre Ämter als Sakristanin und als Pfortenschwester aus. Ihre Christusliebe wird spürbar im Exerzitienvorsatz aus dem Jahre 1930: »Verbunden mit Jesus will ich alles tun aus Liebe zu Ihm ...« 1933 schrieb sie folgende Zeilen nieder: »Warum bin ich Karmelitin? Um, mit Gott ganz verbunden, eine große Heilige zu werden. Darum will ich auf alles verzichten, was Gott von mir fordert; darum will ich Dich, o mein Jesus, bis zum Äußersten lieben und die innigste Verbundenheit mit dir

anstreben: Nichts soll in meinem Herzen außer dir, o mein Bräutigam, Platz haben.« Als dann im Spanischen Bürgerkrieg die Tage der Verfolgung hereinbrachen, sagte Sr. Maria Pilar einmal zu ihren Mitschwestern: »Wenn man uns zum Martyrium schleppt, wollen wir mit unseren Mitschwestern, den Märtyrinnen von Compiègne, singend dorthin gehen, mit dem Lied auf den Lippen: ›Herz Jesu, Du sollst herrschen!‹« Bei den ersten Bombardierungen von Guadalajara bot sie sich Gott für die Gemeinschaft als Opfergabe an.
Als Guadalajara am 22. Juli 1936 in die Hände der roten Milizsoldaten fiel, mußten die Unbeschuhten Karmelitinnen in Zivilkleidung ihr Kloster verlassen und bei Bekannten Unterschlupf suchen. Während am Nachmittag des 24. Juli 1936 Sr. Maria Pilar zusammen mit ihren beiden Mitschwestern, Sr. Maria Angeles vom hl. Joseph und Sr. Maria Theresia vom Kinde Jesus, gerade ein anderes, sichereres Quartier aufsuchte, um ihr Leben zu retten, kam eine Milizsoldatin die Straße daher und erkannte in den drei Frauen Ordensschwestern aus dem Karmel. Sie hetzte sogleich ihre Kameraden dazu auf, auf die drei zu schießen. Die erste Schwester, die tödlich getroffen wurde, war Sr. Maria de los Angeles. Die zweite war Sr. Maria Pilar, die schwer verwundet zu Boden fiel; sie wurde noch in das Rot-Kreuz-Spital gebracht, wo sie kurz darauf ihr Leben beendete, nachdem sie ihre Feinde immer wieder der Barmherzigkeit Gottes anempfohlen hatte. Die dritte Schwester, die ebenfalls den Blutzeugentod starb, war Sr. Theresia vom Kinde Jesus. Sie widerstand noch sündhaften Angeboten, auf die sie eingehen müsse, wenn sie ihr Leben retten wolle. In der Nähe des Friedhofs wurde sie dann erschossen. Sie starb mit dem Ruf: »Es lebe Christus der König!«

Gnadenbild vom Würzburger Käppele

Die selige Theresia vom Kinde Jesus (Eusebia) García y García

Karmelitin, Märtyrin

* *05. 03. 1909*
Mochales (Spanien)
† *24. 07. 1936 Guadalajara*

29. 03. 1987 Seligsprechung

Die am 5. März 1909 in Mochales (Guadalajara, Spanien) geborene Eusebia García y García wurde mit sieben Jahren nach Sigüenza zu einem Onkel mütterlicherseits gebracht, der ebenfalls im Spanischen Bürgerkrieg als Märtyrer sterben sollte: Der Kanonikus Florentius García. Zur Erziehung brachte der Priesteronkel seine Nichte Eusebia bei den Ursulinen unter. Als sie bei diesen die Ausbildung beendet hatte, schwärmte sie nach der Lektüre »Geschichte einer Seele« der heiligen Karmelitin Theresia vom Kinde Jesus vom Eintritt in den Karmel. Nach zweijähriger Vorbereitung auf den Ordensberuf unter der Anleitung des heiligmäßigen Priesteronkels trat Eusebia am 2. Mai 1925 in den St.-Josephs-Karmel in Guadalajara ein und erhielt bei der Einkleidung am 4. November 1925 den Ordensnamen Theresia vom Kinde Jesus und vom hl. Johannes vom Kreuz. Die erste Profeß legte sie am 7. November 1926 ab. Das Programm, das sie sich selber für ihr Ordensleben gab, lautete: »In Ewigkeit will ich die Barmherzigkeit des Herrn besingen.« Ihr Wahlspruch lautete: »Liebe bezahlt man mit Liebe.« Als ihre Aufgabe aber erklärte sie, »ein Ameislein der Liebe« sein zu wollen. Dazu wählte sie als anregendes Stoßgebet »Sola cum Christo solo.«
Am 6. März 1930 durfte Sr. Theresia vom Kinde Jesus die ewige Profeß ablegen, um sich ganz und für immer Christus zu weihen. Mit einem außerordentlichen Einsatz schritt sie von da an vorwärts auf dem Weg zur Vollkommenheit. Alles wollte sie tun in der Haltung der drei Tugenden, die ihr besonders lieb waren: Liebe, Treue und

Demut, zusammen mit der Verzichtleistung auf alles, woran sie, die vielseitig musisch Begabte, noch hing.
Als die Revolution mit ihrem Kampf gegen die Kirche immer bedrohlicher wurde, machte sie sich immer stärker den Schlachtruf zu eigen: »Es lebe Christus, der König!« Schließlich ging ihr sehnsüchtiges Verlangen ganz offen nach dem Martyrium, denn sie sagte: »Wenn ich doch diesen Ruf: ›Es lebe Christus, der König!‹ auf der Guillotine wiederholen könnte!« Tatsächlich, sie konnte es und tat es, als am 24. Juli 1936 eine Kugel sie tödlich traf.

Jyoti Sahi: Kreuzigung, Eos 289, Eos-Verlag St. Ottilien

Die selige Maria Angeles vom hl. Joseph Marciana Valtiera Tordesillas

Karmelitin, Märtyrin

* *06. 03. 1905 Getafe (Spanien)*
† *24. 07. 1936 Guadalajara*

29. 03. 1987 Seligsprechung

Die Dritte im Bunde der Märtyrinnen des Karmels von Guadalajara mit dem weltlichen Namen Marciana Valtiera Tordesillas wurde am 6. März 1905 in Getafe (Madrid) in der Nähe von Cerro de los Angeles als zehntes Kind einer Familie geboren, aus der vier Ordensberufe hervorgingen, wovon zwei für das Martyrium bestimmt waren, nämlich Marciana und ihr Bruder Celestino, der dem Piaristen-Orden angehörte.
Marciana wurde in der großen, kinderreichen Familie vor allem von der viel älteren Schwester Marcellina erzogen, die später dem Orden der Conceptionistinnen beitrat.
Auch Marciana träumte schon sehr früh vom Eintritt in den Karmel, dazu veranlaßt durch die Lektüre der »Geschichte einer Seele« der hl. Theresia vom Kinde Jesus. Sie bereitete sich auf die Ganzhingabe im Karmel durch aktiven Einsatz in ihrer Pfarrei, dann durch Mitarbeit in den Vinzenzkonferenzen und im Eifer für die Weltmission vor. Sie wurde auch eifrige Mitarbeiterin des Dieners Gottes Juan Vinzenz Zengotita in der Ausbreitung der »Marienchöre«, deren Mitglied sie selber am 29. März 1924 geworden war.
Am 14. Juli 1929 durfte sie in den Karmel von Guadalajara eintreten und erhielt bei der Einkleidung am 19. Januar 1930 den Namen Schwester Maria de los Angeles vom hl. Joseph. Sie machte ihre erste Profeß am 21. Januar 1931 und die feierliche Profeß am 21. Januar 1934. In den sechs Jahren ihrer Zugehörigkeit zum Karmel erwies sie sich als eine fröhliche, bescheidene, arbeitsame, einfügsame Schwe-

ster, die es mit gewissenhafter Treue im kleinen ganz ernst nahm und überdies eine außerordentliche Reife bewies. Sie war darüber glücklich, durch Opfer am österlichen Geheimnis Jesu Christi für die Bekehrung der Sünder teilnehmen zu dürfen. Auch sie sehnte sich vom Noviziat an nach dem Martyrium und erklärte offen ihren Mitschwestern, daß die Gnade des Martyriums erlangt werden könne »durch besondere Treue in den kleinen Dingen«. Noch wenige Stunden vor dem Martyrium, da sie noch gar nichts von den kommenden Ereignissen ahnen konnte, sagte sie zu ihrer Priorin, wie sehr sie sich danach sehne, für Christus ihr Blut vergießen zu dürfen. Am 24. Juli 1936 war es dann soweit. Als erste der drei Unbeschuhten Karmelitinnen von Guadalajara, die das Martyrium erlitten, starb sie, von einer Kugel getroffen, im Alter von 31 Jahren.
Eigenartiges Zusammentreffen: der 24. Juli, an dem diese drei Karmelitinnen den Blutzeugentod starben, ist im Karmel der Gedenktag der 16 seligen Märtyrinnen des Karmels von Compiègne.
Unmittelbar nach erfolgtem Martyrium brachte man die Leiber der drei ermordeten Schwestern in das Kloster. An ihrem gemeinsamen Grab erfolgten bald wunderbare Gebetserhörungen. Erst recht seit der Seligsprechung kommen viele Gläubige in die Kirche des Karmels von Guadalajara, um dort die drei Märtyrinnen an deren Grab um ihre Fürsprache am Throne Gottes anzuflehen.
Papst Johannes Paul II. hat bei der Seligsprechung am 29. März 1987 folgendes über die drei seligen Karmelitinnen gesagt: »›Muß ich auch wandern in finsterer Schlucht, ich fürchte kein Unheil, denn Du bist bei mir‹ (Ps 34,4). Mit diesen Worten konnten sich die drei Töchter des Karmels von Guadalajara an den Guten Hirten wenden, als für sie die Stunde schlug, ihr Leben für den Glauben an den göttlichen Bräutigam hinzugeben. Ja, ›ich fürchte kein Unheil‹, nicht einmal den Tod, denn die Liebe ist stärker als der Tod, und ›Du bist bei mir‹, Du, der gekreuzigte Bräutigam, Du, Christus, meine Kraft!
Diese Nachfolge des Meisters, die uns zur Nachahmung antreiben möchte bis zur Hingabe des Lebens aus Liebe zu Ihm, war wie ein ständiger Aufruf für die Christen der ersten Zeiten und aller Zeiten, im Martyrium dieses höchste Zeugnis der Liebe abzulegen vor allen, besonders vor ihren Verfolgern. So hat die Kirche die Jahrhunderte hindurch als kostbares Erbe die Worte Christi beherzigt: ›Der Jünger steht nicht über dem Meister‹ (Mt 10,24) und ›Haben sie mich verfolgt, so werden sie auch euch verfolgen‹ (Joh 15,20). Damit sehen wir, daß das Martyrium – höchstes Zeugnis bei der Verteidigung des Glaubens – von der Kirche als eine erhabene Gabe und als höchster Beweis der Liebe betrachtet wird, durch den ein Christ denselben

Weg wie Jesus geht, der freiwillig sein Leiden und den Tod auf sich nahm für das Heil der Welt. Obwohl also das Martyrium ein Geschenk ist, das Gott nur wenigen gibt, so müssen doch alle, wir alle, bereit sein, Christus vor den Menschen zu bekennen, vor allem in Zeiten der Prüfung, die der Kirche nie fehlen, auch heute nicht. Wenn die Kirche ihre Märtyrer ehrt, betrachtet sie diese zugleich als Zeichen ihrer Treue zu Christus bis zum Tod und als wunderbares Zeichen ihres unermeßlichen Verlangens nach Verzeihen und Frieden sowie nach Eintracht und gegenseitigem achtungsvollem Verstehen.

Die drei Märtyrinnen aus dem Karmel von Guadalajara hatten zweifellos, wie wir wissen, jene Worte vor Augen, die ihre heilige Mutter und Kirchenlehrerin Teresa von Jesus schriftlich hinterlassen hat: ›Eine echte Ordensperson ... darf Ihm nicht den Rücken zuwenden, sie muß vielmehr für Ihn zu sterben und das Martyrium zu erleiden wünschen‹ (Weg der Vollkommenheit 12, 2). Im Leben und Martyrium der Sr. Maria Pilar vom hl. Franz Borgia, der Sr. Maria de los Angeles vom hl. Joseph und der Sr. Theresia vom Kinde Jesus treten heute vor der Kirche zeugnishafte Wahrheiten hervor, an die wir uns halten müssen:

1. Der große Wert, den ein christliches Familienleben für die Glaubensbildung und -reife ihrer Mitglieder hat;
2. Der Schatz, den für die Kirche das kontemplative Ordensleben bedeutet, das sich in der totalen Nachfolge des betenden Christus vollzieht und als erhabenes Zeichen die himmlische Herrlichkeit ankündigt;
3. Das Erbe, das der Kirche jeder hinterläßt, der für den Glauben stirbt – mit einem Wort des Verzeihens und der Liebe für jene auf den Lippen, die für sie kein Verständnis hatten und sie daher verfolgten;
4. Die Botschaft des Friedens und der Versöhnung, die jedes christliche Martyrium enthält als Same für gegenseitiges Verstehen, aber nie, wie es scheinen möchte, für Haß und Groll;
5. Endlich der Aufruf zum ständigen Heroismus im christlichen Leben als mächtiges Zeugnis für einen Glauben ohne kleinmütige Anpassung an die Zeit oder an einen mißverständlichen Relativismus.

Die Kirche verehrt ab heute die Märtyrinnen aus dem Karmel von Guadalajara, dankt ihnen für ihr Zeugnis und bittet sie um ihre Fürsprache vor dem Herrn, damit auch unser Leben jeden Tag mehr das Zeichen Christi trage, der am Kreuz gestorben ist.«

Der selige Marcelo Spinola y Maestre

Advokat, Priester, Erzbischof, Kardinal

* *14. 01. 1835*
Isla de San Fernando (Spanien)
† *19. 01. 1906 Sevilla (Spanien)*

29. 03. 1987 Seligsprechung

Am 29. März 1987 hat Papst Johannes Paul II. den Spaniern einen neuen Seligen geschenkt, als er den Erzbischof Marcelo Spinola y Maestre[32] zur Ehre der Altäre erhob.

Marcelo wurde am 14. Januar 1835 dem Grafen Spinola y Maestre in San Fernando (Provinz Cádiz in Spanien) als Erstgeborener geschenkt. Der begabte Junge studierte Rechtswissenschaft, erwarb den Dr. juris und übte dann den Beruf eines Advokaten aus, wobei er sich von großer Liebe gegen die Armen erwies, denen er als Rechtsberater gratis zur Verfügung stand. Der Lohn für diese Hilfsbereitschaft den Armen gegenüber war, daß ihm als Spätberufenem die Gnade des Priesterberufs zuteil wurde. Er trat in das Priesterseminar zu Sevilla ein und wurde 1864 zum Priester geweiht.

Der junge Priester bewährte sich als Kaplan in Sanlúcar de Barrameda und als Pfarrer von St. Laurentius in Sevilla in vorbildlichem pastoralem Eifer, den er vor allem bei der Spendung des Bußsakramentes zeigte. Im Jahre 1879 wurde Marcelo Spinola Domkapitular und 1881 Weihbischof von Sevilla. Dann wurde er rasch hintereinander Oberhirte dreier Bischofssitze: Zuerst 1884 in Coria, dann 1886 von Málaga und schießlich 1896 von Sevilla. Am 11. Dezember 1905 erhob ihn der heilige Papst Pius X. zur Kardinalswürde.

In allen drei Diözesen zeigte dieser spanische Bischof ganz großen Gebetseifer, große Liebe zu den Armen und großen Bußgeist. Dazu kam bei diesem Bischof große Einsatzbereitschaft in der Erfüllung seiner oberhirtlichen Pflichten. Dabei war er immer bescheiden und demütig, bei allen Sorgen aber auch frohen Mutes: Er schuf verschiedene Werke zur Vertiefung des Glaubens in seinem Diözesanvolk, er errichtete Kinderheime, Waisenhäuser und Schulen. In der Diözese Coria gründete er die Schwesternkongregation der »Dienerinnen des göttlichen Herzens« (»Schiave Concezioniste del Divino Cuore«). Erzbischof Spinola y Maestre war vor allem auch ein sehr fruchtbarer und eifriger Verkünder des Wortes Gottes und ein mutiger Kirchenpolitiker, der mit Erfolg um die Einhaltung der Sonntagsruhe und um ein harmonisches Verhältnis zwischen Staat und Kirche kämpfte. In Katastrophenfällen zeigte er immer spontan seine väterliche Güte und Hilfsbereitschaft. Er war – mit einem Wort gesagt – ein vorbildlicher, heiliger Oberhirte. Das bestätigte der Papst bei der Seligsprechung des am 19. Januar 1906 in Sevilla verstorbenen Kardinals mit folgenden Sätzen:

»Wenn wir heute den Kardinal Marcelo Spinola y Maestre zur Ehre der Altäre erheben, der Bischof von Coria, von Málaga und später Erzbischof von Sevilla war, so ist das eine gute Gelegenheit, um dem Herrn zu danken für das Zeugnis der Heiligkeit jener, ›die der Heilige Geist zu Bischöfen bestellt hat, damit sie als Hirten für die Kirche Gottes sorgen‹ (Apg 20,28). Wenn ich das Leben dieses Hirten der spanischen Kirche betrachte, möchte ich vor allem sein Vertrauen auf den Herrn hervorheben, das auch in seinem bischöflichen Wahlspruch zum Ausdruck kommt: ›Alles vermag ich in Ihm‹ (Phil 4,13). Auf solches Vertrauen gestützt, konnte er sich in jenen Tugenden auszeichnen, die den Ruhm und die Ehre eines Bischofs ausmachen:

Im Heroismus bei der opferreichen Erfüllung seiner bischöflichen Pflichten; in der Liebe und Hingabe für die Armen aufgrund seiner Uneigennützigkeit und Einsamkeit; in der Sorge um die Schulbildung der Ärmsten, was ihn zur Gründung der Kongregation der ›Dienerinnen des göttlichen Herzens‹ führte für das Apostolat in der Jugenderziehung; in seiner kirchlichen Unabhängigkeit gegenüber den Spaltungen und Parteiungen – er wurde zum Vermittler von Frieden und Verständigung und verteidigte zugleich die Freiheit der Kirche in der Erfüllung ihrer heiligen Sendung; in der innigen Liebe zu Jesus Christus, die wie seine tiefe persönliche Demut hinter allem stand. Als Hirten der Kirche müssen wir in diesem neuen Seligen ein Beispiel, einen Ansporn und eine Hoffnung bei der Erfüllung des uns anvertrauten Amtes sehen. Das gläubige Volk aber freut sich, wenn es die erhabene Heiligkeit eines seiner demütigen Hirten als Wirklichkeit vor sich sieht.«

Der selige Emmanuel Domingo y Sol

Priester, Theologie-Professor, Ordensgründer

* *01. 04. 1836 Tortosa (Spanien)*
† *25. 01. 1909 Tortosa*

29. 03. 1987 Seligsprechung

Im seligen Emmanuel Domingo y Sol[33] haben wir einen Priester vor uns, der sich im Spanien des ausgehenden 19. Jahrhunderts mit großem Eifer der rechten Ausbildung und Erziehung von Priestern nach dem göttlichen Herzen Jesu gewidmet hat.
Der in Tortosa in Spanien am 1. April 1836 als elftes von zwölf Kindern Geborene erhielt zuerst in der Familie und durch einen guten Hauslehrer die nötige Erziehung und Bildung. Dann kam er im Oktober 1851 in das Diözesanseminar seiner Heimatstadt, wo die wertvollen Anlagen, das Benehmen und die Tugenden des jungen Emmanuel bald allgemeine Bewunderung fanden. Am 9. Juli 1860 wurde er zum Priester geweiht. Er widmete sich von da an mit besonderer Vorliebe dem Religionsunterricht und der Predigttätigkeit. Als er Pfarrer von Aldés geworden war, glühte er von Eifer für das Heil der Seelen in seiner Pfarrei und sparte nichts, um allen nützlich zu sein und allen zu helfen.
Auf Verlangen seines Bischofs inskribierte er sich an der Universität von Valencia und erwarb noch das Lizenziat in Theologie. Im Jahre 1864 wurde er Religionsprofessor, 1865 Professor der Theologie in Tortosa. Neben der Professur setzte er sich für viele kirchliche Unternehmungen ein, sowohl in der Bischofsstadt als auch in der Diözese. Er arbeitete für die Jugend, der er weiterhin soliden Religionsunterricht erteilte, er kämpfte auf dem Gebiet der Presse und setzte sich für die Verbreitung guter Literatur ein; er war der Seelenführer zahlreicher Personen und setzte sich zum größten Vorteil der Arbei-

ter für diese ein. Vor allem aber war ihm ein brennendes Herzensanliegen die Heranbildung und Formung guter, seeleneifriger Priester. Dazu gründete er 1881 das »Werk für die Weltpriester des Herzens Jesu«, die Kongregation für die Heranbildung von Diözesanpriestern nach dem Herzen Jesu. Die Mitglieder dieses Werkes sollten vor allem aber in der Leitung von Priesterseminaren tätig sein. 1892 schuf er in Rom das dem hl. Joseph geweihte spanische Kolleg für die Ausbildung junger Kleriker, die in der Ewigen Stadt ihre Studien machen und dann in Spanien segensreich im kirchlichen Sinn wirken sollen. Dem am 25. Januar 1909 in Tortosa verstorbenen, überaus seeleneifrigen Priester spendete Papst Johannes Paul II. bei der Seligsprechung in St. Peter in Rom am 29. März 1987 folgendes Lob:
»Die glorreiche Gruppe von spanischen Seligen, die heute zur Ehre der Altäre erhoben wird, nämlich die drei Karmelitinnen und Märtyrinnen, Sor Maria Pilar vom hl. Franz Borja, Sor Maria Angeles vom hl. Joseph und Sor Teresa vom Jesuskind, sowie der Kardinal-Erzbischof Marcelo Spinola y Maestre von Sevilla, beschließt der Diözesanpriester der Diözese Tortosa, Manuel Domingo y Sol, den die Kirche mit Recht als ›den heiligen Apostel der Priesterberufe‹ im Dekret über seinen heroischen Tugendgrad bezeichnet hat. Wenn er heute der Kirche als Beispiel vorgestellt wird, so überragt sein intensives Apostolat für die Berufungen zum gottgeweihten Leben und vor allem zum Priestertum sein ganzes übriges Wirken; denn die besten Kräfte seines Lebens setzte er in diesem Apostolat ein. Seine Erhebung zur Ehre der Altäre muß bei den Priestern das Bewußtsein wekken, daß dieses Anliegen ungemein wichtig und grundlegend ist. Denn die Kirche braucht Priester, sie braucht mehr Priester, und es gehört zur Sendung des Priesters, sofern er die Sorge der ganzen Kirche teilt, daß er im gläubigen Volk nach Jugendlichen und Erwachsenen Ausschau hält, die hochherzig auf den Ruf Christi ›Komm und folge mir nach!‹ antworten. Diese Berufenen müssen dann begleitet und ausgebildet werden, und zwar als solche Diener, die dann wieder andere unterweisen können (vgl. 2 Tim 2,2).
Die Heranbildung künftiger Priester, die der neue Selige den ›Schlüssel zum Erfolg‹ genannt hat, mit anderen Worten die Förderung, Unterstützung und Sorge für die Berufenen, bleibt weiter auch in unseren Tagen eine bevorzugte und dringende Aufgabe der Kirche und ihrer Hirten. Mosén Sol – unter diesem Namen ist der neue Selige beim Volk in seiner katalanischen Heimat bekannt – sagt uns: ›Unter allen Werken, die Eifer brauchen, gibt es kein derartig großes und vor Gott herrliches Werk, als der Kirche viele und gute Priester zu schenken.‹ Hervorzuheben ist ferner bei diesem neuen Seligen

sein Jugendapostolat, in welchem er große Hoffnungen für die christliche Zukunft der Bevölkerung sah. Es muß daher heute weiter der Kirche sehr am Herzen liegen.
Das ganze apostolische Wirken von Don Manuel hatte eine Kraftquelle, aus der sein Eifer und der Sinn für wirksame Arbeit kam: Eucharistische Frömmigkeit und Bußgeist. Sie prägten seine Spiritualität. Seht darin ein kostbares Erbe, das er dem ›Werk für die Weltpriester des Herzens Jesu‹, das als echte priesterliche Bruderschaft gegründet wurde, und zwar sowohl was den Lebensstil angeht als auch die Art der Tätigkeit, zur größeren Heiligkeit seiner Mitglieder und zur größeren Ehre Gottes hinterlassen hat.
Wenn wir heute zwei spanische Hirten, einen Bischof und Kardinal und einen Weltpriester, besonders ehren, so weise ich gerne darauf hin, daß beide in ihrem intensiven Dienst, in ihrem inneren Leben der Seele jedes Apostolats, tief als Priester verwurzelt waren. Beide Selige, der Kardinal-Erzbischof Marcelo Spinola y Maestre und der Priester Manuel Domingo y Sol, ragen in ihrer brennenden und innigen Liebe zu Jesus Christus in der heiligsten Eucharistie sowie zum göttlichen Herzen Jesu hervor. Wie sehr müssen wir für dieses Beispiel danken, und wie sehr müssen es die Priester von heute in ihrem Dienst nachahmen!«

Die selige Teresa von Jesus de Los Andes (Joanna Fernández Solar)

Unbeschuhte Karmelitin

* *13. 07. 1900*
Santiago de Chile
† *12. 04. 1920*
Los Andes (Chile)

03. 04. 1987 Seligsprechung

Es ist nicht viel aus dem Leben jener jungen Chilenin zu berichten, die Papst Johannes Paul II. am 3. April 1987 bei seinem apostolischen Besuch in diesem lateinamerikanischen Land im O'-Higgings-Park in Santiago de Chile zur Ehre der Altäre erhoben hat. Die am 13. Juli 1900 in Santiago de Chile geborene Joanna Fernández Solar[34] war die Tochter gläubig frommer, auf Verrichtung guter Werke bedachter Eltern in Santiago de Chile. Das Mädchen wuchs in geordneten Verhältnissen auf, war ein fröhlicher, für die Schönheit der Natur und für den Sport begeisterter junger Mensch. Vor allem aber war Joanna von früher Kindheit an für Christus begeistert und erfüllt von zarter Liebe zur jungfräulichen Gottesmutter. Sie gab ihren Altersgenossinnen ein gutes Beispiel, tat nach dem Vorbild ihrer Eltern viel Gutes und stellte sich der Kirche als Katechistin zur Verfügung. Dabei mag ihr das Fehlen seeleneifriger Priester als leidvolles Manko für den Aufbau des Reiches Gottes in Chile immer mehr aufgegangen sein, desgleichen die Not vieler junger Menschen, die mit ihren bösen Trieben und Leidenschaften nicht fertig wurden und mehr und mehr dem Laster verfielen. So spürte sie immer stärker das Verlangen in sich, Opfer- und Sühneseele zu werden für die Priester und für die Bekehrung der Sünder. Dieses Verlangen konkretisierte sich in ihr dann im Ruf, in den Karmel einzutreten und da ein verborgenes Leben der Sühne zu führen.

So verließ Joanna mit 19 Jahren das Elternhaus und trat in der Stadt Los Andes in den dortigen Karmel der Unbeschuhten Karmelitinnen

ein. Der Herr nahm sie gar bald beim Wort, Opfer- und Sühneseele für die Priester und für die Bekehrung der Sünder zu sein. Noch als Novizin sollte sie ihr junges Leben zum Opfer bringen. Sie tat es, als sie am 12. April 1920 nach einem ergreifenden Sühneleben in Los Andes starb. Schon bald begann man zu der frühvollendeten Novizin, die sich in echter Opfer- und Sühnebereitschaft Gott ausgeliefert hatte, aufzuschauen. Am 20. März 1947 wurde der diözesane Informativprozeß begonnen. Durch äußere Umstände bedingt, kam es erst 1976 zur Eröffnung des Seligsprechungsprozesses in Rom. Dann aber ging es rasch voran, so daß der Papst am 3. April 1987 die Seligsprechung vornehmen konnte. Er sagte dabei folgendes:
»›Für jetzt bleiben Glaube, Hoffnung, Liebe, diese drei, doch am größten unter ihnen ist die Liebe‹ (1 Kor 13, 13). Diese Worte des hl. Paulus, in denen sein ›Hymnus auf die Liebe‹ gipfelt, erklingen neu in dieser Eucharistiefeier.
Ja, ›am größten ist die Liebe‹: es sind Worte, die in Leben umgewandelt wurden in der Person von Schwester Teresa de Los Andes, die ich heute mit Dank und Freude seligsprechen darf.
Liebe Brüder und Schwestern von Santiago und ganz Chile, heute ist ein großer Tag im Leben eurer Kirche und eurer Nation. Heute wird eine geliebte Tocher der chilenischen Kirche, Schwester Teresa, zur Ehre der Altäre erhoben, und zwar in der Heimat, in der sie geboren wurde. Das pilgernde Volk Gottes begegnet in dieser jungen Schwester einer Führerin für seinen Weg zum Ziel im himmlischen Jerusalem ... Getragen von Glaube, Hoffnung und Liebe, wandern wir als Pilger Gott entgegen, der die Liebe ist, und unser Herz wird mit Freude erfüllt bei der Feststellung, daß dieser geistliche Pilgerweg seine Krönung findet in der Herrlichkeit, zu der Christus, unser Herr, uns alle hinführen möchte.
Schwester Teresa de Los Andes, Symbol des Glaubens und der Güte dieses chilenischen Volkes, war eine unbeschuhte Karmelitin im Frühling ihres Lebens, von glühender Liebe zum Himmelreich erfüllt, ein Erstling der Heiligkeit des Karmels der hl. Teresa von Avila hier in Lateinamerika.
In ihren kurzen autobiographischen Schriften hat sie uns das Vermächtnis einer einfachen und zugänglichen Heiligkeit hinterlassen, die sich auf das Wesentliche des Evangeliums konzentriert: lieben, leiden, beten und dienen.
Das Geheimnis ihres nach Heiligkeit strebenden Lebens finden wir in ihrem persönlichen Verhältnis zu Christus, der ihr als Freund gegenwärtig war, und zur Jungfrau Maria, die ihr als Mutter in Liebe nahestand. Teresa de Los Andes erfuhr schon sehr früh die Gnade der Ge-

meinschaft mit Christus, die sich in ihr im Zauber ihrer Jugend voll Vitalität und Freude entfaltete. Als Kind ihrer Zeit hatte sie zugleich Sinn für gesunde Entspannung, für Sport und Kontakt mit der Natur. Sie war ein frohes, schwungvolles junges Mädchen, ganz offen für Gott, der in ihr die christliche Liebe erblühen ließ. Sie war zugleich aber auch zutiefst aufgeschlossen für die Probleme ihres Vaterlandes und die Erwartungen der Kirche.
Aber das Geheimnis ihrer Vollkommenheit war die Liebe, wie es ja nicht anders sein kann, eine große Liebe zu Christus, von dem sie fasziniert war. Von Ihm geführt, weihte sie sich Ihm für immer. Er aber ließ sie teilnehmen am Geheimnis seines Leidens und seiner Auferstehung. Zugleich empfand sie eine kindliche Liebe zur Jungfrau Maria, die sie zur Nachahmung ihrer Tugenden anleitete.
Gott war für Schwester Teresa unendliche Freude. In der Seele dieser jungen Chilenin brach spontan ein neuer Hymnus auf die christliche Liebe auf. In ihren verklärten Zügen läßt sich die Gnade der Umgestaltung in Christus erahnen, die sich in Schwester Teresa durch verständnisvolle, dienstbereite, demütige und geduldige Liebe vollzogen hat. Es war eine Liebe, die die menschlichen Werte nicht zerstörte, sie vielmehr erhob und verklärte.
Ja, Teresa de Los Andes sagt uns: ›Jesus ist unsere unendliche Freude.‹ Daher ist die neue Selige für die Jugend in Chile ein Beispiel des Lebens nach dem Evangelium. Sie, die die christlichen Tugenden in heroischem Grad praktiziert hat, verbrachte die Jahre ihrer Kindheit und Jugend in den normalen Verhältnissen ihrer Zeit: Im Gebet und in der Gottverbundenheit des Alltagslebens, im kirchlichen Dienst als Katechistin, in der Schule, unter ihren Freunden und Freundinnen, bei den Werken der Barmherzigkeit, in den Stunden der Entspannung und Erholung. Ihr beispielhaftes Leben war von christlichem Humanismus geprägt und trug das unverwechselbare Siegel der lebhaften Intelligenz, der eifrigen Besorgtheit für andere und der schöpferischen Fähigkeit des chilenischen Volkes an sich. In ihr ist die Seele und der Charakter der chilenischen Heimat ausgeprägt, dazu die immerwährende Jugend des Evangeliums Christi, das Schwester Teresa de Los Andes begeisterte und anzog.
Die Kirche spricht Schwester Teresa heute selig, ab heute verehrt sie sie und ruft sie an. Selig, rühmenswert und glücklich ist ein Mensch, der aus den Seligpreisungen des Evangeliums die Mitte seines Lebens gemacht und sie mit großem Heroismus gelebt hat. Indem unsere Selige die Seligpreisungen auf diese Weise praktisch verwirklicht hat, ließ sie in ihrem Leben Christus, das vollkommenste Beispiel der Heiligkeit, Gestalt gewinnen.

Teresa de Los Andes strahlt in der Tat das Glück derer aus, die vor Gott arm sind, die Güte und Sanftmut des Herzens, aber auch das verborgene Leiden üben, durch das Gott seine Auserwählten reinigt und heiligt. Sie hatte Hunger und Durst nach der Gerechtigkeit, liebte Gott aus allen Kräften und wollte, daß Er von allen gekannt und geliebt werde. Gott machte sie barmherzig in ihrer gänzlichen Hinopferung für die Priester und für die Bekehrung der Sünder, friedfertig und versöhnungsbereit, denn sie verbreitete in ihrer Umgebung Verständnis und Dialog. In ihr spiegelt sich vor allem auch noch die Seligpreisung der Reinheit des Herzens. Sie gab sich ja gänzlich Jesus hin, der ihr seinerseits die Augen öffnete für die Kontemplation seiner Geheimnisse. Gott gewährte ihr ferner ein Verkosten der erhabenen Freude, schon auf Erden im Dienst am Nächsten die Seligkeit der Vereinigung mit Ihm erfahren zu dürfen. Und das ist ihre Botschaft: Nur in Gott findet man das Glück, nur Gott ist unendliche Freude...
An diesem für Chile gesegneten Tag, da Schwester Teresa zur Ehre der Altäre erhoben wurde, ist es, als ob sie als Botschaft des Lebens für uns die Worte wiederhole, die sie von ihrem geistlichen Vater und Lehrer, dem hl. Johannes vom Kreuz, gelernt hat: ›Dort, wo keine Liebe ist, setze Liebe ein, und du wirst Liebe ernten!‹ Hier auf Erden bleiben Glaube, Hoffnung und Liebe, diese drei. Sie führen uns zum ewigen Leben, zum ewigen Heil in Gott dem Vater, dem Sohn und dem Heiligen Geist, zur Vereinigung mit Gott, mit Gott, der die Liebe ist. Und deswegen ist das Größte die Liebe.«

Die selige Teresa von Jesus de Los Andes

Die selige Edith (Teresia Benedicta a cruce) Stein

Konvertitin, Karmelitin, Märtyrin

* *12. 10. 1891 Breslau (Schlesien)*
† *09. 08. 1942 KZ Auschwitz*

01. 05. 1987 Seligsprechung

»Edith Stein – auf der Suche nach Gott«, so lautet der Titel eines der vielen Bücher über die jüdische Philosophin, die zur Ordensschwester in dem einzigen in Israel gegründeten Orden, nämlich im Karmel, und zur Märtyrin im Konzentrationslager Auschwitz-Birkenau zusammen mit Millionen von Angehörigen des jüdischen Volkes geworden ist. Man könnte den genannten Buchtitel auch dahin abwandeln: »Edith Stein – auf der Suche nach dem Messias.« Der größte Sohn des jüdischen Volkes hat gesagt: »Wer sucht, der findet, wer anklopft, dem wird aufgetan...« (Lk 11,9f). So läßt sich das Leben dieser jüdischen Konvertitin, die von Papst Johannes Paul II. am 1. Mai 1987 in Köln seliggesprochen wurde, gut charakterisieren. Sie nahm das Suchen und Anklopfen sehr ernst. Darum fand sie den Messias, der ihr im Kreuz das Tor zur ewigen Seligkeit auftat. Sie wollte aber, in Solidarität mit ihren jüdischen Brüdern und Schwestern, daß auch möglichst viele von ihnen den Messias und in Ihm das Heil fänden. Um das bat die große Beterin im Karmel in inständigem Gebet, dem sie durch ihr Lebensopfer im Konzentrationslager Auschwitz-Birkenau gewissermaßen die Unfehlbarkeit der Erhörung verschaffte. Sie wurde dabei ihrem Ordensnamen gemäß zur »Benedicta a cruce«, zu »der vom Kreuz her Gesegneten«.
Edith Stein[35] wurde am »Jom Kippur«, am jüdischen Versöhnungstag, 12. Oktober 1891, als jüngstes von elf Kindern einer streng gläubigen jüdischen Familie in Breslau geboren. Das Datum bekam für das ganze, nur 51 Jahre dauernde Leben dieser Jüdin tiefe symboli-

sche Bedeutung, wie sie selbst in ihrer Lebensskizze »Aus dem Leben einer jüdischen Familie« vermerkte: »Der höchste jüdische Feiertag ist der Versöhnungstag, der Tag, an dem einst der Hohepriester ins Allerheiligste eintrat und das Versöhnungsopfer für sich und das ganze Volk darbrachte, nachdem der ›Sündenbock‹, auf den alle Sünden des Volkes geladen worden waren, in die Wüste hinausgetrieben worden war.«

Die Mutter, Frau Auguste Stein, geb. Courant, verlor ihren damals erst 48jährigen Gatten durch einen ganz plötzlichen Tod auf einer Geschäftsreise. Edith war damals erst etwas mehr als zwei Jahre alt.

Die tapfere Mutter mußte sich nun um das Holzgeschäft des Vaters sorgen, um sich und den Kindern den nötigen Lebensunterhalt zu verschaffen. Sie kümmerte sich aber auch vorbildlich um die rechte Erziehung der großen Kinderschar, von der sie die beiden jüngsten, Erna und Edith, ganz besonders liebte. Ihnen suchte sie vor allen anderen die rechte gläubige Verehrung des Gottes Israels durch das Gebet und den eifrigen Gottesdienstbesuch in der Synagoge von Breslau beizubringen.

Trotzdem kam es bei der überaus intelligenten, temperamentvollen und frühreifen Edith schon in früher Kindheit zum Zusammenbruch des jüdischen Kinderglaubens. Sie bekannte später, daß sie vom 13. bis zum 21. Lebensjahr nicht mehr an die Existenz eines persönlichen Gottes glauben konnte. An die Stelle des naiven Kinderglaubens trat bei ihr aber sehr stark und intensiv das ernste Suchen nach der Wahrheit.

Nach ihrem Abitur im März 1911 besuchte Edith Stein die Universität in ihrer schlesischen Heimatstadt Breslau. Da sie den Lehrberuf anstrebte, belegte sie die Fächer Germanistik, Geschichte und Psychologie; sie wollte die Grundlagen und den Sinnzusammenhang der menschlichen Existenz mit dem Kernproblem der Seele als dem Mittelpunkt der menschlichen Person kennenlernen. Dabei erlebte sie in den Vorlesungen und Seminaren bald eine große Enttäuschung, denn hier wurde einer »Psychologie ohne Seele« das Wort geredet. Sie machte dabei sehr handgreiflich Bekanntschaft mit den Folgen des modernen Atheismus.

Im Jahre 1913 begann sie das Studium in Göttingen. Schon bald spürte sie in den Vorlesungen von Professor Husserl in erfreulicher Weise die Hinwendung zur Wahrheit des Seienden und die Überwindung des Subjektivismus, weil diesem Phänomenologen, der ebenfalls wie Edith Stein aus dem Judentum kam, die philosophische Wahrheit über alles ging. Leider aber machte er bei dieser halt. Erst im Sterben drang er noch sehr bewußt zum Transzendenten vor.

Für Edith Stein war es ein Glück, daß sie in Göttingen auch den Phänomenologen Max Scheler kennenlernen konnte, dessen Neuentdekkung des Christlichen ihr wichtige Denkanstöße hin zur Erkenntnis gab, daß eigentlich nur die Religion den Menschen zum Menschen macht. In der Konfrontierung mit der Welt des Christlichen stieß Edith Stein auf die Urnot ihres Herzens, auf die Frage nach dem Ewigen, das in den Dingen aufleuchtet. Sie selber schrieb: »Das war die erste Berührung mit der mir bis dahin völlig unbekannten Welt. Sie führte mich noch nicht zum Glauben, aber sie erschloß mir einen Bereich von ›Phänomenen‹, an denen ich nun nicht mehr blind vorbeigehen konnte.« Der Existenzmöglichkeit Gottes konnte sie sich von da an nicht mehr verschließen.
Inzwischen war der Erste Weltkrieg ausgebrochen. Viele Studentinnen meldeten sich für den Dienst in den Lazaretten. Edith Stein entschied sich für das Seuchenlazarett in Mährisch-Weißkirchen, wo sie mit großer, opferbereiter Liebe die an Flecktyphus, Ruhr und Cholera erkrankten Soldaten der österreichisch-ungarischen Armee pflegte.
Im Jahre 1916 erhielt Prof. E. Husserl einen Ruf an die Universität Freiburg im Breisgau. Er lud Edith Stein ein, seine Assistentin zu werden, weil er schon in Göttingen ihre Intelligenz und Hilfsbereitschaft schätzen gelernt hatte.
Noch im gleichen Jahr 1916 promovierte Edith Stein »summa cum laude« zur Doktorin der Philosophie und brachte ihre ersten Publikationen heraus: »Psychische Kausalität«, »Individuum und Gemeinschaft« und »Eine Untersuchung über den Staat«.
1919 zog sich Edith Stein nach Breslau zurück, um dort ihre wissenschaftlichen Arbeiten fortzusetzen. Daneben bemühte sie sich um endgültige Klärung ihrer religiösen Fragen.
Im Sommer 1921 geschah dann das »Wunder«, das ihrem »langen Suchen nach dem wahren Glauben ein Ende setzte«. Sie verbrachte damals einen längeren Urlaub bei dem befreundeten Ehepaar Conrad-Martius in Bergzabern, einer Kleinstadt in Rheinland-Pfalz. An einem Sommerabend griff sie nach einer Lektüre im Bücherschrank ihrer Gastgeberin und stieß dabei auf die Selbstbiographie der Kirchenlehrerin der Mystik, Teresa von Avila. Das Buch fesselte sie. Sie las und las die ganze Nacht. Als sie am Morgen endlich das Buch schloß, sagte sie sich: »Das ist die Wahrheit!« Sie hatte in dieser Heiligen-Biographie ihr eigenes Lebensschicksal gelesen und erkannt: Gott ist nicht ein Gott der Philosophen und der Wissenschaft, Gott ist die Liebe, und seine Geheimnisse erschließt uns nicht der schrittweise, schlußfolgernd vorgehende Verstand, sondern die gläubig lie-

bende Hingabe. Der suchenden Edith Stein ging bei der Lektüre der Selbstbiographie der hl. Teresa von Avila beglückend die Tatsache auf, daß das Innerste und Eigentlichste der Seele kein unbekanntes X ist, das die Wissenschaft zur Erklärung seelischer Phänomene aufstellt, »sondern etwas, was uns Menschen im Gebet und in der liebenden Hingabe aufleuchten und spürbar werden kann, wenngleich es immer geheimnisvoll bleibt«: der liebende, barmherzige Gott, der uns in Jesus Christus gegenübertritt.

Tags darauf kaufte sich Edith Stein einen katholischen Katechismus und ein Schott-Meßbuch. Nachdem sie beides gründlich studiert hatte, betrat sie zum ersten Mal ein katholisches Gotteshaus, die Stadtpfarrkirche von Bergzabern. Dort feierte gerade der Geistliche Rat Breitling das heilige Meßopfer. Sie ging zu diesem Priester und bat ihn kurzerhand um die heilige Taufe. Diese wurde auf den Neujahrstag 1922 festgesetzt. Am gleichen Tag empfing sie auch den Leib des Herrn und machte von da an die tägliche Mitfeier des sakramental gegenwärtiggesetzten Kreuzesopfers Christi zum Zentrum ihres Lebens. Am Lichtmeßtag (2. Februar) 1922 empfing sie im Sakrament der Firmung die sieben Gaben und jene Früchte des Heiligen Geistes, zu denen in besonderer Weise auch Friede und Freude gehören. Tatsächlich beeindruckte Edith Stein von da an alle ihre Freunde durch die große, friedvolle Freude, die sie als Neubekehrte ausstrahlte. Die Gnade der Wiedergeburt im Heiligen Geist bewirkte in ihr, daß sie fast gleichzeitig auch den deutlichen Ruf in sich vernahm, ihr künftiges Leben ganz Gott zu weihen und der hl. Teresa in den Karmel nachzufolgen. Sie schrieb später: »Als ich am Neujahrstag 1922 die heilige Taufe empfing, dachte ich, daß dies nur die Vorbereitung zum Eintritt in den Orden sei. Aber als ich einige Monate später nach meiner Taufe zum ersten Mal meiner lieben Mutter gegenüberstand, wurde mir klar, daß sie diesem neuen Schlag vorläufig nicht gewachsen sei; sie würde zwar daran nicht sterben, aber es würde sie mit einer Verbitterung erfüllen, die ich nicht verantworten könnte.«

Als Edith Stein nach ihrer Rückkehr aus Bergzabern nach Breslau ihren Angehörigen, vor allem der Mutter ihre Konversion mitteilen mußte, rechnete sie mit dem Schlimmsten, sogar mit dem Verstoßenwerden. Die jüdische Familie Stein sah ja, weil sie nur Volksbräuche des schlesischen Katholizismus vor Augen hatte, in der katholischen Religion nur eine Art abergläubischer Sekte. Die Geschwister konnten sich ihre verehrte und überaus intelligente Schwester Edith unmöglich auf den »Knien rutschend« und die »Schuhe der Priester küssend« vorstellen. Die Liebe der Mutter aber blickte tiefer; sie fühlte, daß ihr eifernder Zorn hier nicht am Platze war, sondern daß

Gott in unbegreiflicher Weise seine Hand auf ihr liebstes Kind gelegt hatte. Sie konnte hier nur weinen.

Die Jahre nach Edith Steins Konversion waren eine besonders fruchtbare Zeit des äußeren und inneren Hineinwachsens in die Kirche; dabei wollte sie möglichst schnell ihren Plan des Ordenseintrittes verwirklichen. Ihr Seelenführer, Generalvikar Schwind von Speyer aber lehnte ihre eiligen Klosterpläne vor allem aus Rücksicht auf ihre jüdische Mutter ab und verschaffte ihr zunächst einen passenden Arbeitsplatz bei den Dominikanerinnen in St. Magdalena in Speyer, die eine gute Deutschlehrerin gesucht hatten. Edith Stein unterrichtete nun acht Jahre lang am Mädchenlyzeum und an der Lehrerinnenbildungsanstalt der Speyerer Dominikanerinnen. Sie wurde dabei den Schülerinnen nicht nur eine geschätzte Lehrerin, sondern auch eine geistige Mutter, deren Liebe oft ersetzte, was den jungen Menschen im Elternhaus fehlte.

In Speyer lebte Edith Stein wie eine Dominikanerin unter Dominikanerinnen; sie hatte bei ihnen eine geistige Heimat gefunden und legte privat sogar die drei Ordensgelübde ab. Durch den gelehrten Jesuiten P. Erich Przywara wurde sie in Speyer auch angeregt, ihr wissenschaftliches Arbeiten wieder aufzunehmen und die Briefe des großen englischen Kardinals und Konvertiten John Henry Newman und die »Quaestiones disputatae de veritate« des hl. Thomas von Aquin ins Deutsche zu übersetzen. Was sie am hl. Thomas von Aquin bei dieser Übersetzerarbeit besonders schätzte, war vor allem seine ehrliche Wahrheitssuche, die vor nichts zurückschreckte und keine Angst hatte, dabei auch heidnische Gelehrte der Antike wie Platon und Aristoteles zu befragen, wo deren natürliche Erkenntnis auf die ewige Wahrheit verweist. Unter der Führung des »Doctor angelicus« öffnete sich der Geist der jüdischen Konvertitin immer mehr der »Philosophia perennis«, die ihren Niederschlag in ihrem Werk »Endliches und ewiges Sein« fand.

Als Edith Stein im Herbst 1922 ihren hochgeschätzten bisherigen Seelenführer Prälat Schwind durch Tod verlor, fand sie im Erzabt Raphael Walzer OSB von Beuron einen neuen Berater, dessen Weisungen sie mit kindlichem Gehorsam befolgte. Auch er verweigerte ihr den allzu raschen Eintritt in den Karmel, zumal er überzeugt war, daß sie in der Welt zu Großem berufen sei.

Während Edith Stein in Beuron eine Zufluchtsstätte des Gebetes und der Verborgenheit suchte und fand, erweiterte sich ihr geistiger Wirkungsbereich über Deutschland hinaus, denn sie wurde jetzt immer wieder gebeten, als Fachreferentin über moderne Frauenprobleme zu sprechen.

Edith Steins ausgedehnte Vortragstätigkeit, ihre Thomas-Übersetzung und ihre philosophische Auseinandersetzung mit der Phänomenologie bewirkten, daß sie schießlich gedrängt wurde, den Schuldienst aufzugeben und sich an einer Universität zu habilitieren. Der Katholische Deutsche Akademikerverband war stolz darauf, in ihr eine katholische Philosophin von Format in seinen Reihen zu besitzen und drängte sie zur Habilitierung. Sie versuchte dies in Freiburg im Breisgau 1931, aber vergeblich; nicht nur ihr Geschlecht, sondern auch ihre Rasse verhinderten es, denn damals stieß aufgrund des hochgespielten Antisemitismus die Dozentur und Professur eines Juden, erst recht einer jüdischen Frau, bereits auf scharfe Ablehnung. Schließlich erreichte Edith Stein im Frühling 1932 der Ruf an die Pädagogische Akademie in Münster in Westfalen.
Nur ein einziges Jahr der Wirksamkeit war ihr dort beschieden. Inmitten der wissenschaftlichen Arbeit dürstete ihre Seele nach der Ganzhingabe an Gott im Ordensstand, aber immer noch wurde ihr die Erlaubnis dazu von ihrem Seelenführer verweigert mit dem Hinweis, daß sie doch wie bisher auch in Zukunft durch hochstehende Vorträge auf den Salzburger Hochschulwochen, auf Tagungen des Katholischen Akademikerverbandes und des Katholischen Frauenbundes unsagbar viel für das Reich Gottes wirken könne.
Übrigens führte Edith Stein in Münster mit viel Takt und Geschick manche ihrer jüdischen Freunde zum katholischen Glauben. Dabei wandelte sie sich als große Beterin und Aszetin immer mehr in echter Verinnerlichung, so daß eine jüdische Jugendfreundin, die durch sie zur Konversion geführt worden war, von ihr aussagen konnte: »Wie hat sich doch Edith damals verändert: Wo Ehrgeiz gewesen war, da war nur noch ruhige Abgeklärtheit. Wo Egoismus gewesen war, da war nur noch Verstehen und Güte. Mit unendlicher Geduld hat sie mit mir diskutiert über Persönliches, über Glaubensfragen, über philosophische Probleme und über alles, was uns damals bewegte.«
Was diese jüdische Jugendfreundin und Edith Stein selbst damals ganz besonders bewegte, war der immer mehr anwachsende Antisemitismus und der Beginn der Judenverfolgung. Es gingen Edith Stein bald die Augen auf für das »Holocaustum«, das die Juden und mit ihnen auch sie erwartete.
Trotz ihrer großen Vaterlandsliebe als Deutsche war sich Edith Stein auch nach ihrer Taufe immer voll Stolz ihrer jüdischen Abstammung bewußt geblieben. Sie dachte bei der beginnenden Judenverfolgung nicht etwa nur egoistisch an sich, sie dachte an ihr Volk und an die vielen, die von der Brutalität des Rassenhasses ergriffen und vielleicht vernichtet würden. Sie fürchtete vor allem für ihre jüdischen Freunde

und Angehörigen in Breslau. Einmal gestand sie dem Jesuiten P. Hans Hirschmann gegenüber: »Sie glauben nicht, was es für mich bedeutet, Tocher des auserwählten Volkes zu sein, nicht nur geistig, sondern auch blutmäßig zu Christus zu gehören.«
Sehr bald überstürzten sich im Dritten Reich die Ereignisse. Der zur Macht gekommene Nationalsozialismus machte aus seinem Judenhaß kein Hehl mehr. Viele Juden wurden über Nacht stellungslos, es kam schon bald zu Gewaltakten gegen schuldlose jüdische Menschen. In dieser Situation wollte Edith Stein die durch ihre Zugehörigkeit vielleicht bald in Existenznot geratende Katholische Pädagogische Akademie in Münster nicht gefährden. Nach vielem Gebet um Klarheit bezüglich ihrer Zukunft beschloß sie, ihre Tätigkeit in Münster aufzugeben und nun ihren Wunsch, im Karmel Gott in der Ganzhingabe zu dienen, zu verwirklichen. Sie erhielt sowohl von Erzabt Raphael Walzer als auch von der Priorin des Karmels in Köln-Lindenthal die Erlaubnis zum Eintritt.
Mit 42 Jahren fand sie sich dort einer Schar von Mitnovizinnen beigesellt, die um zwanzig Jahre jünger waren und denen alles viel leichter fiel als ihr, der Spätberufenen, in all dem, was der Karmel seinen Schwestern abverlangen muß. Aber sie fügte sich demütig und gehorsam und wuchs in den Geist des Karmels sehr rasch und gut hinein.
Bei der Einkleidung am 15. April 1934 erhielt sie auf eigenen Wunsch den Namen »Sr. Teresia Benedicta a cruce«, »die vom Kreuz gesegnete Teresia«. In diesem Namen wollte sie ihre Verbundenheit mit dem teresianischen Geist des Karmels und ihre Dankbarkeit gegenüber den Benediktinern von Beuron und dem Erzabt Raphael Walzer und dessen segensreicher, kluger Seelenführung zum Ausdruck bringen, aber auch ihre Liebe zum Kreuzesleiden Christi, das sie als Quelle der Erlösung aller Menschen, vor allem auch des auserwählten Volkes umfaßte. Sie hatte ja erahnt, daß nun der Schatten des Kreuzes ganz stark nicht bloß auf sie, sondern auf das ganze jüdische Volk gefallen war.
Sr. Benedicta – wie Edith Stein nun mit gekürztem Ordensnamen gerufen wurde – verbrachte ihr Noviziatsjahr in großem Eifer und ergreifender Gewissenhaftigkeit. Wie für die anderen Novizinnen wechselte ihr Tagewerk zwischen Gebetszeiten und einfachen Hausarbeiten ab. Mit Mühe und Anstrengung versuchte sie, es den Mitschwestern im Putzen, Waschen und Flicken gleichzutun. Bald aber wünschten die Vorgesetzten, daß sie auch ihre literarischen und wissenschaftlichen Fähigkeiten wieder zum Einsatz bringe. Daneben durfte sie auch wöchentlich einen Brief an die schwergeprüfte Mutter nach Breslau senden und in gewissen Grenzen auch die Beziehungen

mit manchen Freunden und Ratsuchenden aus ihrem großen Bekanntenkreis aufrechterhalten.
Am 21. April 1935 konnte Sr. Benedicta ihre ersten Gelübde ablegen. Kurz nachdem sie den Schlußstrich unter ihr großes Werk »Endliches und ewiges Sein« gezogen hatte, traf sie ein großer Schmerz: am 14. September 1936, am Fest der Kreuzerhöhung, während sie im Chor der Zeremonie der Gelübdeerneuerung beiwohnte, starb ihre greise Mutter in Breslau nach schwerem Todeskampf. Das bis zu ihrem Tod im Alter von 87 Jahren anhaltende große Leid dieser gläubigen und tapferen jüdischen Frau waren die Konversion und der Ordenseintritt ihres jüngsten Kindes. Im Winter 1936 konnte Rosa Stein, Sr. Benedictas Schwester, die lang geplante Konversion vollziehen. Sr. Benedicta hatte durch einen unglücklichen Treppensturz Hand- und Fußgelenk gebrochen. So konnte sie im Krankenhaus ihrer leiblichen Schwester Rosa den letzten Konvertitenunterricht erteilen und an ihrer Taufe teilnehmen.
Im Winter 1937 übernahm Sr. Benedicta das klösterliche Amt der »Windnerin«, bei dem sie den Verkehr von der Außenwelt zum Kloster zu regeln und viele Laufereien zu bewältigen hatte. Dieses Amt bot ihr aber auch manche Gelegenheit, mit viel Güte und Hilfsbereitschaft anderen kleine Liebesdienste zu erweisen.
Am 21. April 1938 durfte Sr. Benedicta ihre ewigen Gelübde ablegen. Die Jahre von 1938 bis 1942 wurden für sie zu einer Zeit völliger Ergebung in den Willen Gottes. Sie hatte immer mehr das Furchtbare zu ahnen begonnen. In der Nacht vom 8. auf den 9. November 1938, in der beschämenden »Kristallnacht« brach mit aller Wucht die Verfolgung über die Juden herein. Überall brannten die Synagogen. Jeder anständige Deutsche war darüber entsetzt, aber niemand wagte eine laute Anklage zu erheben, weil sie sofort in Blut und Tod erstickt worden wäre.
Als die Nachricht von dieser Schandtat in den Kölner Karmel drang, war Sr. Benedicta wie erstarrt von Schmerz; was sie jahrelang vorausgeahnt hatte, wurde jetzt grauenhafte Wirklichkeit. Erschüttert brach sie in die Klage aus: »Das ist der Schatten des Kreuzes, der auf mein Volk fällt. O wenn es doch zur Einsicht käme! Das ist die Erfüllung des Fluches, den mein Volk auf sich herabgerufen hat ...«
Mit fieberhafter Eile bemühten sich nun die Geschwister von Sr. Benedicta, samt ihren Kindern nach Amerika auszureisen. Nur Else und Erna konnten noch zum Bruder Arno nach Amerika gelangen. Paul und Frieda aber nicht mehr. Auch das Schicksal der Schwester Rosa war vorläufig unsicher. Da Palästina die Einwanderungen sperrte, bat Mutter Teresia Renata, die Oberin im Kölner Karmel, die Kar-

melitinnen in der Stadt Echt im benachbarten Holland, sie möchten doch Sr. Benedicta und ihre leibliche Schwester Rosa in ihr Kloster aufnehmen.
Der Abschied von Köln am 31. Dezember 1938 fiel sowohl Sr. Benedicta als auch ihren Mitschwestern schwer. Am Silvesterabend brachte ein treuer Freund des Karmels Sr. Benedicta mit dem Auto über die holländische Grenze. In einem Brief an Baroneß Bodmann, eine Freundin aus der Speyrer Zeit, schrieb Sr. Benedicta: »Am Silvesterabend bin ich hier (im Karmel zu Echt, Holland) angelangt. Es war für uns alle im Kölner Karmel ein schwerer Entschluß, uns zu trennen. Aber ich hatte die feste Überzeugung, daß es so der Wille Gottes sei und daß damit Schlimmeres verhütet werden könnte... Hier bin ich mit der größten Liebe aufgenommen worden. Die guten Schwestern haben alles aufgeboten, um mir so schnell wie möglich die Einreise zu erwirken, und haben mir mit ihren Gebeten die Wege geebnet.«
In einem anderen Brief von Ende 1939 schrieb Sr. Benedicta: »Meine Grundstimmung, seit ich hier bin, ist Dankbarkeit; Dank, daß ich hier sein darf und daß das Haus so ist, wie es ist (nämlich eine Oase des Friedens). Dabei ist immer in mir lebendig, daß wir hier keine bleibende Stätte haben. Ich habe kein anderes Verlangen, als daß an mir und durch mich Gottes Wille geschehe. Bei ihm steht es, wie lange er mich hier läßt und was dann kommt...«
Im Jahre 1940 erlebte Sr. Benedicta die große Freude, auch ihre Schwester Rosa im Karmel zu Echt geborgen zu wissen. Nach abenteuerlichen Schwierigkeiten war es ihr gelungen, über Belgien nach Holland zu fliehen. Rosa Stein diente von da an dem Karmel von Echt als treue Pförtnerin; sie erwarb sich dabei das Vertrauen der Karmelitinnen und der Bevölkerung von Echt. Gerne wäre sie als eingekleidete Pfortenschwester dem Karmelitenorden angegliedert worden, aber die Vorgesetzten wagten dies nicht mehr wegen der Situation, die für die beiden jüdischen Schwestern immer gefährlicher wurde, wie die aus Luxemburg und Deutschland kommenden Nachrichten zeigten; darin wurde gemeldet, die Nationalsozialisten hätten begonnen, einen Karmel nach dem anderen aufzulösen.
Sr. Benedicta machte sich innerlich auf das Äußerste gefaßt und schrieb: »Wir haben uns zur Klausur verpflichtet, aber Gott hat sich nicht verpflichtet, uns immer in den Klausurmauern zu lassen... Wohl dürfen wir bitten, daß uns diese Erfahrung erspart bleibt, aber nur mit dem ernst und ehrlich gemeinten Zusatz: Nicht mein, sondern Dein Wille geschehe!«
Aus dem am 9. Juni 1939 verfaßten Testament ersieht man, daß Sr.

Benedicta mit ihrem nahen Martertod rechnete: »Schon jetzt nehme ich den Tod, den Gott mir zugedacht hat, in vollkommener Unterwerfung unter Seinen heiligsten Willen mit Freude entgegen. Ich bitte den Herrn, daß Er mein Leben und Sterben annehmen möchte zu Seiner Ehre und Verherrlichung, für alle Anliegen der heiligsten Herzen Jesu und Mariae und der heiligen Kirche, insbesondere für die Erhaltung, Heiligung und Vollendung unseres heiligen Ordens, namentlich des Kölner und des Echter Karmels, zur Sühne für den Unglauben des jüdischen Volkes, und damit der Herr von den Seinen aufgenommen werde und Sein Reich komme in Herrlichkeit, für die Rettung Deutschlands und den Frieden der Welt, schließlich für meine Angehörigen, Lebende und Tote, und für alle, die mir Gott gegeben hat: daß keines von ihnen verlorengehe.«

Als 1940 die deutsche Wehrmacht Holland, die neue Heimat der Sr. Benedicta, überfiel und besetzte, wurde es ihr bald klar, daß sie nicht mehr lang in Holland bleiben könne, ohne den Karmel in Echt zu gefährden, denn die Judenverfolgung war längst auch auf die besetzten Gebiete ausgedehnt worden.

Während im Osten bereits Krematorien und Vergasungskammern eingerichtet wurden, um »die Judenfrage« der berüchtigten »Endlösung« zuzuführen, erhielten in Holland die Juden, darunter auch Sr. Benedicta und Rosa Stein, bereits eine Vorladung nach der anderen durch die SS. Es wurde ihnen auch befohlen, an ihrer Kleidung den gelben Judenstern anzubringen.

In dieser Situation fing Sr. Benedicta an, sich um ein Visum in die Schweiz zu bemühen in der Hoffnung, in den Karmel von Le Pâquier, Kt. Fribourg, übersiedeln zu können. Sie versuchte alles, um noch auf legalem Weg Holland verlassen zu können.

Die Verschleppung der nichtchristlichen Juden in den Osten ging allmählich auch in Holland unaufhörlich weiter, zum Entsetzen der christlichen Holländer, die dagegen laut protestierten. Vor allem taten dies in sehr energischer Weise auch die katholischen Bischöfe Hollands in einem Hirtenbrief, der am 26. Juli 1942 im ganzen Land verlesen wurde.

Eine Woche nach dem Protest der holländischen Bischöfe kam die wahre Reaktion der NS-Behörden: Mit einem Schlag wurden – entgegen der gemachten Zusage, daß die *christlichen* Juden unbehelligt bleiben würden – nun auch alle katholischen Juden und die jüdischen Mitglieder der holländischen Klöster verhaftet.

Der 2. August 1942 war ein Sonntag. Sr. Benedicta verbrachte ihn im Gebet und mit der Durchsicht der »Kreuzeswissenschaft«, einer Studie über Leben und Mystik des hl. Johannes vom Kreuz, an der sie im

Auftrag ihrer Vorgesetzten in den letzten neun Monaten gearbeitet hatte. Um fünf Uhr nachmittags läutete die Hausglocke zur gemeinsamen Betrachtungsstunde. Da ertönte plötzlich ein Klingelzeichen an der Pforte: zwei SS-Offiziere standen da und forderten von der Priorin Sr. Antonia die sofortige Auslieferung von Sr. Benedicta und ihrer Schwester Rosa Stein. Ein schmerzliches Abschiednehmen folgte. Der Überfallwagen, der an der Straßenecke gewartet hatte, nahm die beiden Jüdinnen auf und brachte sie mit anderen in rasender Fahrt von Echt nach Roermond auf die Ortskommandantur. Von dort kamen sie in ein Sammellager in Amersfoort, das die Gefangenen mitten in der Nacht erreichten. War die Behandlung durch die SS bisher höflich gewesen, so wurden nun die jüdischen Gefangenen mit Schlägen und Kolbenstößen in die Schlafsäle getrieben.
Die Gefangenen wurden schließlich in den Norden des Landes, in das Sammellager Westerbork verschleppt, wo sie ihr weiteres Schicksal abwarten mußten. Es folgte die leidvolle Fahrt in den Osten.
Dort endete dann für Sr. Benedicta und Rosa Stein im Konzentrationslager Auschwitz-Birkenau der Kreuzweg. Zusammen mit Millionen jüdischer Brüder und Schwestern mußten sie ihn dort zu Ende gehen in den Gaskammern von Auschwitz-Birkenau. Als Todesdatum wurde für die beiden gerichtsnotarisch für tot erklärten Schwestern der 9. August 1942 angegeben: Im »Niederländischen Staatsanzeiger« war 1950 erklärt worden:
»Nr. 44074 Edith Teresia Hedwig Stein, geb. 12. Oktober 1891 zu Breslau, von Echt, gest. 9. August 1942 O. Nr. 44075 Rosa Maria Agnes Adelheid Stein, geb. 13. Dezember 1883 zu Lublizitz (D.), von Echt, gest. 9. August 1942 I.«
Sr. Benedictas letztes wissenschaftliches Werk über ihren Ordensvater Johannes vom Kreuz – sie gab ihm den vielsagenden Titel »Kreuzeswissenschaft« – blieb unvollendet. Und doch hat sie es großartig vollendet, nicht in geschriebenen Worten, sondern in der zeichenhaften Ganzhingabe an den gekreuzigten und auferstandenen Messias und in der Verwirklichung dessen, was sie kurz zusammengefaßt in der »Kreuzeswissenschaft« so formuliert hatte: »Die bräutliche Vereinigung der Seele mit Gott ist das Ziel, für das sie geschaffen ist; erkauft durch das Kreuz, vollzogen am Kreuz und für alle Ewigkeit mit dem Kreuz besiegelt.«
Die Ansprache Johannes Pauls II. bei der Seligsprechung von Edith Stein in Köln schildert in ergreifender Weise diese neue Selige so:
»Selig sind, die aus der Bedrängnis kommen; sie haben ihre Gewänder gewaschen und im Blut des Lammes weiß gemacht« (Offb 7,14).
Unter diesen seligen Männern und Frauen grüßen wir heute in tie-

fer Verehrung und mit heiliger Freude eine Tochter des jüdischen Volkes, reich an Weisheit und Tapferkeit. Aufgewachsen in der strengen Schule der Tradition Israels, ausgezeichnet durch ein Leben der Tugend und Entsagung im Orden, bewies sie eine heldenmütige Gesinnung auf dem Weg ins Vernichtungslager. Vereint mit dem gekreuzigten Herrn gab sie ihr Leben dahin »für den wahren Frieden« und »für das Volk«: Edith Stein, Jüdin, Philosophin, Ordensfrau, Märtyrin.

Mit der heutigen Seligsprechung geht ein langersehnter Wunsch nicht nur der Erzdiözese Köln, sondern auch vieler Christen und Gemeinschaften in der Kirche in Erfüllung. Vor sieben Jahren hat die gesamte Deutsche Bischofskonferenz diese Bitte einmütig an den Heiligen Stuhl gerichtet; zahlreiche befreundete Bischöfe aus anderen Ländern haben sich ihr angeschlossen. Groß ist deshalb unser aller Freude, daß ich heute diesem Wunsch entsprechen kann und Schwester Teresia Benedicta vom Kreuz in dieser festlichen Liturgie den Gläubigen im Namen der Kirche als Selige in der Herrlichkeit Gottes vor Augen stellen darf. Wir dürfen sie fortan als Märtyrin verehren und um ihre Fürsprache am Throne Gottes bitten. Hierzu beglückwünsche ich uns alle, vor allem aber ihre Mitschwestern im Karmel hier in Köln und in Echt sowie in ihrer ganzen Ordensgemeinschaft. Daß bei dieser Liturgiefeier auch jüdische Brüder und Schwestern, besonders aus der Verwandtschaft Edith Steins, zugegen sind, erfüllt uns mit großer Freude und Dankbarkeit.

»Herr, offenbare dich in der Zeit unserer Not, gib mir Mut!« (Est 4,17 r).

Die Worte dieses Hilferufes aus der ersten Lesung der heutigen Liturgie spricht Esther, eine Tochter Israels, zur Zeit der babylonischen Gefangenschaft. Ihr Gebet, das sie in der Stunde einer tödlichen Bedrohung ihres ganzen Volkes an Gott, den Herrn, richtet, erschüttert uns tief:

»Herr, unser König, du bist der einzige. Hilf mir! Denn ich bin allein und habe keinen Helfer außer dir; die Gefahr steht drohend über mir... Du, Herr, hast Israel aus allen Völkern erwählt. Du hast dir unsere Väter aus allen ihren Vorfahren als deinen ewigen Erbbesitz ausgesucht... Denk an uns, Herr... rette uns mit deiner Hand!« (Est 4,17 l-t).

Die tödliche Angst, vor der Esther zittert, war entstanden, als unter dem Einfluß des mächtigen Haman, eines Todfeindes der Juden, der Befehl zu ihrer Vernichtung im ganzen Perserreich erlassen worden war. Mit Gottes Hilfe und dem Einsatz ihres eigenen Lebens hat Esther damals zur Rettung ihres Volkes entscheidend beigetragen.

Dieses Gebet um Hilfe, weit über zweitausend Jahre alt, legt die heutige Festliturgie der Dienerin Gottes Edith Stein in den Mund, einer Tochter Israels unseres Jahrhunderts. Es ist wieder aktuell geworden, als hier im Herzen Europas erneut der Plan zur Vernichtung der Juden gefaßt wurde. Eine wahnsinnige Ideologie hat ihn im Namen eines unseligen Rassismus beschlossen und mit gnadenloser Konsequenz durchgeführt.

Gleichzeitig zu den dramatischen Ereignissen des Zweiten Weltkrieges errichtete man eilends die Vernichtungslager und baute die Verbrennungsöfen. An diesen Schreckensorten fanden mehrere Millionen Söhne und Töchter Israels den Tod: von Kindern bis zu betagten Greisen. Der ungeheure Machtapparat des totalitären Staates hat dabei niemanden verschont und die grausamsten Maßnahmen sogar gegen jeden ergriffen, der den Mut hatte, die Juden zu verteidigen.

Edith Stein ist im Vernichtungslager von Auschwitz als Tochter ihres gemarterten Volkes umgekommen. Trotz ihrer Übersiedlung von Köln in den niederländischen Karmel von Echt fand sie nur vorübergehend Schutz vor der wachsenden Judenverfolgung. Nach der Besetzung Hollands wurde auch dort die Vernichtung der Juden durch die Nationalsozialisten umgehend in die Wege geleitet, wobei die getauften Juden zunächst ausgenommen wurden. Als aber die katholischen Bischöfe der Niederlande in einem Hirtenbrief gegen die Deportation der Juden scharf protestierten, verfügten die Machthaber als Rache dafür die Vernichtung auch der Juden katholischen Glaubens. So trat Schwester Teresia Benedicta vom Kreuz zusammen mit ihrer leiblichen Schwester Rosa, die ebenfalls im Karmel zu Echt Zuflucht gefunden hatte, den Weg ins Martyrium an.

Beim Verlassen ihres Klosters faßte Edith ihre Schwester bei der Hand und sagte nur: »Komm, wir gehen für unser Volk.« Aus der Kraft opferbereiter Christusnachfolge sah sie auch in ihrer scheinbaren Ohnmacht noch einen Weg, ihrem Volk einen letzten Dienst zu erweisen. Bereits einige Jahre vorher hatte sie sich selbst mit der Königin Esther im Exil am persischen Hof verglichen. In einem ihrer Briefe lesen wir: »Ich vertraue darauf, daß der Herr mein Leben für alle (Juden) genommen hat. Ich muß immer wieder an die Königin Esther denken, die gerade darum aus ihrem Volk genommen wurde, um für das Volk vor dem König zu stehen. Ich bin eine sehr arme und ohnmächtige kleine Esther, aber der König, der mich erwählt hat, ist unendlich groß und barmherzig.«

Neben dem Gebet der Esther steht in dieser Festmesse die zweite Lesung aus dem Galaterbrief. Der Apostel Paulus schreibt dort: »Ich will mich allein des Kreuzes Jesu Christi, unseres Herrn, rühmen, durch das mir die Welt gekreuzigt ist und ich der Welt« (Gal 6,14). Auf ihrem Lebensweg ist auch Edith Stein diesem Geheimnis des Kreuzes begegnet, das der heilige Paulus in diesem Brief den Christen verkündet. Edith ist Christus begegnet, und diese Begegnung hat sie Schritt für Schritt in die Klausur des Karmels geführt. Im Vernichtungslager ist sie als Tocher Israels zur Verherrlichung des heiligsten Namens (Gottes) und zugleich als Schwester Teresia Benedicta vom Kreuz – als vom Kreuz Gesegnete – gestorben.

Der ganze Lebensweg von Edith Stein ist geprägt von einer unermüdlichen Suche nach der Wahrheit und erhellt vom Segen des Kreuzes Christi. Sie begegnete dem Kreuz zum erstenmal in der glaubensstarken Witwe eines Studienfreundes, die, statt durch den tragischen Verlust ihres Mannes zu verzweifeln, aus dem Kreuz Christi Kraft und Zuversicht schöpfte. Sie schreibt darüber später: »Es war meine erste Begegnung mit dem Kreuz und der göttlichen Kraft, die es seinen Trägern mitteilt... Es war der Augenblick, in dem mein Unglaube zusammenbrach, ... und Christus aufstrahlte: Christus im Geheimnis des Kreuzes.« Ihr eigener Lebens- und Kreuzweg ist zuinnerst mit dem Schicksal des jüdischen Volkes verbunden. In einem Gebet bekennt sie dem Heiland, daß sie darum wisse, „daß es sein Kreuz sei, das jetzt auf das jüdische Volk gelegt würde«; und alle, die das verstünden, »müßten dies im Namen aller bereitwillig auf sich nehmen. Ich wollte das tun, er sollte mir nur zeigen wie«. Zugleich erhält sie die innere Gewißheit, daß Gott ihr Gebet erhört hat. Je häufiger die Hakenkreuze auf den Straßen zu sehen waren, um so höher richtete sich das Kreuz Jesu Christi in ihrem Leben auf. Als sie als Schwester Teresia Benedicta a cruce in den Kölner Karmel eintrat, um am Kreuz Christi noch tieferen Anteil zu erhalten, wußte sie, daß sie »dem Herrn im Zeichen des Kreuzes vermählt« war. Am Tag ihrer ersten Profeß war ihr nach ihren eigenen Worten zumute »wie der Braut des Lammes«. Sie war davon überzeugt, daß ihr himmlischer Bräutigam sie tief in das Geheimnis des Kreuzes hineinführen werde.

Teresia, die vom Kreuz Gesegnete – das ist der Ordensname jener Frau, die ihren geistlichen Weg mit der Überzeugung begonnen hatte, daß es überhaupt keinen Gott gebe. Zur damaligen Zeit, in den Jahren ihrer Jugend und ihres Studiums, war die Zeit für sie noch nicht vom erlösenden Kreuz Christi geprägt, bildete aber bereits den Gegenstand ständigen Suchens und Forschens ihres scharfen Verstandes. Als fünfzehnjährige Schülerin in ihrer Heimatstadt Breslau beschließt die in einem jüdischen Elternhaus geborene Edith, »nicht mehr zu beten«, wie sie selbst bekennt. Obwohl sie zeitlebens von der

strengen Gläubigkeit ihrer Mutter tief beeindruckt war, gerät sie in ihrer Jugend- und Studienzeit in die geistige Welt des Atheismus. Sie hielt das Dasein eines persönlichen Gottes für unglaubhaft.
In den Jahren ihres Studiums der Psychologie und Philosophie, der Geschichte und der Germanistik in Breslau, Göttingen und Freiburg spielte Gott zunächst keine Rolle. Dabei huldigte sie jedoch einem »hochgespannten ethischen Idealismus«. Entsprechend ihrer hohen geistigen Begabung wollte sie nichts ungeprüft hinnehmen, nicht einmal den Glauben ihrer Väter. Sie will den Dingen selber auf den Grund gehen. Darum sucht sie unermüdlich nach der Wahrheit. Im späteren Rückblick auf diese Zeit geistiger Unruhe erkennt sie doch darin eine wichtige Stufe ihres inneren Reifungsprozesses, indem sie feststellt: »Meine Suche nach der Wahrheit war ein einziges Gebet« – ein herrliches Wort des Trostes für alle, die sich mit dem Gottesglauben schwertun! Schon die Suche nach Wahrheit ist zutiefst ein Suchen nach Gott.
Unter dem starken Einfluß ihres Lehrers Husserl und seiner phänomenologischen Schule wandte sich die suchende Studentin immer entschiedener der Philosophie zu. Sie lernte allmählich, »alle Dinge vorurteilsfrei ins Auge zu fassen und alle ›Scheuklappen‹ abzuwerfen«. Durch die Begegnung mit Max Scheler in Göttingen kommt Edith Stein schließlich zum erstenmal mit katholischen Ideen in Berührung. Sie selbst schreibt darüber: Die Schranken der rationalistischen Vorurteile, in denen ich aufgewachsen war, ohne es zu wissen, fielen, und die Welt des Glaubens stand plötzlich vor mir. Menschen, mit denen ich täglich umging, zu denen ich mit Bewunderung aufblickte, lebten darin.«
Das lange Ringen um ihre persönliche Entscheidung für den Glauben an Jesus Christus fand erst 1921 ein Ende, als sie bei einer Freundin das autobiographische »Leben der heiligen Teresa von Avila« zu lesen begann. Sie war sofort gefangen und hörte nicht mehr auf bis zum Ende: »Als ich das Buch schloß, sagte ich mir: Das ist die Wahrheit!« Die ganze Nacht hindurch hatte sie gelesen bis zum Aufgang der Sonne. In dieser Nacht hat sie die Wahrheit gefunden, nicht die Wahrheit der Philosophie, sondern die Wahrheit in Person, das liebende Du Gottes. Edith Stein hatte die Wahrheit gesucht und Gott gefunden. Sie ließ sich unverzüglich taufen.
Der Empfang der Taufe bedeutete für Edith Stein keineswegs den Bruch mit ihrem jüdischen Volk. Sie sagte im Gegenteil: »Ich hatte die Praxis einer jüdischen Religion als Mädchen von vierzehn Jahren aufgegeben und fühlte mich erst nach meiner Rückkehr zu Gott wieder jüdisch.« Sie ist sich stets dessen bewußt, »nicht nur geistig, son-

dern auch blutsmäßig zu Christus zu gehören«. Sie leidet selber zutiefst an dem großen Schmerz, den sie ihrer geliebten Mutter durch ihre Konversion hat zufügen müssen. Sie begleitet sie auch später noch zum Gottesdienst in die Synagoge und betet zusammen mit ihr die Psalmen. Auf die Feststellung ihrer Mutter, daß man also auch jüdisch fromm sein könne, gibt sie zur Antwort: »Gewiß – wenn man nichts anderes kennengelernt hat.«

Obwohl seit der Begegnung mit den Schriften der heiligen Teresa von Avila der Karmel das Ziel Edith Steins geworden war, mußte sie noch über ein Jahrzehnt warten, bis Christus ihr im Gebet den Weg zum Eintritt zeigte. In ihrer Tätigkeit als Lehrerin und Dozentin in der Schul- und Bildungsarbeit, meist in Speyer, zuletzt auch in Münster, bemühte sie sich fortan, Wissenschaft und Glauben miteinander zu verbinden und gemeinsam weiterzuvermitteln. Dabei will sie nur »ein Werkzeug des Herrn« sein. »Wer zu mir kommt, den möchte ich zu ihm führen.« Zugleich lebt sie in dieser Zeit schon wie eine Klosterfrau, legt privat die drei Gelübde ab und wird zur großen, begnadeten Beterin. Aus ihrem intensiven Studium des heiligen Thomas von Aquin lernt sie, daß es möglich ist, »Wissenschaft als Gottesdienst zu betreiben ... Nur darauf habe ich mich entschließen können, wieder ernstlich (nach der Konversion) an wissenschaftliche Arbeiten heranzugehen«. Bei aller Hochschätzung der Wissenschaft erkennt Edith Stein immer deutlicher, daß das Herz des Christseins nicht Wissenschaft, sondern Liebe ist.

Als Edith Stein schließlich im Jahre 1933 in den Kölner Karmel eintritt, bedeutet dieser Schritt für sie keine Flucht aus der Welt oder aus der Verantwortung, sondern ein um so entschiedeneres Eintreten in die Kreuzesnachfolge Christi. Sie sagt bei ihrem ersten Gespräch mit der dortigen Priorin: »Nicht die menschliche Tätigkeit kann uns helfen, sondern das Leiden Christi. Daran Anteil zu haben, ist mein Verlangen.« Aus demselben Grund kann sie bei ihrer Einkleidung keinen anderen Wunsch äußern, »als im Orden ›vom Kreuz‹ genannt zu werden«. Und auf das Andachtsbildchen zu ihrer ewigen Profeß läßt sie das Wort des heiligen Johannes vom Kreuz drucken: »Mein einziger Beruf ist fortan nur mehr lieben.«

Wir verneigen uns heute mit der ganzen Kirche vor dieser großen Frau, die wir von jetzt an als Selige in Gottes Herrlichkeit anrufen dürfen; vor dieser großen Tochter Israels, die in Christus, dem Erlöser, die Erfüllung ihres Glaubens und ihrer Berufung für das Volk Gottes gefunden hat. Wer in den Karmel geht, der ist nach ihrer Überzeugung »für die Seinen nicht verloren, sondern erst eigentlich gewonnen; denn es ist ja unser Beruf, für alle vor Gott zu stehen«.

Seit sie »unter dem Kreuz« das Schicksal des Volkes Israels zu verstehen begann, ließ sich unsere neue Selige von Christus immer tiefer in sein Erlösungsgeheimnis hineinnehmen, um in geistlicher Einheit mit ihm den vielfältigen Schmerz der Menschen tragen und das himmelschreiende Unrecht in der Welt sühnen zu helfen. Als »Benedicta a cruce – die vom Kreuz Gesegnete« wollte sie mit Christus Kreuzträgerin sein für das Heil ihres Volkes, ihrer Kirche, der ganzen Welt. Sie bot sich Gott an als »Sühneopfer für den wahren Frieden« und vor allem für ihr bedrohtes und gedemütigtes jüdisches Volk. Nachdem sie erkannt hatte, daß Gott wieder einmal schwer seine Hand auf sein Volk gelegt hatte, war sie davon überzeugt, »daß das Schicksal dieses Volkes auch das meine war«.
Als Schwester Teresia Benedicta a cruce im Karmel von Echt ihr letztes theologisches Werk »Kreuzeswissenschaften« begann, das jedoch unvollendet blieb, da es in ihren eigenen Kreuzweg einmünden sollte, bemerkte sie: »Wenn wir von Kreuzeswissenschaft sprechen, so ist das nicht... bloße Theorie ..., sondern lebendige, wirkliche und wirksame Wahrheit«. Als die tödliche Bedrohung ihres jüdischen Volkes sich auch über ihr wie eine dunkle Wolke zusammenzog, war sie bereit, mit ihrem eigenen Leben zu verwirklichen, was sie schon früher erkannt hatte: »Es gibt eine Berufung zum Leiden mit Christus und dadurch zum Mitwirken an seinem Erlösungswerk ... Christus lebt in seinen Gliedern fort und leidet in ihnen fort; und das in Vereinigung mit dem Herrn ertragene Leiden ist Sein Leiden, eingestellt in das große Erlösungswerk und darin fruchtbar.«
Mit ihrem Volk und »für« ihr Volk ging Schwester Teresia Benedicta vom Kreuz zusammen mit ihrer Schwester Rosa den Weg in die Vernichtung. Leid und Tod nimmt sie jedoch nicht nur passiv an, sondern vereinigt diese bewußt mit der sühnenden Opfertat unseres Erlösers Jesus Christus. »Schon jetzt nehme ich den Tod, den Gott mir zugedacht hat, in vollkommener Unterwerfung unter seinen heiligsten Willen mit Freude entgegen«, hatte sie einige Jahre zuvor in ihrem Testament geschrieben: »Ich bitte den Herrn, daß er mein Leiden und Sterben annehmen möge zu seiner Ehre und Verherrlichung, für alle Anliegen ... der heiligen Kirche.« Der Herr hat diese ihre Bitte erhört.
Die Kirche stellt uns heute Schwester Teresia Benedicta vom Kreuz als selige Märtyrin, als Beispiel heroischer Christusnachfolge zur Verehrung und Nachahmung vor Augen. Öffnen wir uns der Botschaft dieser Frau des Geistes und der Wissenschaft, die als große Tochter des jüdischen Volkes und gläubige Christin, inmitten von Millionen unschuldig gemarterter Menschen in der Kreuzeswissen-

schaft den Gipfel aller Weisheit erkannte. Sie sah das Kreuz mit aller Unerbittlichkeit auf sich zukommen; sie ist in allem Schrecken nicht vor ihm geflohen, sondern hat es in christlicher Hoffnung mit letzter Liebe und Hingabe umfangen und im Geheimnis des Osterglaubens sogar begrüßt: »Ave Crux, spes unica!« – »Edith Stein ist«, wie Kardinal Höffner in einem Hirtenschreiben gesagt hat, »ein Geschenk, ein Anruf und eine Verheißung für unsere Zeit. Möge sie Fürsprecherin bei Gott für uns und für unser Volk und für alle Völker sein.«

Wir verneigen uns tief vor dem Zeugnis des Lebens und Sterbens von Edith Stein, der herausragenden Tochter Israels und zugleich Tochter des Karmels, Schwester Teresia Benedicta vom Kreuz, einer Persönlichkeit, die eine dramatische Synthese unseres Jahrhunderts in ihrem reichen Leben vereint. Die Synthese einer Geschichte voller tiefer Wunden, die noch immer schmerzen, für deren Heilung sich aber verantwortungsbewußte Männer und Frauen bis in unsere Tage immer wieder einsetzen; und zugleich die Synthese der vollen Wahrheit über den Menschen, in einem Herzen, das so lange unruhig und unerfüllt blieb, »bis es schließlich Ruhe fand in Gott«.

Wenn wir uns geistig an den Ort des Martyriums dieser großen Jüdin und christlichen Märtyrin begeben, an den Ort jenes schrecklichen Geschehens, das heute »Schoah« genannt wird, vernehmen wir zugleich die Stimme Christi, des Messias und Menschensohnes, des Herrn und Erlösers.

Als Bote des unergründlichen Heilsgeheimnisses Gottes spricht er zu der Frau aus Samaria am Jakobsbrunnen:

»Das Heil kommt von den Juden. Aber die Stunde kommt, und sie ist schon da, da die wahren Beter den Vater anbeten werden im Geist und in der Wahrheit: denn so will der Vater angebetet werden. Gott ist Geist, und alle, die ihn anbeten, müssen im Geist und in der Wahrheit anbeten« (Joh 4,22–24).

Selig gepriesen sei Edith Stein, Schwester Teresia Benedicta vom Kreuz, eine wahre Anbeterin Gottes – in Geist und Wahrheit.

Der selige Rupert Mayer

Jesuit,
Präses der Marianischen Männerkongregation, Bekenner

* *23. 01. 1876 Stuttgart*
† *01. 11. 1945 München*

03. 05. 1987 Seligsprechung

Nach der Seligsprechungsfeier für P. Rupert Mayer[36] am Vormittag des 3. Mai 1987 im Olympia-Stadion in München kniete Papst Johannes Paul II. am Nachmittag desselben Tages am Grab des neuen Seligen im »Bürgersaal« in der Münchener Altstadt und las auf der Grabplatte die knappe Inschrift: »P. Rupert Mayer SJ, 23. 1. 1876 – 1. 11. 1945.«

69 Jahre umschließen diese beiden Daten. Es waren die Jahre eines erfüllten Priesterlebens in schwerster Zeit. Es waren die Lebensjahre eines Mannes, den die Mächtigen des sogenannten »Dritten Reiches« für einen strafwürdigen Rechtsbrecher hielten, den man mundtot machen wollte, den aber Tausende als einen wahren Mann Gottes schätzten, auf dessen Wort sie hörten, dessen Rat sie suchten, dessen Hilfe sie in tausenderlei Anliegen erbaten, und dessen Erhebung zur Ehre der Altäre zahllose Katholiken des deutschsprachigen Raumes als verdiente Krönung seines Lebens, seiner nie ermüdenden Caritas, seines Kämpfens für Wahrheit und Recht, sowie seines Leidens und Duldens in der verfolgten Kirche dankbar zur Kenntnis genommen und hoch erfreut bejaht haben.

Rupert Mayer erblickte am 23. Januar 1876 in Stuttgart als zweites der sechs Kinder des Kaufmanns Rupert Mayer und dessen Gemahlin Emilie, geb. Wehrle, das Licht der Welt.

Im Gegensatz zur gläubig-frommen, treu kirchlichen Atmosphäre in der Familie Mayer war in der württembergischen Landeshauptstadt Stuttgart damals noch ein scharf antikatholischer und antikirchlicher

Geist lebendig. Im Lehrerkollegium des Gymnasiums, das der Schüler Rupert Mayer besuchte, gab es feindselige antikatholische Stimmung. Als Rupert 16 Jahre alt geworden war, schickte ihn der Vater an das Gymnasium in Ravensburg, wo ein besserer Geist herrschte. Hier gelang dem sportlich und musisch sehr begabten, sonst aber weniger talentierten Schüler durch großen Fleiß 1894 mit dem Abitur ein vorzüglicher Abschluß des Gymnasiums.

In Ravensburg hatte Rupert Mayer Jesuitenschüler aus Feldkirch in Vorarlberg kennengelernt, die ihn für den Orden der »Gesellschaft Jesu« begeisterten. Als er nun daheim die Eltern mit dem Entschluß überraschte, Jesuit zu werden, und zwar mit der Begründung, diese Ordensleute bildeten ihre Priesterkandidaten aufs beste aus, war der Vater mit dem Vorhaben des Sohnes gar nicht einverstanden. Schließlich einigten sich aber Vater und Sohn auf folgenden Kompromiß: Wenn Rupert ein Jahr *nach* der Priesterweihe noch Jesuit werden wolle, solle er dazu den Segen des Vaters haben.

Es folgte nun das philosophisch-theologische Studium ab 16. Oktober 1897 in Fribourg/Schweiz, 1895–96 in München und 1896–98 in Tübingen. Dann trat Rupert Mayer in das Priesterseminar in Rottenburg ein. Im März 1899 wurde er zum Subdiakon und Diakon und am 2. Mai 1899 von Bischof Paul Wilhelm von Keppler zum Priester geweiht.

Seine erste Seelsorgestelle erhielt der Neupriester ab Juni 1899 in Spaichingen, einer Kleinstadt mit 3000 Einwohnern am Fuß des Dreifaltigkeitsberges. Hier war der sehr sozial gesinnte Kaplan bald überaus beliebt wegen seiner Hilfsbereitschaft Armen und Kranken gegenüber.

Da der junge Priester am Entschluß, Jesuit zu werden, festhielt und Bischof von Keppler ihm dazu die Erlaubnis gab mit den Worten: »Gehen Sie und machen Sie uns Ehre!«, begann er am 1. Oktober 1900 das Noviziat der Gesellschaft Jesu in Tisis-Feldkirch (Vorarlberg, Österreich). Am 5. Oktober 1902 durfte er dort die ersten Gelübde ablegen. Dann wurde er zu weiterem Studium nach Valkenburg (Niederlande) geschickt. 1904 wirkte P. Rupert Mayer als Assistent des Novizenmeisters in Tisis. Von 1905 bis 1906 absolvierte er das sogenannte Terziat, das 3. Prüfungsjahr, wie es bei den Jesuiten üblich ist. Hierauf begann P. Rupert Mayer von Valkenburg aus die bis 1911 dauernde Tätigkeit als Volksmissionar in Deutschland, in den Niederlanden und in Österreich.

Entscheidend für sein ganzes weiteres Leben wurde P. Rupert Mayers Berufung nach München im Jahre 1912, zunächst als Seelsorger für die Zuwanderer, die in Bayerns Landeshauptstadt Arbeit und

Wohnung suchten. Es waren damals mehr als 20000 Menschen, die Jahr für Jahr als Arbeiter, als kleine Beamte bei Post und Bahn, als Dienstboten, aber auch als Glücksritter, die ihr Heil in der Großstadt suchten, nach München kamen. Aufgabe des Seelsorgers war es, den Zuwanderern aus den ländlichen Gebieten zu helfen, ihren Glauben zu bewahren, in sittlicher Hinsicht nicht zu verkommen und im kirchlichen Leben der Großstadt beheimatet zu werden.

Eine Hauptsorge waren dem Seelsorger P. Rupert Mayer damals vor allem die gefährdeten Familien. Dafür gründete er zusammen mit Präses A. Pichlmair und Carl Walterbach 1913 die »Schwesterngemeinschaft der Heiligen Familie«.

Als der Erste Weltkrieg ausbrach, meldete sich P. Rupert Mayer freiwillig für die Militärseelsorge. Er wurde zunächst in ein Feldlazarett als »überetatmäßiger Krankenpfleger«, ab Januar 1915 dann als Divisionspfarrer berufen und auf den verschiedensten Kriegsschauplätzen eingesetzt. Dabei hat P. Rupert Mayer in vielen Situationen große Tapferkeit bewiesen, besonders bei der schweren Verwundung Ende Dezember 1916, deren Folge die Amputation des linken Unterschenkels und dann auch noch des linken Oberschenkels war. Konrad Graf von Preysing, damals Domkapitular in München, später Bischof von Eichstätt und von Berlin, schrieb nach Besuchen bei dem verwundeten P. Rupert Mayer im Lazarett der Karl-Theodor-Klinik in München: »Mir machte damals P. Rupert Mayers heiliger Gleichmut über den Verlust seines Beines tiefen Eindruck ... Auch beeindruckte mich, daß er, noch kaum oder gar nicht genesen, schon wieder anfing, apostolisch zu wirken, den dortigen Schwestern Exerzitien zu geben usf. Die für mich am meisten hervorstechenden Züge seines geistigen Bildes waren ein verzehrender Seeleneifer und eine große Unerschrockenheit, wenn es das Reich Gottes galt. Überzeugend wirkte seine absolute Wahrheitsliebe: Man hatte das Gefühl, daß die ganze Persönlichkeit hinter jedem Wort und jedem Satz stand ...«

Große Tapferkeit bewies P. Rupert Mayer auch in den Wirren nach dem Krieg. Er ging Woche für Woche in die politischen Versammlungen der radikalen Sozialisten und Kommunisten und später der Nationalsozialisten. Es war – so schreibt W. Hergenröder – »nicht die Lust am Diskutieren, die ihn in solcherlei Versammlungen rief, sondern das Ethos des Seelsorgers«.

In der Vorbereitung und Durchführung der großen Volksmission in München im Advent 1919 war P. Rupert Mayer, wie Kardinal-Erzbischof Michael von Faulhaber sagte, als »Oberapostel der 3600 Missionshelfer« hervorgetreten. Die Folge davon war, daß er am 28. No-

vember 1921 zum Präses der Marianischen Männerkongregation in München ernannt wurde. Ihre Mitglieder sollte der Präses zu einem vertieften Marienverständnis, zur täglich geübten Marienverehrung und letztlich durch Selbstheiligung und Apostolat zur marianischen Mitverantwortung und Mitsorge für Christi Reich anleiten. Das gelang ihm tatsächlich in großem Ausmaß, vor allem auch deshalb, weil P. Rupert Mayer vom 12. Januar 1922 an auch zum Prediger und Beichtvater in der Münchener St.-Michaels-Kirche ernannt worden war und in der Jesuitenresidenz bei St. Michael nicht bloß seine Wohn-Zelle, sondern auch sein Sprechzimmer bekam. In jeder seelischen und leiblichen Not fanden Menschen, hoch und niedrig, den Weg zu P. Rupert Mayer. Zu den Beichtkindern dieses Jesuiten gehörte damals auch der Apostolische Nuntius Eugenio Pacelli, der spätere Papst Pius XII.
P. Rupert Mayer wartete aber nicht nur darauf, bis die Menschen zu ihm kamen; er ging ihnen auch nach und suchte vor allem verschämte Arme auf. Auch dadurch ging er den Menschen nach, daß er am 15. August 1925 am Münchener Hauptbahnhof die frühen Bahnhofsmessen einführte und die beiden ersten heiligen Messen um 3.10 und 3.50 Uhr an jedem Sonntag zehn Jahre lang persönlich feierte, obwohl er am vorausgehenden Samstagnachmittag und -abend fünf Stunden im Beichtstuhl verbracht hatte.
P. Rupert Mayer war auch »ein Mann der Kanzel«, der in manchen Monaten bis zu siebzigmal predigte. Er war dabei, wie P. J. Sudbrack SJ[37] bemerkt, »zwar keiner der Begnadeten, denen der Reichtum der Sprache und die Poesie der Bilder zur Verfügung steht; er war auch keiner der großen Theologen mit metaphysischem Tiefsinn. Losgelöst von seiner Person wirken die überlieferten Predigten volkstümlich, schlicht, manchmal sogar naiv. Aber sie begeisterten die Menschen. Denn P. Mayer predigte die Wahrheit. Zwischen Wort und Leben gab es bei ihm keine Differenz. Das spürten seine Hörer. Das mußten auch seine Feinde erfahren.«
Seine Predigten brachten P. Rubert Mayer Verfolgung und Gefängnis ein. Am 15. Mai 1936 erhielt er im Auftrag des Reichsjustizministeriums eine erste Verwarnung. Am 7./8. April 1937 bekam er Redeverbot für ganz Deutschland im außerkirchlichen Raum. Am 5. Juni 1937 wurde P. Mayer bis 23. Juli 1937 in Untersuchungshaft genommen. Am 5. Januar 1938 erfolgte wegen seines erneuten Predigens seine zweite Verhaftung. Er wurde als Sträfling Nr. 9469 in das Zuchthaus Landsberg eingeliefert, aber am 3. Mai 1938 wieder entlassen unter der Bedingung, daß er fortan nicht mehr predige. Am 3. November 1939 erfolgte seine dritte Verhaftung. Am 22./23. De-

zember 1939 wurde er in das Konzentrationslager Sachsenhausen eingeliefert und dann, da sein Leben durch schwere Erkrankung äußerst gefährdet war, zu Zwangsinternierung im Benediktinerkloster Ettal verurteilt.
Am 6. Mai 1945 marschierten die Amerikaner in Ettal ein und befreiten P. Rubert Mayer, der dann am Christi-Himmelfahrts-Fest, 10. Mai 1945, nach langer Zeit erstmals wieder predigte, und zwar auf der berühmten Barockkanzel der Ettaler Klosterkirche. Die zahlreichen Zuhörer erwarteten eine gründliche Abrechnung mit dem abgewirtschafteten nationalsozialistischen Regime. P. Mayer sprach jedoch nur über die Feindesliebe und forderte dazu auf, erlittenes Unrecht zu vergessen und zu verzeihen.
Am 11. Mai 1945 wurde P. Mayer nach München abgeholt. Er bezog neben der weithin zerstörten St.-Michaels-Kirche sein altes Zimmer wieder und setzte sein Apostolat des Gebetes, des Opfers, des Predigens und des Beichtdienstes fort. Er nahm vor allem auch mit den Männern der Marianischen Männerkongregation den Kontakt wieder auf und war wieder ihr geistlicher Führer, Freund und Berater.
Die Drangsal und Not der Monate hinter Gittern hatten der Gesundheit des seeleneifrigen Priesters leider stark zugesetzt. Im Juli und noch einmal im September 1945 erlitt P. Rupert Mayer einen leichten Schlaganfall, dem am Allerheiligenfest 1945 während der Feier der heiligen Messe ein dritter, diesmal tödlicher Schlaganfall folgte. Das Münchner Krankenhaus Josefinum nahm den Sterbenden auf. Am Abend des Allerheiligenfestes verkündete ein Priester den in der schwer bombardierten St.-Michaels-Kirche versammelten Gläubigen: »Es ist im Jesuitenorden nicht Brauch, Lob- und Grabreden zu halten. Aber das eine Wort darf ich euch wohl in aller Bescheidenheit über unseren verstorbenen Mitbruder P. Rubert Mayer sagen: ›Er hat allen Menschen Gutes getan.‹ Das ist die kurze Lobrede und Grabrede für unseren toten Mitbruder, den unvergeßlichen P. Rupert Mayer: ›Er hat allen Menschen Gutes getan.‹ Damit ist alles gesagt ...«
Er war ein Kämpfer für Gott und sein Reich. Von daher verstehen sich seine Worte: »Es ist gleich, ob wir predigen, kämpfen oder leiden, die Hauptsache ist, es geschieht alles für das Reich Gottes.« Von daher versteht sich auch sein Lieblingsgebet: »Herr, wie Du willst, soll mir geschehen, und wie Du willst, so will ich gehen; hilf Deinen Willen nur verstehen!«
In der Predigt bei der Seligsprechungsfeier in München hat Papst Johannes Paul II. den seligen Rupert Mayer treffend so charakterisiert: »Die Worte des Evangeliums, die Christus bei der ersten Aussendung

an die Apostel gerichtet hat, scheinen im Leben und Wirken des Dieners Gottes Rupert Mayer eine neue Aktualität zu gewinnen. Christus sagte: ›Seht, Ich sende euch wie Schafe mitten unter die Wölfe. Seid daher klug wie die Schlangen und arglos wie die Tauben.‹ Und darauf: ›Nehmt euch aber vor den Menschen in acht‹ (Mt 10, 16–17). Wie vielsagend sind doch diese Worte: Ich sende euch zu den Menschen – und zugleich: Ich warne euch vor den Menschen: Und warum warnt Christus seine Jünger vor den Menschen? ›Sie werden euch vor die Gerichte bringen: ... Ihr werdet um meinetwillen vor Statthalter und Könige geführt ...‹ (Mt 10, 17–18). Als Rupert Mayer sich im Jahre 1900 als junger Priester zum Eintritt in die Gesellschaft Jesu entschloß, galten die Jesuiten noch offiziell als ›Reichsfeinde‹, die durch Gesetz des Landes verwiesen und verboten waren. Rupert Mayer selbst bezeichnete die Jesuiten als ›Geächtete, Verbannte und Heimatlose‹, da ihnen nicht gestattet war, im damaligen Reichsgebiet eigene Niederlassungen zu gründen und zu unterhalten. Die mächtig geschürte antikatholische Hetze und Aktivität gegen den Orden – statt ihn abzuschrecken – bestärkte ihn vielmehr noch in seinem Willen, sich dieser so geschmähten Gesellschaft Jesu anzuschließen.
Durch seinen bald erfolgten Ruf nach München wurde P. Mayer in zunehmendem Maß mit antireligiösen und antikirchlichen Strömungen, mit einer Atmosphäre von Hohn und Haß gegen Christus und die Kirche konfrontiert, in der es immer mehr Mut und Tapferkeit brauchte, den katholischen Glauben frei zu bekennen. Je offenkundiger und brutaler in jenen Jahren der Kampf gegen Religion und Kirche wurde, ein um so entschiedenerer und unerschrockenerer Kämpfer für die Wahrheit des Glaubens und für die Rechte der Kirche wurde unser neuer Seliger.
Wir hörten in der Lesung aus dem Epheserbrief (6, 13–17) die Worte des Apostels Paulus: ›Legt die Rüstung Gottes an, damit ihr am Tag des Unheils standhalten, alles vollbringen und den Kampf bestehen könnt ... Gürtet euch mit Wahrheit ... Vor allem greift zum Schild des Glaubens ... Nehmt den Helm des Heiles und das Schwert des Geistes, das ist das Wort Gottes!‹ Was der Apostel hier empfiehlt, hat Rupert Mayer in hervorragender Weise getan. Er hat Gottes Rüstung angezogen und sie bis zu seinem Tod nie mehr abgelegt. Unerschrokken und unbeugsam kämpfte er für die Sache Gottes. Als unbestechlicher Zeuge der Wahrheit widerstand er den Lügenpropheten jener Jahre ins Angesicht, immer bereit, für das Evangelium vom Frieden zu kämpfen. Ausgerüstet mit dem Schild eines tiefen, unbeirrbaren Glaubens, führte er in seinen berühmten Predigten das Schwert des Geistes, das ist das Wort Gottes.

›Wenn man euch vor Gericht stellt, macht euch keine Sorgen ...‹, sagte Jesus weiter zu den Aposteln. Rupert Mayer wußte, daß nach 1933 seine Predigten von der Polizei überwacht wurden. Trotzdem verkündete er die Wahrheit ungeschminkt und unverkürzt. Als er gefangengenommen wurde, gab er vor der Geheimen Staatspolizei zu Protokoll: ›Ich erkläre, daß ich im Falle meiner Freilassung trotz des gegen mich verhängten Redeverbotes nach wie vor sowohl in den Kirchen Münchens als auch im übrigen Bayern, aus grundsätzlichen Erwägungen heraus predigen werde.‹ Er konnte nicht schweigen, ebensowenig wie der Apostel, der gesagt hat: ›Wehe mir, wenn ich das Evangelium nicht verkünde‹ (1 Kor 9, 16). Bereitwillig nahm unser Seliger dafür Gefängnis und Konzentrationslager auf sich. Er schrieb auf den Fragebogen, den er im Gefängnis auszufüllen hatte: ›Ich bin mit diesem Los keineswegs unzufrieden; ich empfinde es nicht als Schande, sondern als Krönung meines Lebens.‹ Und aus der Gestapo-Haft vor der Einlieferung in das Konzentrationslager Sachsenhausen berichtete er: ›Als die Gefängnistür eingeschnappt war und ich allein in dem Raum war, in welchem ich schon so viele Stunden zugebracht hatte, kamen mir die Tränen in die Augen, und es waren Tränen der Freude, daß ich gewürdigt wurde, um meines Berufes willen eingesperrt zu werden und einer ganz ungewissen Zukunft entgegenzusehen.‹ Das ist nicht die Stimme eines lediglich tapferen Menschen, sondern eines Christen, der stolz darauf ist, am Kreuz Christi teilzuhaben. In einem Brief aus dem Gefängnis an seine betagte Mutter lesen wir: ›Jetzt habe ich wirklich nichts und niemanden mehr als nur den lieben Gott. Und das ist genug, ja übergenug. Wenn die Menschen das doch einsehen wollten; es gäbe viel mehr Glückliche auf Erden.‹

In der Einsamkeit seiner Haft galt das ganze Bemühen von P. Rupert Mayer der Vertiefung seiner inneren Bindung an Gott. In völliger Hingabe an Ihn suchte er alle Bedrängnisse und Nöte für seine innere Erneuerung und Heiligung fruchtbar zu machen. Als Angeklagter vor seinen Richtern erfuhr er die tröstende und stärkende Nähe Gottes, die Christus seinen Zeugen verheißen hat: ›... macht euch keine Sorgen, wie und was ihr dann reden sollt! Nicht ihr werdet dann reden, sondern der Geist eures Vaters wird dann durch euch reden‹ (Mt 10, 19–20). Selbst inmitten großer Bedrängnis erfuhr P. Rupert Mayer Gott als die innere Kraft und beglückende Erfüllung seines Lebens. Zugleich wurde er in den Zeiten großer Not für viele Menschen selber zum Quell des Trostes, zum Vermittler neuer Hoffnung und Zuversicht, zum Vater der Armen, die ihn ihren 15. Nothelfer nannten. Wie sich die Menschen einst um Jesus scharten und bei ihm

Hilfe fanden, so strömten sie mit all ihren Nöten auch zu P. Rupert Mayer. 60, 70 Hilfesuchende klopften täglich an seine Tür. Mit offenem Herzen nahm er sie alle auf. Viele Stunden verbrachte er auch im Beichtstuhl, zu dem sich die Menschen drängten, um Hilfe in ihren geistlichen Nöten zu suchen. ›Es muß Wärme von uns ausgehen, den Menschen muß es in unserer Nähe wohl sein, und sie müssen fühlen, daß der Grund dazu in unserer Verbindung mit Gott liegt.‹ Mit diesen Worten sagt uns der neue Selige, worum es ihm im Dienst an den Armen ging: Er wollte Gottes Liebe sichtbar und erfahrbar machen und die Menschen spüren lassen, daß sie von Gott geliebt sind. Seine Güte und Hilfsbereitschaft war von solcher Kraft, daß er es ertrug, wenn sie einmal mißbraucht wurden. Als man ihn darauf aufmerksam machte, gab er nur zur Antwort: ›Wer noch nie angeschmiert wurde, hat nie etwas Gutes getan.‹ Die Torheit seiner Liebe war Teilhabe an der Torheit des Kreuzes, in der sich der liebende Gott uns zugewandt hat, um uns alle an sich zu ziehen.
Der Grundsatz, dem P. Rupert Mayer zeitlebens treu geblieben ist, lautete: ›Christus, der Mittelpunkt unseres Lebens; Zwischenlösungen gibt es nicht.‹ Was er war, das wollte er ganz sein. Diese seine Entschiedenheit in der Nachfolge Christi hat ihn auf den Weg der Heiligkeit geführt. Gemäß dem Wahlspruch seines Ordens: ›Alles zur größeren Ehre Gottes‹, ging es ihm vor allem um Gottes Ehre und damit um die Rechte Gottes.‹ Der Herrgott hat das erste Anrecht auf uns‹, sagte er. Und er wußte, daß er damit auch für die Rechte und die Würde des Menschen kämpfte.
Wir hören heute viel von Menschenrechten: In sehr vielen Ländern werden sie verletzt. Von Gottes Rechten aber spricht man nicht. Und doch gehören Menschenrechte und Gottesrechte zusammen. Wo Gott und sein Gesetz nicht geehrt werden, erhält auch der Mensch nicht sein Recht. Wir sehen das deutlich am Verhalten der nationalsozialistischen Machthaber. Sie kümmerten sich nicht um Gott und verfolgten seine Diener. So gingen sie auch unmenschlich mit den Menschen um, in Dachau vor den Toren Münchens wie in Auschwitz vor den Toren meiner früheren Bischofsstadt Krakau. Auch heute gilt: Gottesrechte und Menschenrechte stehen und fallen miteinander. Unser Leben ist nur dann in Ordnung, wenn unser Verhältnis zu Gott in Ordnung ist. Deshalb sagte P. Ruper Mayer in den weltweiten Bedrängnissen des letzten Krieges: ›Die heutige Zeit ist eine furchtbar ernste Mahnung für die Völker der Erde, zurückzukehren zu Gott. Es geht nicht ohne Gott.‹ Dieses Wort unseres Seligen hat auch heute nichts an Gewicht verloren. Auch heute gilt es, Gott zu geben, was Gottes ist.

Die Seligen und Heiligen der Kirche sind Gottes lebendige und gelebte Botschaft an uns. Deshalb stellt sie uns diese zur Verehrung und Nachahmung vor Augen. Öffnen wir uns also heute jener Botschaft, die uns der neue Selige durch sein Wort und sein Wirken so anschaulich verkündet. Suchen wir wie er in Gott die Mitte und die Quelle unseres Lebens. Auf Gott baute Rupert Mayer in unerschütterlichem, kindlichem Vertrauen, wie sein Lieblingsgebet zeigt. Gott der Herr war die Quelle, aus der er in langen Stunden des Gebetes, in der heiligen Messe und in der täglichen treuen Pflichterfüllung die Kraft schöpfte für sein erstaunliches Lebenswerk ...«

P. Rupert Mayer SJ

Der selige Andrea Carlo Ferrari

Priester, Theologieprofessor, Bischof, Erzbischof, Kardinal

* *13. 08. 1850*
Lalatta di Pratopiano (Italien)
† *02. 02. 1921 Mailand*

10. 05. 1987 Seligsprechung

Die große Mutterdiözese der Lombardei, die Erzdiözese Mailand, hatte in der Nachfolge der beiden großen heiligen Bischöfe Ambrosius und Carl Borromäus mehrmals das Glück – auch in unserem Jahrhundert –, von heiligmäßigen Oberhirten geleitet und regiert zu werden. So stand von 1894 bis 1921 an der Spitze der Erzdiözese Mailand in der Person des Erzbischofs Andrea Carlo Ferrari ein so vorbildlicher und tatkräftiger Oberhirte, daß er am 10. Mai 1987 zur Ehre der Altäre erhoben werden konnte.
Andrea Ferrari[38] erblickte am 13. August 1850 in Lalatta, einem Ortsteil von Pratopiano in der Diözese Parma, als Sohn des Giuseppe Ferrari und der Maddalena, geb. Longarini, das Licht der Welt. Er studierte ab 1861 am Knabenseminar und Priesterseminar von Parma und strebte geradlinig dem Priesterberuf zu, bis er am 19. Dezember 1873 zum Priester geweiht wurde.
In der ordentlichen Pfarrseelsorge war der Priester Ferrari eigentlich nur von 1874 bis 1875 tätig. Vom Herbst 1875 an bis zum Mai 1891 wirkte er an vorderster Stelle in der Priester-Heranbildung mit, zuerst als Vizerektor und Mittelschulprofessor am Knabenseminar von Parma, dann ab 1877 als Rektor des Priesterseminars sowie als Dogmatik- und Moralprofessor. Aus dieser Lehrtätigkeit stammt seine »Summula theologiae dogmaticae generalis ad mentem sancti Thomae«, die 1885 erstmalig, 1896 in dritter Auflage im Druck erschien.
Am 29. Mai 1890 wurde der Seminar-Rektor Ferrari zum Bischof von Guastalla, 1892 zum Bischof von Como, 1894 aber schon zum

Erzbischof von Mailand und zum Kardinalpriester von St. Anastasia in Rom ernannt. Hier nahm er zu seinem Taufnamen auch noch den Namen seines großen Vorgängers Carl Borromäus hinzu, dem er 27 Jahre lang mit opferbereitem Einsatz für die große Erzdiözese nacheiferte. So begann er nach der Art des heiligen Carl Borromäus im März 1895 mit der Visitation der ganzen ausgedehnten Erzdiözese bis hinauf in die letzten Bergpfarreien und wiederholte diese anstrengenden Visitationen in seiner Regierungszeit fünfmal, wobei er in den einzelnen Pfarreien als guter Hirte alles nur denkbar Mögliche unternahm, um das religiös-sittliche Leben in den Pfarreien zu wekken, zu stärken und zu vertiefen. In den Jahren 1902, 1910 und 1914 hielt Kardinal Ferrari eine Diözesansynode ab, 1906 wagte er für die ganze Kirchenprovinz der Lombardei sogar ein Provinzialkonzil. Außerdem veranstaltete Kardinal Ferrari in Mailand verschiedene Kongresse, wie den Eucharistischen Kongreß 1895, den 15. Kirchenmusikkongreß 1897, den Kongreß zum 50-Jahr-Jubiläum der Dogmatisierung der Unbefleckten Empfängnis Mariens 1904, den Kongreß zum 50-Jahr-Jubiläum der Erscheinungen Mariens in Lourdes 1908, den Kongreß zum 300-Jahr-Jubiläum der Heiligsprechung von Carl Borromäus und 1913 den Kongreß zum 1600-Jahr-Jubiläum des Edikts von Mailand durch Kaiser Konstantin.
Erzbischof Ferrari zeigte große Aufgeschlossenheit für die soziale Frage. So errichtete er aus Dankbarkeit für die Sozialenzyklika »Rerum novarum« an der Theologischen Lehranstalt des Priesterseminars eine Lehrkanzel für Sozialökonomie, die er dem berühmten, heiligmäßigen Universitätsprofessor Giuseppe Toniolo von der Universität Pisa und dann dem Professor Dalmazio Minoretti, dem späteren Kardinal-Erzbischof von Genua, anvertraute. Überdies förderte Erzbischof Ferrari verschiedene soziale Einrichtungen wie Unterstützungskassen u. ä. und weckte in seinem Klerus Initiativen für die Schaffung verschiedener sozialer Werke genossenschaftlicher Art.
Auch der katholischen Presse galt die wache Aufmerksamkeit des besorgten Oberhirten. So bemühte er sich um die Fusionierung der beiden einander konkurrierenden katholischen Zeitungen "L'Osservatore Cattolico« und »La Lega Lombarda« durch die Gründung von »L'Unione«, später »L'Italia« genannt.
Kardinal Ferrari förderte auch die Errichtung der Katholischen Universität in Mailand und gründete in seinem letzten Lebensjahr auch noch ein Werk für Volks- und Sozialerziehung, das dann nach ihm »Opera Cardinal Ferrari« benannt wurde.
Bei den antimodernistischen Auseinandersetzungen unter Papst

Pius X. entging Kardinal Ferrari, der doch immer treu und solidarisch zu den lehramtlichen Weisungen des Heiligen Stuhls stand, nicht leidvollen Verdächtigungen für seine Person, für sein Priesterseminar und für die ganze Erzdiözese. Schweigend und betend ertrug er alles in der Hoffnung, die Stunde dieser Prüfung werde bald zu Ende gehen. Das geschah erst, als ihm der neue Papst Benedikt XV. sein volles Vertrauen aussprach.

Damals aber tauchte bereits eine neue Heimsuchung für den um seine Erzdiözese so väterlich besorgten Oberhirten auf: Der I. Weltkrieg war ausgebrochen mit allem Leid und aller Not. Viele vom Erzbischof begonnene Werke kamen zum Stillstand. Seine besondere Sorge galt nun den Witwen und Waisen, den bedrängten Familien, den Soldaten und Kriegsgefangenen und der Suche nach den Vermißten. In der Kriegsnot mußte sich Kardinal Ferrari auch gegen Verdächtigungen wehren, nicht patriotisch genug gesinnt zu sein wegen der noch ungelösten Römischen Frage.

Als Kardinal Ferrari nach schmerzlicher Krankheit am 2. Februar 1921 in die Ewigkeit abberufen wurde, konnte er als Ergebnis seiner langen pastoralen Tätigkeit die Wiederherstellung der Eintracht und des Friedens in der Erzdiözese, den hohen religiös-sittlichen Stand des zahlreich gewordenen Diözesanklerus, die zeitgemäße Erneuerung der Seelsorgsmethoden und ihre Anpassung an die neue Zeit in der ganzen Erzdiözese und ein erfreuliches Wiedererstarken des Glaubens und der religiös-sittlichen Haltung in seinem Diözesanvolk konstatieren. Er hatte sich wahrlich nicht vergebens mit dem Einsatz aller seiner Kräfte abgemüht. Er ist seinem Diözesanvolk und seinem Klerus ein wahrhaft guter Hirte, ein mutiger, unerschrockener und wortgewaltiger Prediger und Verkünder des Wortes Gottes und allen ein leuchtendes Vorbild in der persönlichen Lebensführung gewesen.

Papst Johannes Paul II. hat von diesem Mailänder Erzbischof bei der Seligsprechung am 10. Mai 1987 in St. Peter in Rom folgendes rühmend hervorgehoben:

»Christus war die Tür zur Heiligkeit für Kardinal Andrea Carlo Ferrari, der nach seiner Tätigkeit als Bischof von Guastalla und Como 27 Jahre lang die Erzdiözese Mailand geleitet und dabei mit leidenschaftlichem pastoralem Eifer den Spuren seiner großen Vorgänger Ambrosius und Carl Borromäus gefolgt ist.

Von kraftvollem Glauben und erleuchtetem Eifer gestützt, wußte er mit sicherem Urteil den Weg durch die neuen und schwierigen Realitäten zu weisen, die im religiösen und sozialen Umfeld seiner Zeit zum Durchbruch kamen. Er verstand es, mit dem Auge des Guten Hirten die pastoralen Probleme zu sehen, die die historischen Umstände hervorriefen, und die Art und Weise aufzuzeigen, diese Probleme anzugehen und zu lösen. Er ist also ein Vorbild von großer Aktualität. Weil er sich bewußt war, daß die Unkenntnis der wesentlichen Grundsätze des Glaubens und des sittlichen Lebens die Gläubigen der atheistischen und materialistischen Propaganda aussetzt, organisierte er eine Art moderner und einprägsamer Katechese. Auch der Stil der Seelsorge wurde von ihm erneuert. Er ließ sich vom Guten Hirten anregen und wiederholte mit Nachdruck, man dürfe nicht passiv darauf warten, daß die Gläubigen der Kirche wieder näherkämen. Vielmehr sei es unbedingt notwendig, wie Jesus wieder auf die Straßen und Plätze zu gehen, um den Menschen zu begegnen und dabei ihre Sprache zu sprechen. Mehrmals visitierte er die ausgedehnte Erzdiözese des heiligen Ambrosius und begab sich, auch auf Maultierrücken und zu Fuß, an die entferntesten und unzugänglichsten Orte, an denen man seit undenklichen Zeiten keinen Bischof mehr gesehen hatte. Darum sagten manche angesichts seiner unermüdlichen Hirtensorge: ›Der heilige Carl ist wiedergekommen!‹ Die Hirtensorge drückte sich auch in der Förderung neuer, den gewandelten Zeitumständen angepaßten Formen der Sozialhilfe aus. Die ersten, denen diese wunderbar aufblühenden sozialen Initiativen zugute kamen, waren die verlassenen Kinder und Jugendlichen, die Arbeiter und die Armen. So reifte im Herzen des Kardinals Ferrari der Plan zu einem Werk heran, das uns als sein kostbares Erbe geblieben ist: Die Gemeinschaft des heiligen Paulus, auch Kardinal-Ferrari-Werk genannt. Aus der ursprünglichen Idee eines ›Volkshauses‹, das die Organisationen des Laienapostolates und der Sozialhilfe in der Erzdiözese aufnehmen sollte, entwickelte sich eine Reihe von Tätigkeiten, die vom genialen und mutigen pastoralen Schwung des Erzbischofs angeregt waren: Das ›Sekretariat des Volkes‹, die Betriebskantinen, die Arbeitermissionen, das Haus des Kindes und das Haus für die Wiedereingliederung entlassener Häftlinge, die großen Initiativen im katholischen Verlagswesen und die Organisation von Volkswallfahrten.

Das hervorragende Verdienst von Kardinal Ferarri bestand gerade darin, daß er mit glücklicher Eingebung die Dringlichkeit erkannte, die Laien in das Leben der kirchlichen Gemeinschaft einzubeziehen und ihre Kräfte zu einer wirksameren christlichen Präsenz in der Gesellschaft zu organisieren. Er war ein eifriger Förderer der Katholischen Aktion, die unter seinem entscheidenden Antrieb wuchs und von Mailand aus einen wohltuenden Einfluß auf ganz Italien ausübte. Er setzte sich auch für die Errichtung der Katholischen Universität ein und durfte noch den Anfang ihrer Verwirklichung erleben.

Aber das Geheimnis des unermüdlichen apostolischen Wirkens des neuen Seligen bleibt sein inneres Leben, das auf tiefen theologischen Überzeugungen gegründet, dazu auch von einer zarten, kindlichen Marienverehrung durchdrungen und dabei auf Jesus, den Gekreuzigten, in der heiligen Eucharistie konzentriert war. Dieses innere Leben des neuen Seligen manifestierte sich nach außen dadurch, daß er stets zu allen überaus gütig war und herzlich Anteil an der Not der Armen nahm und in Leid und Schmerz heldenhafte Geduld zeigte. Am 29. September 1920 schrieb er mitten in heftigen Schmerzanfällen der Krankheit, die ihn zu ersticken drohte, noch folgende letzte Worte in sein Tagebuch: ›Der Wille Gottes geschehe immer mehr und in allem!‹ Andrea Carlo Ferrari, den wir jetzt als Seligen anrufen, helfe auch uns, immer den Willen Gottes zu erfüllen, denn darin liegt unsere Heiligung.«

Der selige Andrea Carlo Ferrari

Der selige Louis-Zéphyrin Moreau

Priester, Bischof

* *01. 04. 1824*
Béçancour (Kanada)
† *24. 05. 1901 Saint-Hyacinthe*

10. 05. 1987 Seligsprechung

Ein kanadischer Bischof, der am 10. Mai 1987 zur Ehre der Altäre erhoben wurde, ist der selige Louis-Zéphyrin Moreau[39], der am 1. April 1824 in Béçancour in der Grafschaft Nicolet in Kanada als fünftes von 13 Kindern armer, aber gläubig frommer Eltern geboren wurde.
Der Pfarrer seines Heimatdorfes, Abbé Dion, gab dem Jungen, der Anzeichen der Berufung zum Priesterstand in echter Frömmigkeit und Bescheidenheit gegeben hatte, ersten Latein-Unterricht. Von 1839 an konnte der Junge dann im Seminar zu Nicolet das Studium fortsetzen. Er trug zuletzt schon klerikale Kleidung und schien froh und zuversichtlich in den Priesterberuf hineinzuwachsen. Da machte ihm auf einmal seine schwächliche Gesundheit zu schaffen. Im September 1846 wurde der junge Moreau von Monsignore Signay aufgefordert, den Talar wieder abzulegen, weil er ja doch wegen mangelnder Gesundheit niemals Priester werden könne. Doch der Priesterkandidat gab nicht auf. Er versuchte, von der Bischöflichen Kurie in Quebec als Priesterkandidat genommen zu werden. Doch auch hier wurde er abgelehnt. So klopfte er schließlich an der Tür des Bischofs Bourget von Montreal an. Dieser schickte ihn zu seinem Koadjutor Monsignore Prince, der den jungen Moreau trotz dessen schwacher Gesundheit als Priesterkandidat für die Diözese Montreal annahm. Am 19. Dezember 1846 wurde er zum Priester geweiht.
Die ersten fünf Priesterjahre arbeitete Moreau als Sekretär an der Seite von Bischof Prince. Als dieser aber von Montreal als Oberhirte nach Saint-Hyacinthe versetzt wurde, nahm er im Juni 1852 den jun-

gen Priester Moreau dorthin als seinen engsten Mitarbeiter mit. So blieb es auch in den folgenden 23 Jahren bei den drei Bischöfen, die der Reihe nach die junge Diözese Saint-Hyacinthe in Kanada zu leiten hatten. Immer behielten sie den Priester Moreau zu ihrer größten Zufriedenheit und zu ihrer Entlastung an ihrer Seite – zuerst als Sekretär und dann als Dompfarrer; schließlich wurde Prälat Louis-Zéphyrin Moreau Apostolischer Administrator der vakant gewordenen Diözese. Als aber Bischof Charles La Rocque starb, wurde am 19. November 1875 Moreau zu dessen Nachfolger ernannt und am 16. Januar 1876 zum Bischof geweiht.

Der neue Oberhirte von Saint-Hyacinthe zeichnete sich aus durch große Güte und Liebe, so daß das Volk immer nur vom »guten Monseigneur Moreau« sprach. Er war immer liebenswürdig und bescheiden. Er hielt regelmäßig mit großer Umsicht und Genauigkeit die pastoralen Visitationen in der Diözese ab und brachte seinen Priestern bei, daß es sein größtes Anliegen sei, nicht nur einen guten, sondern einen heiligen Klerus in der ihm anvertrauten Diözese zu besitzen.

Er kämpfte gegen Unordnung jeglicher Art, gegen Intoleranz und Unbescheidenheit, gegen die schlechte Presse und gegen Geheimbündelei. Er schuf viele fromme Vereinigungen in den Pfarreien seiner Diözese, siedelte an vielen Orten die Ordensgemeinschaft vom heiligen Joseph zur Unterweisung der Mädchen in den Schulen an und war mit selten großem Eifer darauf bedacht, Berufungen für den Priester- und Ordensstand zu wecken. Welchen Eifer dieser Oberhirte entfaltete, zeigen u. a. seine 15000 handgeschriebenen Briefe.

Während der 25 Jahre seiner Regierungszeit wachte dieser Bischof als wahrhaft guter Hirte über die ihm anvertraute Herde Christi. Er starb am 24. Mai 1901 im 77. Lebensjahr. Die allermeisten Priester der Diözese Saint-Hyacinthe waren damals schon der Meinung, ein Heiliger sei zum ewigen Lohn abberufen worden.

Papst Johannes Paul II. hielt diesem kanadischen Bischof bei der Seligsprechung am 10. Mai 1987 folgende Laudatio:

»Dem Guten Hirten folgend, hat Louis-Zéphyrin Moreau sein Leben der Aufgabe gewidmet, die Herde zu leiten, die ihm in Saint-Hyacinthe in Kanada anvertraut worden war. Als Priester und dann als Bischof dieser jungen Diözese kannte er die Seinen. Er arbeitete unermüdlich, um ihnen Nahrung zu geben, ›damit sie das Leben haben und es in Fülle haben‹ (Joh 10, 10). In ihm fanden die Gläubigen einen Mann, der ganz Gott hingegeben und auch ein wirklicher Fürsprecher war. Es ist gut, daß die Kirche ihn heute ehrt und ihn als Vorbild für die Seelsorge vor Augen stellt. Der ›gute Monsignore

Moreau‹ verstand es, jedem täglich seine Aufmerksamkeit zu schenken. Er achtete jeden und übte ganz konkrete Liebe zu den Armen, die er bei sich aufgenommen hatte. Gern besuchte er die Pfarreien und Schulen. Er war den Priestern nahe, beriet sie, gab ihnen Anregungen für ihre Tätigkeit, für ihr geistliches Leben und für die Vertiefung ihrer theologischen Bildung, auf daß sie den Christen eine Katechese im Lichte eines wohlverstandenen und gelebten Glaubens halten konnten. Dieser Bischof bewies auch eine scharfe Unterscheidungsgabe, und man konnte sich auf sein klares, mutiges Wort verlassen, sowohl bei der Unterweisung, die allen galt, als auch in den Antworten, die er für jeden bereithielt.
Bischof Moreau war sich der Erfordernisse seiner wachsenden Diözese bewußt. Er verstärkte seine Initiativen hinsichtlich der religiösen und schulischen Erziehung der Jugend, auch hinsichtlich der Krankenbetreuung, der Organisation gegenseitiger Hilfeleistungen sowie hinsichtlich der Errichtung neuer Pfarreien und der nötigen Priesterausbildung. Auf all diesen Gebieten setzte er sich mutig ein und überwand geduldig entgegenstehende Hindernisse.
Bei der Bewältigung zahlreicher Aufgaben suchte er die Zusammenarbeit mit Ordensgemeinschaften. Da er den hohen Wert des gottgeweihten Lebens verstand, konnte er Gründungen, die trotz der Armut gewagt worden waren, fördern. Er hat persönlich dazu beigetragen, die geistliche Belebung und Ausrichtung entstehender oder neu in seiner Diözese eingerichteter Ordensgemeinschaften zu vertiefen.
Über Saint-Hyacinthe hinaus war Bischof Moreau als beispielhafter Mann der Kirche bekannt. Klar analysierte er die Probleme seiner Zeit. Fest und mild zugleich verteidigte er Grundsätze und wesentliche Werte. Er arbeitete für die Einheit der Christen und verstand es, nützliche Vermittlungen zu leisten. Als aufmerksamer Gesprächspartner des Heiligen Stuhls blieb er in voller Gemeinschaft mit dem Nachfolger Petri, dessen Weisungen er mit Sorgfalt darlegte. Ungeachtet seiner körperlichen Gebrechlichkeit stellte er in seinem Lebensstil harte Forderungen an sich. Seinen ungeheuren Aufgaben konnte er nur nachkommen durch die Kraft, die er immer wieder aus dem Gebet schöpfte. Er zeichnete sich selbst, wenn er einmal schrieb: ›Die großen Aufgaben, die uns übertragen werden, können wir nur in inniger Verbundenheit mit dem Herrn gut erfüllen.‹ Man konnte ihn in Wahrheit einen ›Bischof nach dem heiligsten Herzen Jesu‹ nennen. Tag für Tag gab dieser Hirte sein Leben für seine Schafe, denn er liebte sie mit der verzehrenden Liebe Christi.«

Der selige Pierre-François Jamet

Priester, Universitäts-Rektor, Ordensgründer

* *13. 09. 1762*
Fresnes (Frankreich)
† *12. 01. 1845*
Caen (Frankreich)

10. 05. 1987 Seligsprechung

Ein Priester, der sich während der Französischen Revolution bestens bewährt hat in der Treue zur Kirche und in der Sorge für die ihm anvertrauten Menschen, ist der am 10. Mai 1987 zur Ehre der Altäre erhobene selige Pierre-François Jamet.[40]

Der am 13. September 1762 in Fresnes (Orne) Geborene machte seine Gymnasialstudien am Kolleg von Vire und die philosophisch-theologischen Studien an der Universität Caen, wo er am 22. September 1787, kurz vor Ausbruch der Französischen Revolution, zum Priester geweiht wurde. Der junge Priester lehnte den Eid auf die Zivilkonstitution ab, blieb aber – trotz größter Gefahren – im Land und widmete, soweit ihm das noch möglich war, seine priesterliche Tätigkeit den Schwestern der »Kongregation vom guten Heiland« (»Congregation du Bon-Sauveur«) in Caen, zu deren Kaplan und Spiritual er 1790 ernannt worden war.

Als 1805 der Sturm der Revolution vorüber war, sammelte er als vom Bischof Charles Brault bestellter Superior die auseinandergetriebenen Schwestern und nahm sich der aus fünfzehn Profeßschwestern und vier Novizinnen bestehenden Kommunität in jeder Hinsicht, materiell und spirituell, an und verschaffte diesen Schwestern neue Arbeitsfelder, vor allem in der Betreuung und Unterrichtung von Taubstummen. Dafür entwickelte der Priester Jamet neue Methoden, auch was die Zeichensprache betrifft. Er schrieb mehrere Bücher für den Unterricht bei Taubstummen, so seine »Erinnerungen an den Taubstummen-Unterricht« (Caen 1820–1822).

Am 14. November 1822 wurde Jamet zum Rektor der Universität von Caen ernannt. Über die Taubstummen hinaus galt seine priesterliche Liebe und Sorge auch geistig gehemmten Menschen, vor allem aber immer den »Schwestern vom guten Heiland«, denen er ein theologisch gebildeter, frommer Spiritual war, wie etwa seine Betrachtungen über das Geheimnis der Heiligsten Dreifaltigkeit (»Méditations sur le mystère de la Très Sainte Trinité, à l'usage des religieuses de la Congrégation du Bon-Sauveur«, Caen 1830, ^{3}1957) zeigen.
Beim Tod des seligen Pierre-François Jamet am 12. Januar 1845 hatte sich das Schwesterninstitut, dem er immer hilfreich zur Seite gestanden war, so gefestigt, daß es damals bereits 232 Profeßschwestern in drei Häusern der Kongregation der »Communauté du Bon-Sauveur de Caen« gab. Mit Recht wurde er der zweite Gründer dieser Schwesternkongregation genannt, die 1717 von M. Leroy in Caen gegründet worden war.
Papst Johannes Paul II. sagte über diesen französischen Priester bei der Seligsprechung am 10. Mai 1987:
»Der französische Priester Pierre-François Jamet beeindruckt uns durch seine leidenschaftliche Liebe in den vielfältigen Formen seiner priesterlichen Tätigkeit, dann durch seinen Mut und seine Fähigkeit, den Weg eines Mannes von hoher Kultur und zugleich eines treuen Priesters und Dieners der Armen zu gehen.
Kaum zum Priester geweiht, wurde er schon zum Beichtvater und Spiritual der ›Töchter vom guten Heiland‹ ernannt. Er nahm alle Risiken auf sich, um dieses Amt auch während der Französischen Revolution weiter auszuüben. Er gab das Beispiel fester Verbundenheit mit der Kirche und ließ damals die Christen nicht im Stich. Heimlich spendete er die Sakramente und tat es mit Freude. Er sah deutlich die Bedrohung für den Glauben, doch setzte er sein ganzes Vertrauen in die Gaben Gottes. Als geachteter Universitätslehrer übte der Priester Jamet zeitweise ein schweres akademisches Amt aus. Da leitete ihn die Sorge um eine ausgewogene Erziehung und eine sowohl intellektuell als auch moralisch und spirituell anspruchsvolle Ausbildung. In einem Umfeld, in dem sich einander widerstreitende Ansichten und Überzeugungen gegenüberstanden, achtete Rektor Jamet die Menschen, stellte aber auch die Weiterentwicklung der Einrichtungen sicher, die in seiner Verantwortung lagen. Verfügbar und mit Hingabe war er ein wahrer Diener der Menschen, soweit immer seine Aufgabe vor seinem Gewissen erfüllt werden konnte. Pierre-François Jamet hat nicht für einen einzigen Augenblick seinen Dienst an den Armen aufgegeben. Er spornte die ›Schwestern vom guten Heiland‹ an und ermutigte sie, ihre Werke weiterzuentfalten. So wurde er zu ihrem

›zweiten Gründer‹. Wir bewundern auch seine unerschrockene Großmut und seine Sorge, schwerbehinderte Menschen nicht ohne Hilfe zu lassen. Immer mehr sorgte er sich um die Aufnahme geisteskranker Menschen, die er so sehr liebte, daß er noch lernte, sie zu pflegen; oft hat er sie sogar geheilt. Als Wegbereiter der Taubstummenhilfe schenkte er den Gehörlosen ein Ausdrucksmittel, er ließ sie eine Sprache wiederfinden und gab ihnen ihre Würde zurück. Wir grüßen in ihm einen Erfinder und Baumeister der Nächstenliebe. In einem weitgespannten Wirkungsbereich gab Pierre-François Jamet auch Zeugnis dafür, was ein Mensch fertigbringen kann, der von der Gegenwart Gottes erfüllt ist. Er konnte sagen: ›Mein Gott, ich gehöre Dir, wie Du mir gehörst!‹ Als guter Hirte geleitete er die Seinen auf Wege des Lebens; insbesondere führte er die ›Töchter des guten Heilands‹ in der Nachfolge des Erlösers voran und bestärkte sie in der innigsten Verbundenheit mit der Heiligsten Dreifaltigkeit. Wir erkennen dies an den Worten, mit denen er auf das Gebet Jesu zurückkam: ›Heiliger Vater, um der Ehre Deines Namens willen bewahre die Kinder, die Du mir gegeben hast, damit sie immer eins sind!‹ «

Die selige Benedetta Cambiago-Frassinello

Ehefrau, Ordensgründerin

* *02. 10. 1791*
Langasco (Italien)
† *21. 03. 1858*
Ronco Pavia (Italien)

10. 05. 1987 Seligsprechung

Eine selige Ehegattin und Witwe, die zur Ordensstifterin geworden ist und sich mit viel Liebe um arme, verlassene und gefährdete Mädchen angenommen hat, ist am 10. Mai 1987 zur Ehre der Altäre erhoben worden: Benedetta Cambiago[41], verheiratete und dann verwitwete Frassinello.
Sie wurde am 2. Oktober 1791 in Langasco (Italien) in eine allem Anschein nach gut situierte christliche Familie hineingeboren. Auf den Rat ihrer Eltern hin heiratete das fromme Mädchen einen rechtschaffenen jungen Mann namens Giovanni Battista Frassinello. Nach zwei Ehejahren, in denen dem jungen Ehepaar der Kindersegen versagt geblieben war, beschlossen beide übereinstimmend, eine sogenannte Josephs-Ehe zu führen. Sie legten das Gelübde immerwährender Keuschheit ab und wollten fortan ein ganz Gott und der Nächstenliebe geweihtes Leben führen. Weil sie selbst keine Kinder bekommen hatten, nahmen sie sich armer, verlassener Kinder und vor allem gefährdeter Mädchen an. Im Einverständnis mit ihrem Gatten schuf Benedetta 1826 in Pavia ein Heim für verlassene und gefährdete junge Mädchen. Einige Jahre später gründete sie die Kongregation der »Benediktinerinnen von der Vorsehung« mit der Zielsetzung, die Schwestern dieser Gemeinschaft sollten sich mit viel Liebe um die christliche Erziehung der Jugend, speziell armer, verlassener und gefährdeter Mädchen, annehmen und dafür Heime, Schulen und Werkstätten (Laboratorien) schaffen. Das geschah dann auch. Beim Tod der inzwischen Witwe gewordenen Benedetta Cambiago-Frassi-

nello zählte die von ihr gegründete Kongregation, deren Konstitutionen vom Heiligen Stuhl 1937 approbiert wurden, in 35 Häusern 200 Schwestern.
Die selige Benedetta vertraute beim Gelingen ihres Liebeswerkes in allen Schwierigkeiten immer unerschütterlich auf die Göttliche Vorsehung. Sie lebte beispielhaft aus dem Glauben, der Hoffnung und der Liebe, bis sie am 21. März 1858 im Alter von 66 Jahren zum ewigen Lohn abberufen wurde.
Papst Johannes Paul II. hat bei der Seligsprechung am 10. Mai 1987 über diese vorbildliche Frau folgendes gesagt:
»Eine Tür zur Heiligkeit war Jesus für Benedetta Cambiago, die Gründerin der Benediktinerinnen von der Vorsehung. Als starke und unternehmerisch begabte Frau konnte sie auch ihren Mann Giovanni Battista Frassinello für ihr Ideal der vollkommenen Hingabe an Christus gewinnen und gründete mit ihm eine Familie, die offen war für die Aufnahme junger Mädchen, welche materielle Hilfe und moralische Führung brauchten.
So nahm ein Werk seinen Anfang, das so viel Gutes tun sollte, indem es Mädchen, die ohne Versorgung waren, unterstützte und zu guten Christen und großmütigen Müttern heranbildete, die ihrerseits dann wieder fähig waren, sich selbst, der Gesellschaft und der Kirche alle Ehre zu machen. Die Mühen, die die selige Benedetta ertragen mußte, um ein derartiges apostolisches Vorhaben in die Tat umzusetzen, waren bei ihr stets getragen von einem unerschrockenen Glauben und verwurzelt in einer tiefen Demut, die sie in der täglichen Betrachtung des Gekreuzigten in sich nährte. Trotz ihrer Einfachheit gründete sie ihr Wirken auf starke theologische Grundlagen, nämlich auf die heilige Eucharistie, die ihr Quelle des Mutes, des Lichtes und der Beständigkeit war. Dazu kam bei ihr noch die volle Hingabe an die ›liebevolle Göttliche Vorsehung‹ mit dem Willen, alles ausschließlich aus Liebe zu Gott zu tun und um ihm zu gefallen. Hier liegt das Geheimnis der inneren Kraft, die die neue Selige inmitten der größten Schwierigkeiten zeigen konnte: Sie überwand alle Feindseligkeiten, die sich gegen sie entzündet hatten, und zwar deshalb, weil sie sich ganz dem allmächtigen Gott überließ in der Überzeugung, daß dann, ›wenn Gott etwas will, er auch die geeigneten Mittel nicht versagt‹.
Die selige Benedetta Cambiago-Frassinello steht vor uns allen als Beispiel lebendigen Glaubens und mutiger Hoffnung sowie unermüdlichen Einsatzes der Liebe, die durch einfachste und bescheidenste Mittel die Herzen erreichen und dort den Entschluß zu einem wahren christlichen Leben wecken kann.«

Die selige Karolina Kózka

Märtyrin der Reinheit

* *02. 08. 1898 Wal-Ruda (Polen)*
† *18. 11. 1914 Wal-Ruda*

10. 06. 1987 Seligsprechung

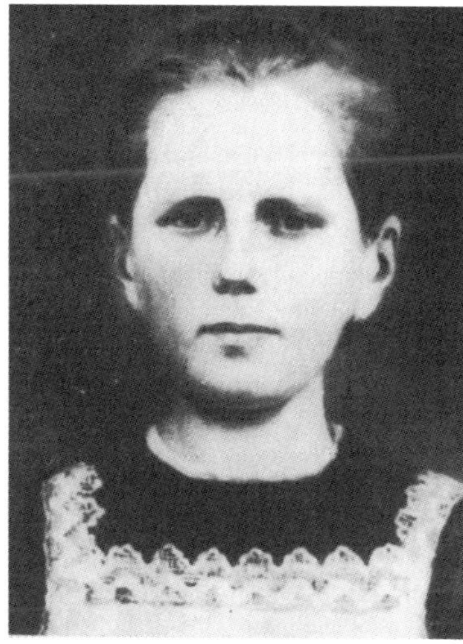

In dieser neuen Seligen hat der polnische Papst seiner polnischen Heimat aus seinem Volk eine Parallele zur heiligen Maria Goretti geschenkt. Dabei sei die Bemerkung erlaubt, daß im deutschen Sprachraum ähnliche Jungmädchen zu nennen wären, die nach einem reinen, christlichen Leben bei der mutigen Verteidigung ihrer Reinheit und Jungfräulichkeit einem Lüstling zum Opfer fielen.
Karolina Kózka[42] wurde am 2. August 1898 in Wal-Ruda in der Diözese Tarnów (Polen) geboren. In dieser polnischen, damals zu Österreich-Ungarn gehörigen Diözese wirkte von 1822–1827 als vorbildlicher Oberhirte der spätere Bischof von Linz in Oberösterreich, Gregor Thomas Ziegler († 15. 4. 1852).
Karolina Kózka wurde als viertes von 11 Kindern in eine kinderreiche, fromme bäuerliche Familie hineingeboren, in der die Kinder durch gute, gläubige Eltern wahrhaft christlich erzogen wurden. Auch das ganze Milieu half damals in Galizien noch mit, daß die jungen Menschen zu echten Christen heranwuchsen. Bei Karolina Kózka spielte dabei auch der seeleneifrige Priester Ladislaus Mendrala, ihr Seelenführer, eine entscheidend wichtige Rolle, so daß sie nicht bloß sauber und rein blieb, sondern sich auch sehr aktiv im mannigfaltigen Apostolat in ihrer Pfarre betätigte. Ihre Freizeit widmete Karolina Kózka ihren Brüdern und Schwestern, aber auch den Kindern der Nachbarfamilien, um diesen Religionsunterricht zu erteilen. Auch den gebrechlichen alten und kranken Leuten in der Pfarre stand sie gern hilfreich zur Seite.

Genau sechs Monate nach Empfang der heiligen Firmung mußte sich Karolina dank der Gabe des Starkmutes in einer tödlichen Auseinandersetzung bewähren: Sie wurde am 18. November 1914 – kurz nach Beginn der Kämpfe im Ersten Weltkrieg – von einem russischen Soldaten in dem ihrem Elternhaus benachbarten Wald überfallen. Sie sollte dem leidenschaftlichen Begehren des Soldaten gefügig sein, wogegen sie sich energisch aus religiösen Motiven wehrte, aber umsonst. Sie wurde in der Verteidigung ihrer Jungfräulichkeit zur Märtyrin.

Papst Johannes Paul II. hat dieses tapfere 16jährige Mädchen, deren Heldenmut in der Verteidigung der Herzensreinheit in Galizien nie vergessen worden war, am 10. Juni 1987 in Tarnów bei seinem zweiten Besuch in seiner polnischen Heimat seliggesprochen. Er sagte bei der Seligsprechungsfeier u. a.:

»Sind die Heiligen dazu da, um uns zu beschämen? Ja, sie können auch dafür dasein. Manchmal ist eine solche erlösende Beschämung sogar nötig, um den Menschen in seiner ganzen Wirklichkeit zu sehen. Sie ist nötig, um die richtige Rangordnung der Werte wieder zu entdecken; sie ist für uns alle nötig, für die Alten und die Jungen, wenngleich diese blutjunge Tochter der Kirche von Tarnów, die wir von heute an eine Selige nennen werden, mit ihrem ganzen Leben und erst recht mit ihrem Sterben vor allem die Jugendlichen anspricht, die Burschen und die Mädchen, die Männer und die Frauen.

Die selige Karolina spricht von der Würde der Frau, von der Würde der menschlichen Person, auch von der Würde des menschlichen Leibes, der zwar in dieser Welt dem Tod unterworfen ist, zerstörbar ist, wie auch ihr junger Leib den Angriffen des Mörders im Tod unterlag, aber dieser menschliche Leib trägt doch das Vermächtnis der Unsterblichkeit in sich, die der Mensch durch Christus im ewigen, lebendigen Gott erreichen kann.

Die Heiligen sind also dazu da, um von der großen Würde des Menschen Zeugnis abzulegen für Christus, der für uns, für unsere Erlösung, gekreuzigt worden und auferstanden ist. Ja, die Heiligen sind auch dazu da, um von der Menschenwürde Gott gegenüber und von der Berufung, die der Mensch in Christus hat, Zeugnis abzulegen.

Karolina Kózka war sich ihrer Würde und ihrer Berufung bewußt. Sie lebte in diesem Bewußtsein und reifte in diesem Bewußtsein und gab schließlich mit diesem Bewußtsein ihr junges Leben hin, als sie es hingeben mußte, um ihre Frauenwürde zu schützen, um die Würde eines polnischen Bauernmädchens zu schützen. ›Selig, die ein reines Herz haben, denn sie werden Gott schauen.‹ ...

Der Responsorialpsalm in der heutigen Seligsprechungsliturgie gestattet uns gewissermaßen, die einzelnen Momente des Zeugnisses, das Karolina im Martyrium abgelegt hat, wiederzufinden. Es ist ja, wie wenn Karolina den Psalm 16 beten würde: ›Behüte mich, Gott, denn ich vertraue Dir. Ich sage zum Herrn: Du bist mein Herr‹ (Ps 16, 1–2). Ist es nicht sie, die aus den Worten des Psalmisten spricht? In einem Augenblick schrecklicher Bedrohung durch einen anderen Menschen, der über Mittel der Gewalt verfügte, suchte sie Schutz und vertraute auf Gott. Und der Schrei: ›Du bist mein Herr‹ bedeutete in diesem Fall: Die schmutzige Gewalt wird nicht über mich herrschen, denn Du bist die Quelle meiner Kraft. In der Schwäche bist Du der einzige Herr meiner Seele und meines Leibes, Du der Schöpfer und Erlöser meiner Seele und meines Leibes, Du der Gott meines Herzens, von dem meine Erinnerung und mein Gewissen sich nicht trennen. ›Ich habe den Herrn beständig vor Augen. Er steht mir zur Rechten, ich wanke nicht. Auch mahnt mich mein Herz in der Nacht‹ (Ps 16, 8). So der Psalmist und so Karolina – im Augenblick der tödlichen Prüfung ihres Glaubens, ihrer Reinheit und ihres Mutes. So folgen wir den Fluchtspuren dieses Mädchens, das sich gegen den räuberischen Angreifer wehrt und nach Pfaden sucht, auf denen sie in diesem heimatlichen Wald in der Nähe ihres Dorfes ihr Leben und ihre Würde retten könnte. ›Du zeigst mir den Pfad zum Leben‹ (Ps 16, 11). Auf diesem Fluchtpfad wurde ihr der letzte mörderische Stoß versetzt. Karolina konnte ihr irdisches Leben nicht mehr retten, sie fand den Tod, sie gab dieses irdische Leben hin, um mit Christus in Gott das wahre Leben zu finden.

In Christus hatte dieses wahre Leben im Sakrament der Taufe, das sie in der Pfarrkirche zu Wal-Ruda empfangen hatte, begonnen. Dort, wo Karolina von der Hand des Angreifers fiel, gab sie das letzte Zeugnis von dem wahren Leben, das in ihr war. Der Tod bedeutete den erneuten Anfang dieses Lebens, das von Gott stammt und das uns zuteil wird durch Christus, durch seinen Tod und seine Auferstehung. Karolina starb. Ihr toter Leib blieb unter dem Dach des Waldes zurück. Doch der Tod dieser Unschuldigen schien von nun an mit besonderer Kraft jene Wahrheit zu verkünden, die der Psalmist ausspricht mit den Worten: ›Du, der Herr, gibst mir das Erbe und reichst mir den Becher, Du hältst mein Los in Deinen Händen‹ (vgl. 16, 5). Ja, Karolina, obwohl zurückgelassen im Wald von Ruda, war sich sicher: Ich bin in Gottes Hand, der der Gott des Lebens ist! Und die Märtyrin ruft zusammen mit dem Psalmisten: ›Ich preise den Herrn.‹ Du Kind einfacher Eltern, du Kind des Landes an der Weichsel, du Stern deines Volkes! Heute nimmt die Kirche diesen Ruf deiner Seele auf und nennt dich eine Selige. Christus wurde zu deiner von Gott geschaffenen ›Weisheit, Gerechtigkeit, Heiligung und Erlösung‹ (1 Kor 1,30). Er wurde zu deiner Kraft. Wir danken Christus für diese Kraft, die er in deinem reinen Leben und in deinem Martyrium geoffenbart hat.«

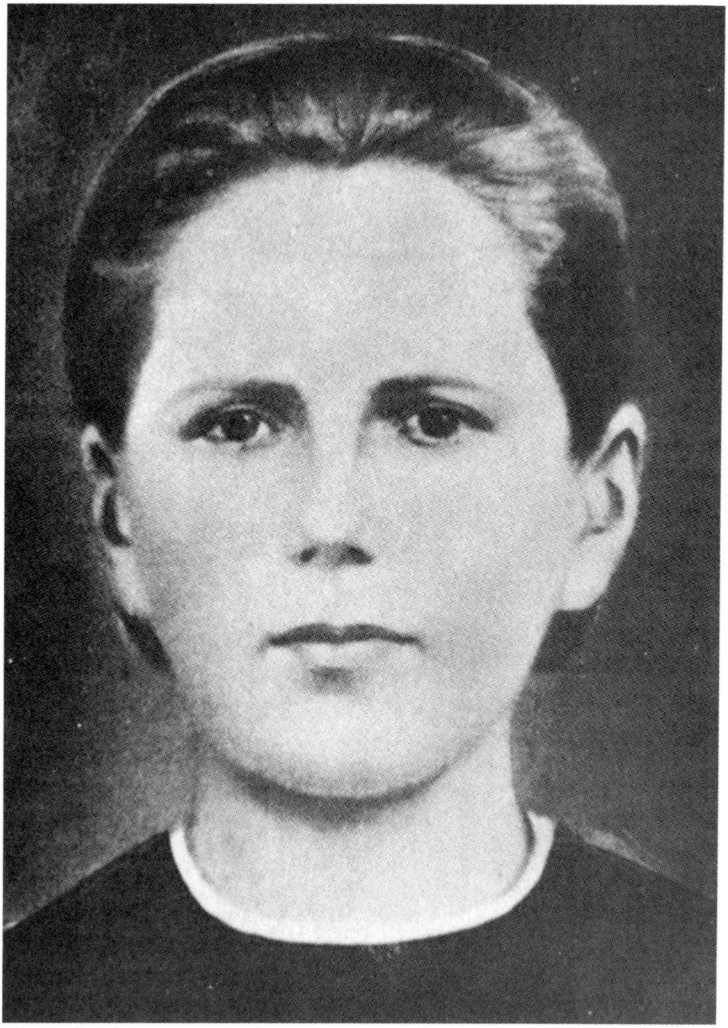

Die selige Karolina Kozka

Der selige Michael Kozal

Priester, Weihbischof, Märtyrer

* *27. 09. 1893*
Ligota bei Gnesen (Polen)
† *26. 01. 1943 KZ Dachau*

14. 06. 1987 Seligsprechung

Die zahlreichen polnischen Priester, die durch das teuflische System des Nationalsozialismus im Konzentrationslager Dachau inhaftiert und größtenteils zu Tode gequält wurden, hatten unter sich einen Bischof, der ihnen mit bestem Beispiel und vorbildlichem Mut und in selbstloser Opferbereitschaft voranleuchtete. Es ist Bischof Michael Kozal[43], der von Papst Johannes Paul II. – wohl stellvertretend für alle in Dachau gemarterten polnischen Priester, es waren über 2000 – am 14. Juni 1987 in Warschau seliggesprochen wurde.
Michael Kozal wurde am 27. September 1893 in einem kleinen Dorf in der Nähe der Bischofsstadt Gnesen als Kind einer kinderreichen Familie, die arm, aber gläubig fromm war, geboren.
Der begabte Junge entdeckte bald in sich die Berufung zum Priestertum. Dieses Ziel erreichte er am 23. Februar 1918, als er in der Kathedrale von Gnesen die Priesterweihe empfing.
Nach kurzer Seelsorgstätigkeit in einer kleinen Pfarrei, in der er sich neben der ordentlichen Seelsorge vor allem für die Jugend engagierte, wurde er 1923 Präfekt für die Schüler des katholischen Gymnasiums in Bydgoszcz, dann 1927 Spiritual am Priesterseminar in Gnesen und schließlich Regens desselben.
Am 12. Juni 1939 wurde Michael Kozal von Papst Pius XII. zum Weihbischof von Włocławek ernannt. Hier dauerte sein segensreiches Wirken nur 22 Monate, denn die Gestapo war schon seit Beginn der Besetzung seiner polnischen Heimat durch die deutsche Wehrmacht hinter ihm her und verhaftete ihn schließlich am 3. April 1941.

Er wurde zuerst in Włocławek, dann in Lad eingekerkert und schließlich in das Konzentrationslager Dachau gebracht, wo er am 26. Januar 1943 heldenhaft starb und das Wort Christi an sich verwirklichte: »Größere Liebe hat niemand als wer sein Leben hingibt für seine Freunde.« Bischof Kozal hatte sich nämlich im Konzentrationslager Dachau ganz besonders der kranken Mitbrüder angenommen, bis er selbst wegen körperlicher Erschöpfung an Typhus starb.
Alle mit diesem polnischen Bischof eingekerkerten Priester und alle, die ihn näher kennenlernten und seine Haltung und Lebensführung beobachten konnten, bezeugten die Heiligkeit dieses Gottesmannes.
In der Kathedrale von Włocławek wurde ihm und den 220 Priestern dieser Diözese, die in Dachau ihr Leben lassen mußten, 1954 ein Denkmal errichtet. Das schönste Denkmal aber errichtete diesem heldenhaften Bischof sein polnischer Landsmann, Papst Johannes Paul II., durch die Seligsprechung und Erhebung zur Ehre der Altäre. In seiner Ansprache nach der Seligsprechung sagte der Papst über den heldenhaften Oberhirten:
»Bischof Michael Kozal, am Vorabend des letzten Krieges und der schrecklichen Besatzungszeit zum bischöflichen Dienst in der Kirche von Włocławek berufen, wurde später gefangengenommen und in das Konzentrationslager Dachau deportiert. Einer von Tausenden. Dort verschied er, gequält, im Rufe der Heiligkeit. Heute wird er hier, in Warschau, als Märtyrer zur Ehre der Altäre erhoben.
Unsere Landsleute kennen die Geschichte seines Lebens und seines Martyriums. Ein Mensch, noch einer von denen, in denen sich Christi Macht ›im Himmel und auf der Erde‹ erwies. Die Macht der Liebe – gegen die Verblendung der Gewalt, der Zerstörung, der Verachtung und des Hasses.
Bischof Kozal nahm diese Liebe, die Gott ihm geoffenbart hatte, in der ganzen Fülle ihrer Forderungen an. Er schreckte selbst vor dieser schwierigsten Forderung nicht zurück: ›Liebt eure Feinde‹ (Mt 5,44)!
Möge er ein weiterer Patron für unsere schwierige Zeit sein, die voller Spannung, Feindschaft und Konflikte ist. Möge er vor jetzigen und kommenden Generationen ein Zeuge dafür sein, wie groß die Macht der Gnade unseres Herrn Jesus Christus ist – dessen, der Liebe erwies ›bis zur Vollendung‹.«

Der selige Georg (Jurgis) Matulaitis (Matulewicz)

Priester, Ordensgeneraloberer, Erzbischof

* *13. 04. 1871 Liuginė (Litauen)*
† *27. 01. 1927 Kaunas (Litauen)*

28. 06. 1987 Seligsprechung

Gleichsam als Jubiläums-Taufgeschenk zum 600-Jahr-Jubiläum der »Taufe«, der Christianisierung Litauens (vgl. das Apostolische Schreiben vom 5. Juni 1987) hat Papst Johannes Paul II. der schwer geprüften Kirche Litauens in der Person des am 27. Januar 1927 verstorbenen und am 28. Juni 1987 seliggesprochenen Bischofs Georg (Jurgis) Matulaitis (Matulewicz) einen neuen Seligen gegeben.[44]
Er wurde am 13. April 1871 in Liuginė, einem litauischen Dorf in der Pfarrei Marijampolė, als letztes von acht Kindern armer, bescheidener litauischer Bauersleute geboren. Mit drei Jahren verlor der Bub 1874 seinen Vater, mit 10 Jahren 1881 seine Mutter. Die bescheidenen Familienverhältnisse waren wohl mit die Ursache, daß Jurgis (Georg) mit 15 Jahren von der Knochentuberkulose befallen wurde und dann sein Leben lang darunter zu leiden hatte, zunächst einmal dadurch, daß er das 1882 begonnene Gymnasialstudium 1887 abbrechen mußte. Er erholte sich daheim und arbeitete zwei Jahre lang in der Landwirtschaft. 1889 setzte er das Studium in Kielce in Polen fort. In dieser Zeit änderte er seinen litauischen Namen Matulaitis in den polnischen Namen Matulewicz. 1891 trat der Student zum Studium der Philosophie und Theologie in das Diözesanseminar von Kielce ein. Da dieses aber 1893 von den zaristischen Behörden geschlossen und die Studenten in verschiedene polnische Seminare aufgeteilt wurden, kam Jurgis Matulewicz in das Seminar der Erzdiözese Warschau. Dort blieb er bis 1895. Dann kam er an die Römisch-katholische Akademie in St. Petersburg. Dort wurde er 1898

zum Priester geweiht. Die Professoren der Akademie wollten, daß der begabte junge Priester sich zur Vertiefung seines theologischen Wissens nach Westeuropa begebe und dann in St. Petersburg an der Akademie eine Lehrkanzel übernehme. Matulewicz aber ging lieber in die Seelsorge seiner Diözese Kielce. Sein Wirken als Kaplan dauerte jedoch nur zwei Monate, weil sich sein Gesundheitszustand arg verschlechtert hatte. Er wurde nach Kreuznach in Deutschland zur Ausheilung der Knochentuberkulose geschickt. Von dort ging er in die Schweiz, wo er an der Universität Fribourg auf Grund einer Dissertation »Doctrina Russorum de statu justitiae originalis« das Theologiestudium mit dem Dr. theol. abschloß. Im gleichen Jahr kehrte Dr. Jurgis Matulewicz in seine Diözese Kielce zurück und begann als Kaplan von Imielo in der Seelsorge zu wirken. Wenige Monate später wurde er zum Latein- und Kirchenrechtsprofessor am Diözesanseminar in Kielce, schließlich zu dessen Vizerektor und zum Domkapitular ernannt.
Der Gesundheitszustand verschlechterte sich aber wieder sehr. Er ging diesmal zur Ausheilung nach Warschau.
Während seines Warschauer Aufenthalts widmete sich Dr. Matulewicz sehr intensiv sozialer Tätigkeit und arbeitete dabei mit seinem Freund Marcel Godlewski, einem bekannten Soziologen, zusammen. Durch seine Initiative wurde damals in Warschau die »Gemeinschaft christlicher Arbeiter« gegründet. 1907 begann er die »Sozialen Wochen« zu organisieren. Gleichzeitig nahm er sich in Warschau seelsorglich der dort lebenden Litauer besonders an. 1907 wurde Dr. Matulewicz als Professor an die Römisch-katholische Akademie in St. Petersburg berufen. Er dozierte hier zuerst Soziologie, dann Dogmatik. 1908 wurde ihm zusätzlich das Amt des Spirituals und des Vizerektors der Akademie übertragen.
Hier gehört nun besonders herausgestellt, daß Professor Matulewicz im Jahre 1909 die dem Aussterben nahe Ordensgemeinschaft der »Marianen« rettete. Der Orden war in Rußland verboten worden; er besaß damals nur noch ein einziges Kloster, und zwar in der Heimat von Professor Matulewicz, in Marijampolė. Hier lebte als letztes Mitglied Vinzenz Sekowski, der letzte Generalobere. Da ließ sich Prof. Matulewicz vom Heiligen Stuhl in Rom ermächtigen, heimlich in den Orden der Marianen eintreten und ohne Noviziat die Ordensgelübde ablegen zu dürfen. Er arbeitete dann neue Statuten aus. In aller Stille konnte der Orden nun weiterbestehen. Als 1911 der Generalobere Vinzenz Sekowski starb, traten drei Priester, nämlich Prof. Matulewicz, Franz Bucys und Johannes Totoraitis, in der Sakristei einer Kirche zum Generalkapitel zusammen. Hier wurde Prof. Ma-

tulewicz zum neuen Generaloberen gewählt. Er blieb dies bis zu seinem Tod im Jahre 1927. Unter ihm nahm der Orden der »Marianen« einen schönen Aufschwung, so daß diesem bei seinem Tod 319 Mitglieder angehörten. Prof. Matulewicz war aber nicht nur für den Orden der »Marianen« tätig. Er half auch zwei weiblichen Ordensgemeinschaften, nämlich den »Schwestern der Armen«, später mehr bekannt unter dem Namen »Schwestern der Unbefleckten Empfängnis der seligsten Junfrau Maria«, und den »Dienerinnen Jesu in der Eucharistie« über die Geburtswehen hinaus, so daß er als deren Gründer gilt.
Bei Ausbruch des Ersten Weltkriegs im Jahre 1914 blieb Professor Matulewicz in Polen und nahm Aufenthalt in einem ehemaligen Kloster der Kamaldulenser in Bielany bei Warschau. Hier richtete er für seinen Orden ein Noviziat ein, dazu auch ein Waisenhaus für 200 Waisenkinder. Am Ende des Ersten Weltkriegs übersiedelte Prof. Matulewicz in den Ort Marijampolé in Litauen und ließ dorthin auch Mitglieder seines Ordens nachkommen. Sein Aufenthalt in Marijampolé dauerte aber nur kurze Zeit, denn Papst Benedikt XV. ernannte ihn – in Litauen heißt er eigentlich nun wieder Matulaitis – 1918 zum Bischof von Wilna. Dieser Bischofssitz war seit 1907, als Bischof Eduard van Ropp von den zaristischen Behörden vertrieben worden war, vakant. Während der sieben Jahre, die Bischof Matulaitis nun in Wilna lebte und wirkte, entfaltete er eine überaus intensive apostolische Tätigkeit. Bei seinem Bemühen um Ausgleich zwischen den Angehörigen der litauischen, polnischen und russischen Nation handelte er sich aber auch viele Anfeindungen ein. Jedenfalls waren die Jahre in Wilna von 1918 bis 1925 für Bischof Matulaitis sehr schwer. Er zeigte sich aber als ein überaus weiser, kluger und gerechter Oberhirte.
Als 1925 ein Konkordat zwischen dem Heiligen Stuhl und Polen zustande kam, wurde Wilna zur Erzdiözese erhoben. Da wollte Bischof Matulaitis dem Heiligen Stuhl für die Besetzung des Metropolitansitzes nicht im Wege stehen; er bat vielmehr zweimal, am 1. Mai und am 27. Juni 1925, von der Administration der Erzdiözese Wilna entbunden zu werden. Papst Pius XI. nahm am 14. Juli 1925 diesen Verzicht an. Bischof Matulaitis wollte sich nun ganz und ausschließlich der Leitung und Entfaltung seines Ordens widmen. Er begab sich am 15. August 1925 nach Rom in der Absicht, dort das Generalat und das Studienkolleg »Marianum« für seinen Orden zu errichten, aber am 1. September 1925 ernannte ihn Pius XI. zum Apostolischen Visitator der Kirche Litauens, deren Aufbau und Organisation er neu ordnen sollte, wie dies dann in der Bulle »Lituanorum gente« vom

4. April 1926 geregelt wurde. Die litauische Kirchenprovinz bekam die Metropole Kaunas und dazu neun Diözesen und eine Praelatura nullius. Bischof Matulaitis, der Apostolische Visitator, bemühte sich um die Ordnung der Beziehungen zwischen der litauischen Regierung und dem Heiligen Stuhl. Er suchte für die litauischen Bischofssitze geeignete Bischofskandidaten aus und traf die Vorbereitung für den Abschluß eines Konkordats zwischen Litauen und dem Heiligen Stuhl. Ganz unerwartet starb Bischof Matulaitis am 27. Januar 1927 in Kaunas im 56. Lebensjahr.

Hier gehört unbedingt noch erwähnt, daß zwischen Georg Matulaitis und Papst Pius XI. freundschaftliche Beziehungen bestanden. Der Papst charakterisierte den litauischen Bischof noch zu dessen Lebzeiten als einen »wahrhaft heiligen Mann«. Jedem, der es hören wollte, wiederholte Papst Pius XI., daß er damals den Bischof Matulaitis für den fähigsten Oberhirten in jenem nordöstlichen Gebiet Europas gehalten habe. Pius XI. empfand für Matulaitis – wie er sagte – »Vertrauen und Zuneigung und eine ungewöhnlich tiefe Priesterfreundschaft«. Achille Ratti, der spätere Papst Pius XI., war ja 1918 für drei Jahre als Apostolischer Visitator und Nuntius nach Warschau gesandt worden. Er stand mit Matulaitis nicht bloß in Briefkontakt, er traf ihn auch öfters: »Mehr als einmal« – so schrieb Pius XI. kurz nach seiner Erwählung zum Nachfolger Petri – »haben Wir persönlich gesehen, mit welcher Weisheit und Gerechtigkeit Du die Aufgaben eines guten Hirten erfüllst.«

Daß auch Papst Johannes Paul II. ganz große Hochachtung für Bischof Matulaitis hat, zeigte er anläßlich der 600-Jahr-Jubiläumsfeier der »Taufe« Litauens in seinem Apostolischen Schreiben vom 5. Juni 1987. Darin schreibt der Papst u. a.: »Die 600 Jahre christlichen Lebens in Litauen bieten unzählige Zeugnisse für das ununterbrochene Wirken des Heiligen Geistes, der Eure Kirche mit seinen Früchten reich ausgestattet hat, indem er Scharen von Männern und Frauen hervorgebracht hat, die würdig sind, als wahre Jünger Christi anerkannt zu werden. Ich möchte zusammen mit Euch Bischöfen Litauens dieser Söhne Eures Landes gedenken, die im Herzen des litauischen Volkes ein unauslöschliches Zeichen ihrer Tugenden und ihres apostolischen Eifers hinterlassen haben.« An erster Stelle erwähnt dann Papst Johannes Paul II. den heiligen Kasimir, dann Bischof Merkelis Giedraitis, »einen wahren Apostel der tridentinischen Reform«, schließlich den Bischof Motiejus Valancius. Zuletzt kommt er auf Bischof Matulaitis zu sprechen, auf »diesen überaus würdigen Sohn der litauischen Kirche und Nation«, der mit Recht zur Ehre der Altäre erhoben wird: »Als wahrer ›Knecht und Apostel Jesu Christi‹

(2 Petr 1, 1) war er Oberhirte von Wilna, weitschauend und eifrig besorgt um alle seine Kinder, auch die fernstehenden. Treu seinem bischöflichen Wahlspruch ›Besiege das Böse durch das Gute‹, stellte er sich in seinem Bischofsamt zahlreichen und großen Schwierigkeiten, wobei er sich ›für alle zum Sklaven gemacht hat, um möglichst viele zu gewinnen‹ (1 Kor 9, 19) und sich einzig und allein für das Wohl der Kirche und das Heil der Seelen einzusetzen. Mit seinem fruchtbaren kirchlichen Dienst bleiben vielfältige pastorale Initiativen verbunden, von denen ich die Werke des Laienapostolats und die Verbreitung der kirchlichen Soziallehre erwähnen möchte, durch die er seine Gläubigen zur Wahrnehmung ihrer Verantwortung führen wollte, alles in Christus zu erneuern. Ihm schulden sie ferner die Erneuerung seiner Kongregation der Kleriker Mariens und die Gründung der Kongregation der ›Schwestern von der Unbefleckten Empfängnis‹ und der ›Dienerinnen Jesu von der Eucharistie‹.«
Von Papst Pius XI. zum Apostolischen Visitator in Litauen ernannt, wirkte der Diener Gottes mit Umsicht und Eifer, so daß es für den Papst möglich wurde, mit der Apostolischen Konstitution ›Lituanorum gente‹ vom 4. April 1926 die litauische Kirchenprovinz zu errichten. Das katholische Leben erfuhr eine bemerkenswerte Blüte in den verschiedenen Bereichen der Katechese, der Priester- und Ordensberufe, der Katholischen Aktion sowie der verschiedenen vom Evangelium geprägten kulturellen Ausdrucksformen. Der gute Same, der von Bischof Matulaitis mit großer Freigebigkeit ausgestreut worden war, brachte hundertfältige Früchte hervor, und die Kirche erlebte einen neuen Frühling in Litauen. Doch auch er selbst wollte zum Samen werden, der in der Erde stirbt, um nicht allein zu bleiben, sondern reiche Frucht zu bringen, wie es die bewegende Anrufung bezeugt, die er uns gleichsam als Testament in seinem geistlichen Tagebuch hinterlassen hat und die ich mit Euch wiederholen möchte: ›Mache, o Jesus, daß ich mich für Deine Kirche aufopfere, für das Heil der von Deinem Blut erlösten Seelen, um mit Dir zu leben, mit Dir zu arbeiten, mit Dir zu leiden und, wie ich hoffe, auch mit Dir zu sterben und zu herrschen.‹ ...«
Beim »Angelus«-Gebet nach der Seligsprechungsfeier am 28. Juni 1987 sagte Papst Johannes Paul II.: »Heute morgen hat sich die Kirche Roms zusammen mit den Schwesterkirchen Europas bei einer feierlichen Konzelebration im Petersdom im Geiste mit den Bischöfen Litauens vereint, die heute in Wilna die 600-Jahr-Feier der ›Taufe‹ dieser Nation begehen. Gleichzeitig hatte ich die Freude, einen großen Sohn des litauischen Volkes zur Ehre der Altäre zu erheben: den Diener Gottes Georg Matulaitis (Matulewicz), einen beispielhaften

Bischof und Ordensmann, Gründer und Reformator von Ordenskongregationen, der von großer Liebe zu Maria, der Immaculata, erfüllt war, einen unermüdlichen und unerschrockenen Seelsorger.« In der Ansprache bei der Seligsprechung hat der Papst den seligen Georg Matulaitis »einen an Mut und Initiativgeist reichen Oberhirten« genannt, »der mit Umsicht und Opferbereitschaft schwierige Situationen für die Kirche zu meistern verstand«.

Der selige Marcel Callo

Märtyrer

* *06. 12. 1921*
Rennes (Frankreich)
† *19. 03. 1945 KZ Mauthausen (Oberösterreich)*

04. 10. 1987 Seligsprechung

In diesem französischen Märtyrer, der Mitglied der christlichen Arbeiterjugend Frankreichs war und im Konzentrationslager Mauthausen/Österreich (Gusen II) Opfer der nationalsozialistischen Tyrannei wurde, hat Papst Johannes Paul II. durch die am 4. Oktober 1987 vorgenommene Seligsprechung der katholischen Jugend der ganzen Welt, im besonderen Frankreichs und Österreichs, ein prächtiges Vorbild unerschütterlicher Treue zum katholischen Glauben gegeben.

Marcel Callo[45] wurde am 6. Dezember 1921 in der Stadt Rennes in Westfrankreich als sechster von neun Brüdern, von denen einer Priester geworden ist, in eine tief gläubige Familie hineingeboren. Sieben Jahre lang ging der junge Callo Tag für Tag frühmorgens in seine Pfarrkirche, um dort bei der heiligen Messe zu ministrieren. Er gibt darum nach seiner Seligsprechung im besonderen auch einen prächtigen Patron für die Ministranten ab.

Am 1. Oktober 1934 begann Marcel seine Lehrzeit in einer Druckerei der Stadt Rennes. In der Freizeit machte er begeistert bei den Pfadfindern mit. Nach Beendigung der Lehrzeit wurde er Ende 1935 Mitglied der »Jeunesse Ouvrière Chrétienne« (JOC). In den Reihen der christlichen Arbeiterjugend betätigte er sich fortan sehr intensiv im Apostolat. Schon bald wurde er Gruppenführer. Durch die Besetzung seiner französischen Heimat geriet Marcel aber im März 1943 in die nationalsozialistische Kriegsmaschinerie. Er wurde dem STO, dem »Service du Travail Obligatoire«, unterstellt und arbeitsverpflichtet nach Deutschland abkommandiert, wo er im Arbeitslager Zella-Melhis in Thüringen zu arbeiten hatte. Hier nützte er die knappe Freizeit, um unter seinen Schicksalsgenossen im geheimen apostolisch tätig zu sein und diesen das bittere Los fern der Heimat zu erleichtern.

Schon bald wurde Marcel Callo angeklagt, »viel zu katholisch« zu sein. Am 19. April 1944 wurde er in Gotha eingekerkert. Für den jungen christlichen Arbeiter folgten fünf Monate bitterster Art, angefüllt mit unnennbaren physischen und seelischen Leiden. Aber er ertrug alles mit chrislichem Heroismus und reifte dabei zu wahrer Heiligkeit heran.

Am 4. Oktober 1944 wurde Marcel Callo aus dem Gefängnis in Gotha in das Konzentrationslager Mauthausen in Oberösterreich überstellt. Hier wurde der tapfere junge Christ durch Entbehrungen jeglicher Art, durch mörderisch harte Arbeit und durch strengste Nachrichtensperre gegenüber der französischen Heimat und gegenüber seiner Familie in Rennes körperlich und seelisch total zerstört, so daß der Tod kurz vor Kriegsende am 19. März 1945 seinem irdischen Leben ein Ende setzte.

Am 4. Oktober 1987 hat Papst Johannes Paul II. bei der Seligsprechung von Marcel Callo folgende Schilderung dieses Seligen der »Christlichen Arbeiterjugend« gegeben:

»In seiner Barmherzigkeit hat der Herr seinem Volk eine Schar von Heiligen geschenkt, die verkünden, wie groß der Mensch ist, wenn er sich vom Geist Gottes ergreifen und leiten läßt. Ich habe die Freude, heute Marcel Callo inmitten seiner Familie, seiner Heimatdiözese Rennes und zahlreicher Vertreter der CAJ und der Pfadfinder seligzusprechen. Er ist nicht von sich aus und allein zur evangelischen Vollkommenheit gelangt, eine einfache, tief christliche Familie hat ihn dafür herangebildet; dann traten die Pfadfinderschaft und die Christliche Arbeiterjugend an ihre Stelle. Gestärkt durch das Gebet, die Sakramente und die apostolische Tätigkeit, die nach der Pädagogik der genannten Bewegungen ausgerichtet war, hat Marcel Callo gemeinsam mit seinen Brüdern, den jungen christlichen Arbeitern, die Kirche aufgebaut, denn in der Kirche wird man Christ und mit der Kirche baut man eine neue Menschheit auf.

Marcel Callo ist nicht sofort zur evangelischen Vollkommenheit gelangt; hochtalentiert und voll guten Willens kannte er auch langdauernde Kämpfe gegen den Geist der Welt, gegen sich selbst und gegen den Druck von Dingen und Menschen. Aber ganz offen für die Gnade ließ er sich immer mehr von Gott führen bis hin zum Martyrium. Die harte Prüfung hat seine Liebe zu Christus zur Reife ge-

bracht. Aus dem Gefängnis schrieb er an seinen kurz zuvor zum Priester geweihten Bruder: ›Zu meinem großen Glück ist Er mein Freund, der mich keinen Augenblick verläßt und der mich zu stützen und zu trösten weiß, in schlimmen und bedrückenden Stunden kann man mit seiner Hilfe alles ertragen. Wie sehr muß ich Christus danken, daß Er mir den Weg gewiesen hat, auf dem ich mich befinde.‹
Ja, Marcel Callo ist dem Kreuz begegnet, zuerst in Frankreich, dann – der Liebe seiner Familie und seiner Verlobten, der er zärtlich und keusch zugetan war, entrissen – in Deutschland, wo er der CAJ zusammen mit einigen Freunden neuen Schwung gab. Mehrere dieser Freunde starben ebenfalls als Zeugen für Christus. Verfolgt von der GESTAPO ging Marcel Callo bis zum letzten. Wie der Herr hat er die Seinen bis zum äußersten geliebt. Sein ganzes Leben ist zur Eucharistie geworden. Zur ewigen Freude Gottes gelangt, bezeugt er nun, daß der christliche Glaube die Erde nicht vom Himmel trennt. Der Himmel wird auf der Erde vorbereitet durch Gerechtigkeit und Liebe; wenn man liebt, ist man schon ›selig‹. Oberst Tibodo, der Tausende von Gefangenen sterben sah, stand ihm am frühen Morgen des 19. März 1945 bei; er bezeugte mit Eindringlichkeit sehr bewegt: Marcel hatte beim Sterben den Ausdruck eines Heiligen.
Die lebendige Botschaft, die Marcel Callo als Mitglied der CAJ gegeben hat, betrifft uns alle; den jungen christlichen Arbeitern zeigt er die außerordentliche Ausstrahlung derjenigen, in denen Christus lebt und die sich für die uneingeschränkte Befreiung ihrer Brüder einsetzen; den Christen der Diözese Rennes ruft Marcel Callo ins Gedächtnis, wie groß die geistliche Fruchtbarkeit der Bretagne sein kann, wenn sie im Glauben ihrer Väter zu leben weiß; an uns alle aber, ganz gleich ob Laien, Ordensleute, Priester und Bischöfe, richtet Marcel Callo die allgemeine Aufforderung zur Heiligkeit, zu einer Heiligkeit und geistigen Jugend, die unser westliches Weltbild so sehr benötigt, um weiterhin – ›gelegen oder ungelegen‹ – das Evangelium zu verkünden.«

»Fröhlich sein und die Spatzen pfeifen lassen«, diese Lebensmaxime des hl. Don Bosco war auch der Leitspruch des jungen Marcel Callo.

Die selige Antonia Mesina

Märtyrin der Reinheit

* *21. 06. 1919*
Orgósolo (Sardinien)
† *17. 05. 1935*
im Wald von Orgósolo

04. 10. 1987 Seligsprechung

Im jugendlichen Alter von noch nicht einmal 16 Jahren hat sich an dem Mädchen Antonia Mesina[46] die Seligpreisung aus der Apokalypse (Offb 2, 10) erfüllt: »Sei getreu bis in den Tod, dann werde ich dir den Kranz des Lebens geben!« Dieses Mädchen aus Sardinien ist auch eine von der Schar jener, die in unserem Jahrhundert dem Beispiel der heiligen Maria Goretti folgten.

Am 21. Juni 1919 wurde sie als zweites von acht Kindern dem Agostino Rubanu und seiner Frau Grazia, geborene Rubanu, in Orgósolo, Diözese Nuoro, auf der Insel Sardinien, von Gott geschenkt. Die große Familie lebte in sehr bescheidenen Verhältnissen. Antonia gehörte von 1929 bis 1931 zur katholischen Jungschar ihrer Heimatpfarre und war dann von 1934 bis zu ihrem allzu frühen Tod Mitglied der katholischen weiblichen Jugend. Am 17. Mai 1935 wurde sie, während sie im Wald Brennholz sammelte, von einem Wüstling überfallen, um sie zu vergewaltigen. Da sich Antonia dagegen tapfer wehrte, wurde sie von diesem Unhold umgebracht. Beim Begräbnis zwei Tage darauf gab die gesamte Dorfbevölkerung von Orgósolo der jugendlichen Märtyrin der Reinheit das letzte Geleit. Der Passionist P. Fortunato hat das Leben dieses tapferen Mädchens in einem Buch[47] beschrieben: »Antonia Mesina, uccisa come santa Maria Goretti«.

Papst Johannes Paul II. sagte am 4. Oktober 1987 bei der Seligsprechung über Antonia Mesina: »Freut euch mit mir, ihr Bürger aus der Diözese Nuoro, von Orgósolo und von ganz Sardinien, über die jugendliche Antonia Mesina, die heute seliggesprochen wird. Ihr Martyrium ist der Höhepunkt, an den ihre bescheidene und freudige Hingabe an das Leben ihrer zahlreichen Familie gelangt ist. Es war ihr ausdauerndes Ja zum verborgenen Dienst im Hause, das sie auf das totale Ja vorbereitete. Von klein an – es waren die ersten Nachkriegsjahre – hat Antonia die Härte ihrer Erde und die Großzügigkeit ihrer Menschen kennengelernt. Geführt von ihren Eltern, von der Lehrerin und dem Seelsorger, hat sie sich mutig den Werten des Lebens und des Glaubens erschlossen. Besonders die Schulung in der katholischen weiblichen Jugend bewirkte, daß Antonia schließlich menschlich und christlich tief verwurzelt war mit ihrem Wunsch, ihre Reinheit zu bewahren, auch wenn dabei das Leben hingeopfert werden müßte.

Im Alter von 16 Jahren geschah es dann, daß sie ihr heroisches Ja sagte zur Seligpreisung der Reinheit, die sie bis zum äußersten Opfer verteidigte. Das Bündel Holz, das sie zum Brotbacken im häuslichen Backofen gesammelt hatte, blieb an jenem Tag im Mai 1935 in den Bergen neben ihrem zermarterten Körper liegen, der von unzähligen Steinwürfen zerschunden war. An diesem Tag wurde ein anderes Feuer entfacht und ein anderes Brot zubereitet für eine viel größere Familie. Selig, weil ›reinen Herzens‹, werden dir, Antonia, zusammen mit Pierina Morosini, nun junge Menschen anvertraut, denen du Zeugin einer Liebe bist, die auf dem Weg ist, die über das Menschliche hinausblicken und ›Gott schauen‹ kann. Du bist diesen jungen Menschen ein Beispiel reifen Glaubens, der frei ist von Kompromissen und der sich der menschlichen und christlichen Würde bewußt ist. Du stimmst vor den jungen Menschen den Hoffnungsgesang für die neuen Generationen an, die der Heilige Geist weiterhin zur Radikalität der Bergpredigt in den Evangelien ruft.«

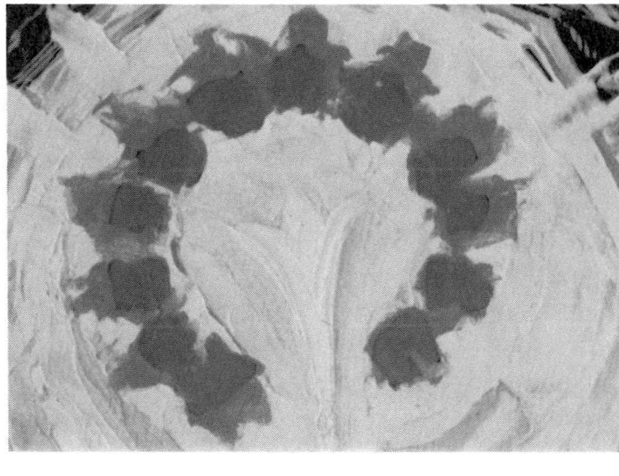

Lilie, Symbol der Reinheit. Gemälde von Jakob Häne, Kirchberg, St. Gallen.

Die selige Pierina Morosini

Fabrikarbeiterin,
Märtyrin der Reinheit

* *07. 01. 1931*
Fiobbio di Albino (Italien)
† *06. 04. 1957*
Bergamo (Italien)

04. 10. 1987 Seligsprechung

Dem Heiligen Vater Papst Johannes Paul II. ist es spürbar ein besonderes Anliegen, durch Selig- und Heiligsprechungen der weiblichen Jugend von heute, die durch den sexuellen Libertinismus unserer Zeit so gefährdet ist, Vorbilder für den mutigen Kampf um die Bewahrung der Herzensreinheit zu schenken. Dies tat er auch bei der Seligsprechung am 4. Oktober 1987, als er zwei Mädchen seligsprach, die um ihre Reinheit und Jungfräulichkeit kämpfend das Martyrium erlitten haben: Pierina (Petrina) Morosini und Antonia Mesina.
Pierina Morosini[48] wurde am 7. Januar 1931 im Dorf Fiobbio in der Gemeinde Albino, Diözese Bergamo in Italien, als erstes von neun Kindern der bescheidenen Bauersleute Rocco Morosini und Sara, geb. Noris, geboren. Mit sechs Jahren empfing sie am 10. Januar 1937 die heilige Firmung und mit sieben Jahren, am 5. Juni 1938, die Erstkommunion. Beide Sakramente wirkten sich bei Pierina überaus segenbringend aus.
Nach Beendigung der Grundschule besuchte sie eine frauliche Gewerbeschule für das Zuschneiden und Nähen von Kleidern. Sie arbeitete dann in der Textilfabrik Honegger in Albino. Mit ihrem Gehalt sorgte sie für den nötigen Lebensunterhalt der zahlreichen Familienangehörigen, da der Vater arbeitsunfähig geworden war. Pierina war Mitglied der weiblichen Jugend der Katholischen Aktion und war eifrig bei allen Tätigkeiten innerhalb der Pfarrei dabei. Besonders engagierte sie sich im Werk zur Förderung der Priester- und Ordensberufe und im Weltmissionswerk.

Am 27. April 1947 machte sie eine Rompilgerfahrt und nahm an der Seligsprechung von Maria Goretti teil. Diese einzige größere Reise ihres ganzes Lebens muß Pierina stark beeindruckt haben. Im Plan der Göttlichen Vorsehung sollte ihr ja das gleiche Los wie der heiligen Maria Goretti zuteil werden.
Jeden Tag, bevor Pierina an die Arbeit in der Textilfabrik ging, suchte sie die Pfarrkirche auf, um dort die heilige Messe mitzufeiern und die heilige Kommunion zu empfangen. Auf dem Weg zur Kirche und in die Fabrik betete sie regelmäßig den Rosenkranz.
Am 4. April 1957 machte sie sich am Nachmittag nach getaner Arbeit auf den Heimweg. An einem recht einsamen Wegstück am Monte Misma wurde sie von einem Unhold überfallen, der an ihr seine bösen Triebe befriedigen wollte. Er erschlug Pierina, die sich nach Kräften gewehrt haben wird, mit einem Stein. Ihre Angehörigen, die beunruhigt waren, daß Pierina ganz gegen ihre Gewohnheit zu später Abendstunde noch immer nicht heimgekommen war, suchten sie voll Sorge und fanden sie dann schrecklich zugerichtet und bewußtlos. Pierina wurde so schnell wie möglich in das Hauptspital in Bergamo gebracht. Dort starb sie zwei Tage später am 6. April 1957, ohne das Bewußtsein wiedererlangt zu haben. Der Chirurg, der sich im Spital noch um die Rettung des Lebens von Pierina bemüht hatte, rief beim Eintritt des Todes ganz spontan aus: »Wir haben nun eine neue Maria Goretti!«
In seiner Ansprache bei der Seligsprechung am 4. Oktober 1987 hat Papst Johannes Paul II. über die neue Selige folgendes gesagt:
»Freut euch mit mir und mit der ganzen Kirche, Brüder und Schwestern aus der Diözese Bergamo, Einwohner von Fiobbio und Albino, die ihr nach Rom gekommen seid zur Seligsprechung von Pierina Morosini! Die Wurzeln ihrer Religiosität kommen aus eurer Mitte: Aufgewachsen in einer Umgebung intensiven geistlichen Lebens in ihrer Familie, ist die selige Pierina Morosini Christus arm und bescheiden nachgefolgt in der täglichen Sorge für viele Geschwister. Nachdem sie entdeckt hatte, daß sie – auch ohne ins Kloster zu gehen – heilig werden könne, hat sie sich mit Liebe der Tätigkeit in der Pfarrei, in der Katholischen Aktion und im Apostolat für Weckung von Priester- und Ordensberufen geöffnet. Das persönliche Gebet, die tägliche Teilnahme an der heiligen Messe mit dem Opfermahl der heiligen Kommunion und gute Seelenführung haben sie dazu gebracht, immer besser den Willen Gottes und die Erwartungen ihrer Brüder und Schwestern einfühlsam zu verstehen und haben in ihr den Entschluß reifen lassen, sich in der Welt privat dem Herrn zu weihen. Zehn Jahre lang hat Pierina in einer Textilfabrik die Schwierigkeiten

einer Arbeiterin, aber auch Freuden erlebt. Als Schichtarbeiterin legte sie den Weg zur Fabrik immer zu Fuß zurück. Ihre Arbeitskolleginnen bezeugten ihre Zuverlässigkeit in der Arbeit, ihre Freundlichkeit, die mit einer gewissen Zurückhaltung verbunden war, und die Achtung, die man ihr als Frau und gläubigen Christin entgegenbrachte.

Vor 30 Jahren ereignete sich auf dem Heimweg ihr Martyrium als äußerste Konsequenz ihrer christlichen Treue. Ihre Schritte aber sind nicht zum Stillstand gekommen, sondern zeigen weiterhin einen leuchtenden Weg all denen, die Augen haben für die Faszination der evangelischen Herausforderungen.«

Pierina Morosini

Der selige Arnold Julian Nicolaus Rèche

Schulbruder

** 02. 09. 1838 Landroff (Elsaß)*
† 23. 10. 1890
Reims (Frankreich)

01. 11. 1987 Seligsprechung

Bruder Arnold[49], ein seliger Schulbruder im Orden des heiligen Jean Baptist de la Salle, der am Allerheiligentag 1987 in St. Peter in Rom zur Ehre der Altäre erhoben worden ist, erblickte am 2. September 1838 als erstes von neun Kindern des Claude und der Anna Rèche, geb. Clausset, in Landroff (Diözese Metz), das Licht der Welt und wurde noch am selben Tag auf die Namen Julian Nicolaus getauft. An seiner Wiege konnte man außer der tiefen Gläubigkeit und Rechtschaffenheit der Eltern nichts als nur Armut erblicken. So blieb es in der Folgezeit, in der Kindheit und Jugend Julians. Nach der trotz allem froh verlaufenen Kindheit trat Julian in den Dienst der Familie Grueber, die den Jungen wegen seines Arbeitseifers und seines taktvollen Benehmens lieb gewann. Von der Familie Grueber bekam Julian außer dem Lebensunterhalt für sich selbst auch so viel, daß er der immer bedürftigen, kinderreichen Familie und der kranken Mutter helfen konnte. An den Sonn- und Feiertagen half Julian dem Pfarrer und diente ihm am Altar. Er war dabei für die übrige männliche Jugend im Ort ein Muster an Fleiß und Frömmigkeit. Mit 21 Jahren schloß Julian den Dienst bei der Familie Grueber ab. Von 1859 bis 1862 war er beim Kirchenbau in Charleville/Frankreich beschäftigt; er gab dabei seinen Arbeitskollegen ein bestes Beispiel.
Eines Tages begegnete Julian Schulbrüdern, die zum ersten Mal seit der Revolution wieder nach Charleville zurückgekehrt waren. Bei ihnen besuchte Julian nun Kurse in ihrem Sonn- und Feiertags-Oratorium. Eines Tages bat er den Direktor der Schulbrüder darum, ihn

auch werktags zu den Abendkursen zuzulassen, um seine Bildung zu vervollständigen. Der zunehmende Kontakt mit den Schulbrüdern weckte schließlich in Julian den Gedanken, sich nach ihrer Art Gott zu weihen im Werk der Erziehung der Jugend. Am 13. November 1862 begann er das Noviziat und erhielt bald darauf das Ordenskleid und den Ordensnamen Arnold. Bereits ein Jahr darauf, 1863, wurde Bruder Arnold im Schulbrüderkonvikt zu Reims zur Mitarbeit in der Erziehung der Jugend herangezogen. In den 14 Jahren, die nun Bruder Arnold in Reims tätig war, nahm seine kulturelle und theologisch-aszetische Bildung so erfreulich zu, daß er mit 39 Jahren zum Noviziatsdirektor ernannt werden konnte. Das blieb er 13 Jahre lang. Nachdem er in diesen Jahren bewundernswerten Takt und Seelengröße in der Führung angehender Ordensleute bewiesen hatte, wurde er schließlich Oberer der ganzen, dem Herzen Jesu geweihten Schulbrüder-Kommunität in Reims. Am 23. Oktober 1890 erlitt der vorbildliche Schulbruder eine schwere Gehirnblutung, die noch am selben Tag seinem Erdenleben ein Ende setzte.
Papst Johannes Paul II. sagte 1987 bei der Seligsprechung von Bruder Arnold Rèche folgendes über ihn:
»Heute, am Allerheiligentag, habe ich die Freude, unter den Jüngern Christi, die mit dem Siegel der Heiligkeit bezeichnet sind, Bruder Arnold seligzusprechen, ihn, der sich vom ›Heiligen Geist, der heilig macht und eins macht‹, ergreifen ließ, und der einmal sagte: ›Auf Erden muß man den Heiligen Geist vor allem im Herzen unseres Herrn suchen.‹ Bei ihm nahm die Heiligkeit Gestalt an in einem Leben der Armut und der Arbeit, die er in früher Jugend auf sich nahm, um seiner Familie zu helfen. Bis ins Erwachsenenalter entsprach der künftige ›Bruder der christlichen Schulen‹ voll und ganz seiner Berufung als Christ. Trotz mancher Hindernisse machte seine Ausbildung Fortschritte. Vor allem lebte er intensiv seinen Glauben und verstand es, daraus ein überzeugendes Zeugnis für seine Umgebung zu machen. Er war arm, aber bereit, Prüfungen auf sich zu nehmen, und er war glücklich, festen Schrittes dem Reich Gottes entgegenzugehen. Schlichten Herzens entschloß sich schließlich Julian Rèche für das Leben in einem Laienbrüderorden. Zum Bruder Arnold geworden, entfaltete er seine natürlichen pädagogischen Fähigkeiten: er hatte ein sicheres Urteil und erwies sich als Beispiel der Ausgeglichenheit. Er verlangte von seinen Schülern, zugleich mit dem Erwerb neuer Kenntnisse auch gute menschliche Beziehungen herzustellen und ein anforderndes geistliches Leben zu entwickeln. Der Einfluß, den er ausübte, hatte seinen Grund ebenso in seiner beruflichen Tüchtigkeit wie auch in seiner hochherzigen Hingabe und in der Tiefe seines

Glaubens. ›Reinen Herzens zu sein‹, wofür es dann gegeben wird, ›Gott zu schauen‹, hieß für Bruder Arnold strenge Askese und eifriges Gebetsleben, das seine Mitbrüder beeindruckte. Dazu kam bei ihm noch Hingabe seiner selbst, Verbundenheit mit dem Leiden Christi, Vertrautheit mit dem Wort Gottes, das ihm Geistesnahrung war, und im Glück, Gott dienen zu dürfen, die Haltung der Dankbarkeit, die er ein ›echtes Gebet der Liebe‹ nannte. Nach dem Zeugnis eines Exerzitanten schöpfte Bruder Arnold ›seine Ruhe, seine Klugheit, sein Licht, aber auch sein Schweigen‹ aus der beständigen Gegenwart des Heiligen Geistes in seiner Seele.
Wir wollen Bruder Arnold anrufen, er möge als Lehrer des geistlichen Lebens – das war er im vorigen Jahrhundert – heute seine Mitbrüder in ihrem Leben, das der Erziehung in jeder Form geweiht ist, unterstützen; und wir bitten ihn, er möge den jungen Menschen von heute helfen, ganze Christen zu sein und zu werden, erwachsene Christen, die sich glücklich schätzen, Söhne und Töchter Gottes zu sein und im Geist der Seligpreisung die Gerechtigkeit und den Frieden zu suchen.«

Der Geist Gottes schwebt über den Wassern. Als Lehrer war der selige Arnold ein großer Verehrer des Heiligen Geistes. »Veni Sancte Spiritus.« Gemälde von Jakob Häne.

Die selige Ulrika Franziska Nisch

Dienstmädchen,
Ordensschwester

* *18. 09. 1882*
Mittelbiberach-Oberndorf
(Baden-Württemberg)
† *08. 05. 1913*
Hegne (Bodensee)

01. 11. 1987 Seligsprechung

Am Allerheiligentag 1987 hat Papst Johannes Paul II. zwei deutsche Ordensschwestern, die Kreuzschwester Ulrika Nisch[50] und die Ursuline Blandine Merten, seliggesprochen.
Ulrika Nisch wurde am 18. September 1882 als uneheliches Kind in Mittelbiberach-Oberdorf in Oberschwaben (Baden-Württemberg) geboren. Ihre Eltern waren Ulrich Nisch und Klothilde Dettenrieder. Als beide heiraten wollten, war die Mutter der Braut dagegen, auch der Bürgermeister des Dorfes weigerte sich, die bürgerliche, standesamtliche Eheschließung vorzunehmen, weil dem Roßknecht Ulrich Nisch finanziell alles fehlte, um eine Familie zu ernähren. Nun wollten die beiden mit einem Kind die Ehe ertrotzen. Während ihrer Schwangerschaft hatte Klothilde Dettenrieder von ihrer Mutter und den Dorfbewohnern viel zu erleiden, was sich wohl auf ihr Kind auswirkte. Das Kind bekam bei der Taufe in der Pfarrkirche Mittelbiberach als Zeichen der Versöhnung den Namen Franziska nach der Großmutter mütterlicherseits. Erst ein Jahr später konnten Ulrich Nisch und Klothilde Dettenrieder heiraten; sie wohnten dann in Unterstadion. Obwohl beide und später auch ihre Kinder – von 13 erlebten nur 5 das Erwachsenenalter – unermüdlich arbeiteten, herrschte in der Familie immer große Not. Franziska verbrachte ihre ersten Lebensjahre in Mittelbiberach-Oberdorf bei der Großmutter und bei der Schwester ihrer Mutter, Gertrud Dettenrieder, die auch ihre Taufpatin war. Schon früh lernte Fränzi, wie man sie nannte, das Beten; sie ging auch schon gern mit den Großen in die Kirche.

Im Jahre 1889 wurde Franziska von ihren Eltern nach Unterstadion geholt, um dort die Schule zu besuchen, in der sie mehr im Hintergrund blieb. Daheim fand sie nur schwer den rechten Kontakt zu den Eltern, vor allem weil der Vater zu ihr recht hart war. Die letzten beiden Schuljahre durfte sie wieder in Mittelbiberach-Oberdorf bei der Tante verbringen. Auch nach der Schulentlassung blieb sie bei ihr und half im Unterricht, in der Gastwirtschaft und besonders bei der Betreuung der beiden kleinen Söhne der Tante.
Im Jahre 1898 wurde Franziska zu einem Onkel nach Sauggart geschickt, der ein Gemischtwarengeschäft und eine Käserei betrieb. Hier wurde Franziska über ihre Kräfte ausgenutzt. Sie wechselte dann in einen Haushalt mit Bäckerei, Brauerei und Gastwirtschaft in Biberach. Als sie erfuhr, daß deutsche Mädchen in der Schweiz einen viel höheren Lohn bekämen, bewarb sie sich dort um eine Stelle, um ihren Eltern und Geschwistern mehr helfen zu können. So wurde Franziska 1901 Dienstmädchen im Haushalt des Lehrerseminardirektors Josef Vinzenz Morger in Rorschach am Bodensee (Schweiz), wo sie vor allem die vier Kinder zu betreuen hatte.
Schon mehrmals hatte Franziska den Wunsch geäußert, als Schwester in ein streng geschlossenes Kloster zu gehen, doch ihre Verwandten rieten ihr immer ab, weil sie doch die übliche Mitgift für den Klostereintritt nicht aufbringen könne. Nur ihr ehemaliger Katechet, Pfarrer Joseph Rupf, bestärkte sie mit der Bemerkung: »Wenn du den Beruf hast, mußt du auch gehen!«
Als Franziska im Frühjahr 1904 an Gesichtsrose erkrankte und im Krankenhaus zu Rorschach von Kreuzschwestern aus dem Mutterhaus in Ingenbohl gepflegt wurde, wobei ihr die Opferbereitschaft und Frömmigkeit der Schwestern imponierte, faßte sie den endgültigen Entschluß, ins Kloster zu gehen. Ihr Beichtvater, Pfarrer Helg, riet ihr, in das neugegründete Provinzhaus in Hegne einzutreten. Er vermittelte – trotz unehelicher Geburt und fehlender Mitgift – ihre Aufnahme. Am 17. Oktober 1904 kam Franziska in das Provinzhaus der Kreuzschwestern in Hegne bei Konstanz, nördlich der Insel Reichenau. Hier wurde sie von der Novizenmeisterin gefragt, welche Arbeit sie sich besonders wünschen würde. Sie antwortete: »Geben Sie mir einen Posten, wo ich viele Opfer bringen kann.« Das war dann der Fall: Sie wurde für die Arbeit in der Küche bestimmt. Zwischen den Kochtöpfen sollte sie von da an in den nun folgenden neun Jahren bis zu ihrem Tod schrittweise zur Heiligkeit heranreifen.
Um sich auch in der Praxis einer Station erproben zu können, wurde die Kandidatin Franziska am 5. Mai 1905 nach Zell-Weierbach bei Offenburg geschickt. Hier mußte sie für die klösterliche Gemein-

schaft kochen, allein den Hausputz besorgen und in der Krankenpflege mithelfen. 1906 wurde sie nach Hegne zurückberufen, wo am 24. April 1906 ihre Einkleidung und Aufnahme in das Noviziat erfolgte. Als Schwesternname erhielt sie nun den Namen ihres Vaters Ulrich und wurde fortan Schwester Ulrika gerufen, die wieder fleißig und gewissenhaft in der Klosterküche zu arbeiten hatte. Als Novizin zeigte sie den anderen Novizinnen vorbildlich, wie eine Ordensschwester betet, gehorcht und Gott und die Mitmenschen opferbereit liebt.

Nach dem Noviziatsjahr legte Schwester Ulrika am 24. April 1907 ihre ersten Gelübde ab. Sie tat es mit dem Ausspruch: »Ich bin am Ziel. Ich bin so glücklich!« Am Tag nach der Profeß wurde Schwester Ulrika in das Krankenhaus in Bühl versetzt, um dort die Spitalsküche zu führen. Ein Jahr später wurde sie zweite Köchin im St.-Vinzentius-Haus in Baden-Baden. Hier war sie allzeit ein aufmunterndes Vorbild für die Dienstmädchen und Kochlehrtöchter, deren Arbeit sie einzuteilen hatte.

Die religiös-aszetische Formung der Hegner Schwestern leitete in den Jahren 1900 bis 1909 der Spiritual Adolf Schwarz, der den Schwestern vor allem ein Zweifaches beizubringen suchte: Liebe zur Verborgenheit und Liebe zu Verdemütigungen. In beidem war Schwester Ulrika seine vollkommenste Schülerin: sie liebte die Verborgenheit und sehnte sich »dem Heiland zulieb« nach Verdemütigungen. Ihr Wahlspruch war: »Kein Maß kennt die Liebe, und wir wollen nur in der Liebe und für die Liebe alles leiden und arbeiten.« Sie begnügte sich nicht damit, ihre Pflichten gewissenhaft zu erfüllen, sie war stets bereit, allen Menschen zu helfen, sie zum Guten anzuspornen und ihnen durch ihr Beispiel völliger Hingabebereitschaft Christus nahezubringen, den sie über alles liebte.

Die Kraft für ihr Opferleben fand Schwester Ulrika im Gebet. Trotz schwerster körperlicher Arbeit kannte sie beim Gebet keine Müdigkeit. Sie kniete stets aufrecht, die Augen geschlossen oder auf den Tabernakel gerichtet. Sie gelangte dabei – wie aus ihren im Auftrag des Beichtvaters gemachten Aufzeichnungen ersichtlich wird – zu wahrer Innerlichkeit und zu wahrer Mystik im Gebet der Ruhe und der Ekstase und erlebte den Zustand der mystischen Brautschaft und Vermählung mit Christus. Dazu kamen auch Visionen, die ihr zuteil wurden; so sah sie sehr früh am Anfang ihres Ordenslebens ihren Schutzengel und meinte, daß jeder Mensch einen Schutzengel sehen würde; später kamen auch noch Gott, die seligste Jungfrau, Engel und andere Heilige betreffende Visionen hinzu. Sogar Blicke in die Zukunft wurden ihr gewährt.

Da diese Kreuzschwester außergewöhnliche Gnaden empfangen hat, wurden ihr auch besondere Prüfungen zuteil: Neben Verdemütigungen und Krankheit auch seelische Trockenheit und Trostlosigkeit und vor allem auch Zweifel, ob sie nicht das Opfer von Täuschungen sei. Zu Beginn des Jahres 1912 hörten nach und nach die gnadenhaften Erleuchtungen, die Visionen und Entrückungen auf, statt dessen litt sie nun immer stärker darunter, alles sei nur Einbildung gewesen und sei vom Teufel gekommen, der ihr nun anstelle des Schutzengels erschien und ihr häufig ganz arg zusetzte; er plagte sie oft Tag und Nacht. Dabei legte sich auf Schwester Ulrikas Geist dichte Finsternis. Die Ängste und Glaubenszweifel wurden furchtbar. Sie sah sich vom Teufel überallhin gefolgt und verfolgt und ihm gewissermaßen ausgeliefert. In ihrer großen Bedrängnis durch den Teufel, die inneren Zweifel und die seelische Finsternis nahm Schwester Ulrika aber beharrlich ihre Zuflucht zum Gebet und zum Gehorsam gegen ihre Oberin, die sich mütterlich um sie annahm. Überdies hat man mit Recht betont, daß an Schwester Ulrikas Art, trotz der Leiden und Prüfungen immer fröhlich und gütig zu bleiben und alles »Gott zulieb« anzunehmen, die Kraft der göttlichen Gnade erkennbar wurde.
Aus ihren Aufzeichnungen wissen wir, daß Gott sie schon zwei Jahre vorher, anno 1910, auf die Bedrängnisse durch Satan vorbereitet hat:
»Ich sah ein auffallendes Bild. Es war ein langer, breiter, von Rauch und Nebel angefüllter Gang, und es wumselte und schwärmte, wie ich es in meinem Leben noch nicht gesehen habe. Man kann sich gar keinen Begriff machen. Neben mir beobachtete ich immer jemand. Ich fragte meinen Bräutigam, als wir beisammen waren, was das bedeute. Und Er sagte, es werden noch viele Stürme über mich hereinbrechen von seiten des bösen Feindes. Und da erkannte ich dann, was die Schwärmerei bedeute.«
Da die eigentliche Konfrontation mit dem Teufel erst 1912 begann und sie ihre persönlichen Aufzeichnungen damals schon abgeschlossen hatte, erfahren wir von ihr selbst nichts mehr von dieser schrecklichen Verfolgung Satans. Um so wertvoller ist uns das folgende Zeugnis von Schwester Michaela:
»Mit einem Male war alles weg. Keinen Schutzengel hat sie mehr gesehen neben sich; der Heiland, die liebe Muttergottes, all die vielen Heiligen, mit denen sie verkehrt hatte, alles war weg. Statt des Schutzengels kam jetzt der Teufel und plagte sie Tag und Nacht. Ich habe sie vielmal getroffen, da sie ganz traurig in einem Winkel saß. Sie hatte furchtbare Gewissenszweifel durchzukämpfen.«
Im Frühjahr 1912 machte Schwester Ulrika Exerzitien in Hegne. Nach Baden-Baden zurückgekehrt, wurde sie von Schwester Mi-

chaela gefragt, was sie in den geistlichen Übungen erlebt habe. Schwester Ulrika berichtete ihr über körperliche und seelische Bedrängnisse aller Art. Bezeichnend war dann folgende wörtliche Aussage: »Ich hätte nur die Arme ausspannen müssen, dann wäre ich wie der Heiland am Kreuz gewesen.«

Die teuflischen Anfechtungen Ulrikas kommentiert der Erzabt von Beuron, Benedikt Baur, in seiner Biographie »Kein Mass kennt die Liebe« wie folgt:

»Wer von den oft lang andauernden Leiden und Prüfungen gelesen oder gehört hat, die heilige und hochbegnadete Seelen ausstehen, findet in den Verfolgungen durch den Teufel, in den unheimlichen Zuständen der inneren Finsternis und Trostlosigkeit, der schweren Glaubenszweifel und der Versuchungen zur Traurigkeit, welche die Dienerin Gottes erleidet, nichts Auffallendes. Das sind nun einmal die Mittel, mit denen der eifernde Gott an der Seele arbeitet, um sie für die vollkommene Liebesvereinigung reif zu machen.«

Die konkreten Aussagen verdanken wir einem Bericht von Schwester Oberin Bonaventura, zu welcher Schwester Ulrika ein besonderes Vertrauensverhältnis gepflegt hat:

»Anfangs 1912 hörte nach und nach das Entrücktsein auf. Es kam große Trockenheit über sie. Hauptsächlich litt sie unter der Prüfung, es sei alles Einbildung gewesen, es komme alles vom bösen Feind, der ihr dann auch sichtbar war und ihr zusetzte. Eines Tages kam sie zu mir und fragte, was ›Loge‹ sei. Ich war erstaunt und fragte sie, was sie mit der Loge zu tun habe. Dann sagte sie mir: ›Der‹ – wie sie den Teufel gewöhnlich nannte, ›sagte mir, ich soll in die Loge gehen. Dort bekomme ich Kleider und Geld, um (vom Kloster) fortgehen zu können.‹ Sie litt furchtbar unter diesen beständigen Plagereien. Sie sagte mir, es seien zwei so häßliche Kerle bei ihr, der eine plage sie immer, während der andere nur zusehe. Mit leiblichen Augen sah sie nie etwas, nur innerlich. Was ich geschrieben habe, könnte ich alles beschwören.«

Einen Nachhall zu den teuflischen Versuchungen und Quälereien finden wir in einem Brief, den Schwester Ulrika im Spätsommer 1912 an Schwester Bonaventura, die Oberin in Baden-Baden, geschrieben hat:

»Ich denke manchmal an das, was wir durchgemacht haben, von dem niemand eine Ahnung hatte. Jetzt ist alles vorüber.«

Wegen ihrer todbringenden Lungen- und Kehlkopftuberkulose mußte im Juli 1912 die Küchenschwester im Vinzentiushaus zu Baden-Baden ihre Arbeit aufgeben und ins Provinzhaus zurückkehren. Hier fiel die Todeskandidatin noch besonders durch Geduld im Leiden, durch Anspruchslosigkeit und Dankbarkeit auf. Am 8. Mai 1913 starb sie »selbstlos, wie sie gelebt hatte«.

Schon bald nach der Beisetzung von Schwester Ulrika auf dem Hegner Klosterfriedhof kamen Menschen, zuerst Mitschwestern, dann solche jeden Standes, um am Grab dieser heiligmäßigen Ordensschwester vertrauensvoll zu beten in den verschiedensten Anliegen. Vielfach fanden sie wunderbare Erhörung. Schwester Ulrika hatte kurz vor ihrem Tod gesagt: »Der liebe Gott will, daß ich sterbe, wie ich gelebt habe. Er wird zu seiner Zeit tun, was Ihm gefällt.« Es gefiel ihm, die Voraussetzungen dafür zu schaffen, daß diese zwischen den Kochtöpfen zur Vollkommenheit gelangte Kreuzschwester als erste ihrer Ordenskongregation – noch vor deren erster Generaloberin, der heiligmäßigen Schweizer Ordensschwester Maria Theresia Scherer – zur Ehre der Altäre erhoben wurde.

In seiner Predigt bei der Seligsprechung am 1. November 1987 im Petersdom in Rom sagte der Papst, Ulrika Nisch werde seliggesprochen, »weil sich an ihr in den 31 Jahren ihres Lebens die Bedingungen der Seligpreisungen des Evangeliums erfüllt haben«. Der Papst sprach dann von der Armut der Schwester Ulrika Nisch und ihrem Dienen an letzter Stelle, er verwies auf die Prüfungen ihres kränkelnden Leibes und auf die »zeitweilige Dunkelheit« in ihrer Seele. Aber die Liebe Gottes habe in ihrem Denken, Fühlen und Wollen keinen Widerstand gefunden. Mit ihrem reinen Herzen habe sie schon zu Lebzeiten Gott in mystischer Vereinigung schauen dürfen. »Ganz von Gott erfüllt wurde Ulrika Nisch immer mehr zu einem Gefäß seiner Liebe, die all ihr äußeres Wirken durchdrang und die einfachsten Dienste für die Menschen zu einer Kostbarkeit machte ... Sie ist selig, weil sie einer Liebe ohne Maß vertraut hat.«

Schloß Mittelbiberach in Württemberg. In den Stallungen dieses Schlosses war der Vater von Ulrike Nisch als Roßknecht tätig.

Die selige Blandine Maria Magdalena Merten

Ordensschwester

* *10. 07. 1883*
Düppenweiler (Saarland)
† *18. 05. 1918 Trier*

01. 11. 1987 Seligsprechung

In der sogenannten »Stillen Ecke« des Saarlands, im Dorf Düppenweiler, wurde Maria Magdalena[51] am 10. Juli 1883 dem Bauern Johann Merten und seiner Gattin zu den bereits vorhandenen Kindern Franz und Elise dazugeschenkt. Dieses Kind, aus dem die spätere selige Ordensschwester Blandine wurde, die Papst Johannes Paul II. am 1. November 1987 zur Ehre der Altäre erhob, zeichnete sich sehr früh schon durch besondere Frömmigkeit, Liebenswürdigkeit und Hilfsbereitschaft aus.

Von 1889 bis 1897 besuchte Maria Magdalena die Volksschule ihres Heimatdorfes. Erst mit 13 Jahren durfte sie am 12. April 1896 die erste heilige Kommunion und wenig später am 21. April 1896 die heilige Firmung empfangen. In den Jahren 1897 bis 1899 wurde das vorbildliche Mädchen von seiner hochgeschätzten Lehrerin Genter für das Lehrerinnenseminar vorbereitet und dabei gleichzeitig schon als ihre Gehilfin herangezogen.

Vom April 1899 bis September 1902 studierte Maria Magdalena Merten dann an der Lehrerinnenbildungsanstalt in Marienau bei Vallendar. Sie schloß das Studium mit dem Reifezeugnis für die Lehrbefähigung ab.

Von November 1902 bis April 1908 wirkte die junge Lehrerin – allseits geschätzt und geliebt – der Reihe nach in Oberthal bei St. Wendel, in Morscheid im Hunsrück, in Großrosseln an der Saar. Mit besonderer Vorliebe nahm sie sich der armen und kranken Kinder an.

Zusammen mit ihrer älteren Schwester Elise, die der jungen Lehrerin bisher den Haushalt geführt hatte, trat Maria Magdalena am 22. April 1908 bei den Ursulinen vom Calvarienberg bei Ahrweiler ein. Sie erhielt den Ordensnamen Blandine, während ihre Schwester Elise Blanda genannt wurde. Am 3. November 1910 legten beide die zeitlichen Gelübde, am 4. November 1913 die ewigen Gelübde ab. Damals fügte Schwester Blandine unter Gutheißung durch den Jesuiten P. Augustin Merk zu den drei Ordensgelübden der Armut, der Keuschheit und des Gehorsams noch das »votum victimae« hinzu, im Sinn der Bereitschaft, für Christus ganz und gar ein Sühnopfer zu sein und immer mehr zu werden. Schwester Blandine hatte von da an die innere Gewißheit, der Herr habe dieses ihr besondere Gelübde angenommen. Die im November 1910 nach Saarbrücken und am 10. Juni 1911 nach Trier versetzte junge Ordensfrau wurde nämlich schon bald durch die schwere Krankheit der Tuberkulose immer mehr in die Schule des Leidens genommen.

Vom Herbst 1916 an mußte Schwester Blandine krankheitshalber für immer Aufenthalt in der Krankenabteilung des Klosters der Ursulinen in Trier nehmen. Sie blieb trotz der Schmerzen immer fröhlich und gottergeben, wie ihr Ausspruch zeigt: »O heiliger Wille Gottes, ich liebe dich über alles und möchte so auf Erden leben, als gäbe es nur Gott und mich allein. Ich möchte Gott mehr lieben, als Ihn je ein Geschöpf geliebt hat.«

Immer war Schwester Blandine ganz selbstlos. Sie verlangte nichts, klagte nie, sondern lächelte nur immer, froh darüber, daß sie für Christus aus Sühne leiden durfte. Als sie schließlich erfahren hatte, daß es bis zu ihrem Heimgang nur noch ein paar Monate dauern werde, gab sie jubelnd diese »frohe Botschaft« an die ihr liebsten Menschen weiter. Trotz der Unruhe und des Lärms, wovon damals die Tage und Nächte in Trier durch häufige kriegerische Angriffe aus der Luft erfüllt waren, blieb Schwester Blandine in ihrer Verborgenheit ganz ruhig und gottergeben und starb friedlich im Herrn am 18. Mai 1918. »Eine verborgene Gottesbraut« – so nannte H. Visarius Schwester Blandine Merten in der 1967 in Trier erschienenen Biographie – ist mit der Seligsprechung am 1. November vor aller Welt bekannt gemacht geworden.

Zu den deutschen Pilgern, die zur Seligsprechung von Schwester Blandine Merten und Schwester Ulrika Nisch nach Rom gekommen waren, sagte Papst Johannes Paul II. am 2. November 1987 u. a. folgendes: »Unsere Begegnung hier im Vatikan gibt mir die willkommene Gelegenheit, euch allen noch einmal meine herzliche Mitfreude über die Seligsprechung zweier Mitbürgerinnen aus eurer Heimat zu bekunden. Schwester Ulrika Nisch und Schwester Blandine Merten, Küchenschwester die eine, Lehrerin die andere: Beide selig, weil sie ihr Leben und Wirken der Liebe Gottes vorbehaltlos geöffnet haben, weil sie ihr von Gott erfülltes Herz an die suchenden, leidenden Mitmenschen an ihrer Seite verschenkt haben, weil sie die ihnen zugemessene, zuweilen harte Lebenslage mit ganzer Kraft und Zuversicht angenommen und nach bestem Können für das Reich Gottes fruchtbar gemacht haben. An dieser Stelle möchte ich einem möglichen Mißverständnis zuvorkommen: Nicht ihre ärmliche Herkunft, nicht ihre schwache Gesundheit, nicht ihr Wirken an kaum beachteten, geringen Aufgaben haben sie zur Seligkeit geführt, sondern die geistliche Kraft aus der Quelle unseres Glaubens, mit der beide diese widrigen Voraussetzungen bewußt angenommen und in wertvolles, erfülltes Leben umgewandelt haben. Sie sind nicht vor den beschwerlichen Bedingungen ihres Lebens geflüchtet, sondern haben diese mit Gottes Hilfe in Gebet und Opferbereitschaft gemeistert. Dabei haben sie sich nicht selbstzufrieden in ihre innere geistliche Welt zurückgezogen, sondern die reichen Schätze, die sich mit der Gnade Gottes in ihrem Herzen sammelten, nach dem Beispiel Christi großzügig weitergeschenkt. An ihrer Seite lebten bedrückte Menschen wieder auf und fühlten sich ›wie im Paradies‹; hier erfuhren sie greifbar und konkret, welche Macht eine von Gott entzündete Liebe darstellt. Aus dem Kreis solcher reich beschenkten Menschen kommen dann auch die ersten Zeugen, die von ihrer Erfahrung echter, selbstloser Liebe im Umgang mit Schwester Ulrika und Schwester Blandine berichten. Ihr Urteil war und ist die Grundlage für die kirchliche Bestätigung. Ja, diese beiden Leben haben bleibenden Wert vor Gott und beispielhafte Bedeutung für uns alle!«

Blandine Merten als fünfzehnjähriges Mädchen.

Der selige Georg Haydock und 84 Gefährten

Weltpriester, Märtyrer

* *um 1557 Cottam Hall bei Preston (Lancashire)*
† *10. 02. 1584 London*

22. 11. 1987 Seligsprechung

Nach Auskunft des zuständigen Bischofs von Lancaster, Msgr. John Brewer, existiert von Georg Haydock kein Bild, nur ein Kirchenfenster.

Unter der grausamen Königin Elisabeth I. von England haben zahlreiche Priester und Weltchristen in der Treue zum katholischen Glauben und in der Verteidigung des Primats des Petrusnachfolgers in Rom das Martyrium erlitten. 54 dieser Glaubenshelden wurden 1886 seliggesprochen, weitere neun im Jahre 1895; zwei von diesen, nämlich der Lordkanzler Thomas More und der Bischof John Fisher, wurden 1935 heiliggesprochen. Im Jahre 1929 erfolgte dann die Seligsprechung von weiteren 136 englischen Märtyrern. Papst Paul VI. hat dann 40 der englischen Märtyrer heiliggesprochen, und zwar elf von den 1886 seliggesprochenen und 29 von den 1929 seliggesprochenen.
Nun hat Papst Johannes Paul II. am Christkönigsfest (22. November) 1987 wiederum 85 englische Märtyrer zur Ehre der Altäre erhoben, darunter 63 Priester (55 Diözesanpriester und acht Ordenspriester) und 22 Laien.
Angeführt wird diese neue Gruppe seliger englischer Märtyrer durch den Diözesanpriester Georg Haydock[52]. Er ragt aus den 85 Märtyrern heraus durch den Mut und die Tapferkeit, womit er sich vor Gericht für den Primat des Papstes und gegen die angemaßte hierarchische Autorität der Königin Elisabeth I. einsetzte und dafür dann das Martyrium erlitt. Das Leben und Sterben dieses tapferen Priesters ist wohl auch am besten von allen 85 englischen Märtyrern dokumentarisch erfaßt. Es sei im folgenden kurz skizziert und dann das Verzeichnis der übrigen 84 englischen Märtyrer (mit Namen, Beruf, Al-

ter, Jahr und Ort des Martyriums) angefügt. Fast alle diese englischen Märtyrer haben den Blutzeugentod erlitten auf Grund des vom englischen Parlament beschlossenen Gesetzes von 1585, das gegen die Priester und die mit ihnen verbundenen Laien gerichtet war: Männer, die nach dem 24. Juni 1559 im Ausland zu katholischen Priestern geweiht worden und dann in das Vereinigte Königreich eingedrungen waren und darin Aufenthalt genommen hatten, waren des Hochverrats schuldig und wurden zum Tod verurteilt.
Georg Haydock wurde um das Jahr 1557 in Cottam Hall bei Preston (Lancashire) als jüngstes Kind unter vier Brüdern und einer Schwester geboren. Seine Eltern waren die treu katholischen Eheleute Vivian und Ellen Haydock, geb. Westby. Während der ersten Lebensjahre des jungen Georg erfolgte der Tod der Königin Maria der Katholischen (1558) und die Thronbesteigung der Königin Elisabeth I., die sogleich die Verfolgung der Katholiken einleitete. Mit 16/17 Jahren wurde der Junge vom verwitweten Vater in das Englische Kolleg in Douai (Frankreich) gesandt, das ein Schwager seiner Mutter, der spätere Kardinal W. Allen 1568 als Seminar zur Ausbildung von Priestern für die englische Mission gegründet hatte; zwischen 1574 und 1603 (Todesjahr der Königin Elisabeth I.) wurden von Douai aus 438 papsttreue Priester nach England gesandt. Einer der dort ausgebildeten Priester ist Georg Haydock; er blieb aber nicht die ganze Studienzeit in Douai, sondern übersiedelte in das 1579 gegründete Englische Kolleg in Rom. Hier empfing er am 27. August 1581 die Subdiakonatsweihe und am 3. September 1581 die Diakonatsweihe. Bald darauf verließ er wieder Rom, das seiner durch Krankheit geschwächten Gesundheit nicht zusagte. Er kam am 2. November 1581 nach Reims, wohin von Douai das Englische Kolleg 1578 vorübergehend verlegt worden war. Am 21. Dezember 1581 wurde Georg Haydock zum Priester geweiht. Seine Primiz feierte er am 4. Januar 1582. Nach zwölf Tagen verließ der Neupriester das Festland und ging heimlich nach England mit dem klaren Wissen, er werde, wenn sein Priesterberuf bekannt wird, als Hochverräter strengstens bestraft. In London fand er Unterschlupf und begann von da aus seine Seelsorgstätigkeit. Aber schon am 6. Februar 1582 wurde er, weil ihn ein gewisser Hawkinson verriet, gefangengenommen. Es kam zur Begegnung mit einem calvinisch gesinnten Geistlichen, der dem Neupriester klarmachte, daß er nur dann wieder die Freiheit erlange, wenn er den päpstlichen Primat ablehne. Das aber wies Georg Haydock energisch zurück. Schließlich wurde er in den Tower gesteckt, wo er zwei Jahre lang schmachtete. Mehrmals versuchten dort protestantische Geistliche, den katholischen Priester Georg Haydock

zur Untreue gegen den Papst zu bewegen. Er aber blieb fest in seiner Romtreue; er provozierte sogar seine Gegner mit dem Satz, den er an die Tür seiner Gefängniszelle schrieb: »Gregory XIII is head of the English and of the universal Church, to whom both Queen Elizabeth and all the rest of the world must be subject, if they wish to be saved.« Am Fest der Thronfeier Petri in Rom, 18. Januar 1584, begann die Gerichtsverhandlung gegen Georg Haydock. Er erklärte, von Herzen gern alles zu dulden für seinen katholischen Glauben, und sagte nochmals ganz ausdrücklich, daß er die angemaßte höchste geistliche Autorität der Königin ablehnen müsse, weil diese in der Kirche nur dem Papst in Rom zustehe. Bei weiteren Verhandlungen warf man Georg Haydock vor, er habe eine Verschwörung gegen die Königin angezettelt, um sie zu ermorden. Er bestritt diesen Vorwurf ganz energisch. Trotzdem wurde er gemeinsam mit John Munden, John Nutter und Thomas Hemerford am 7. Februar 1584 zum Tod verurteilt und am 10. Februar 1584 in Tyburn hingerichtet. Er hat wahrlich als Märtyrer und Blutzeuge der Treue zum Papst in Rom die Seligsprechung verdient, gemeinsam mit 84 Gefährten, deren Namen und Daten nun folgen:

Aus Yorkshire stammen:

1. Marmaduke Bowes, Familienvater, † 1585 in York
2. Francis Ingleby, Diözesanpriester, 36 Jahre alt, † 1586 in York
3. John Fingley, Diözesanpriester, 33 Jahre alt, † 1586 in York
4. Robert Bickerdike, Lehrling, † 1586 in York
5. Alexander Crow, Diözesanpriester, 36 Jahre alt, † 1586 in York
6. Edmund Sykes, Diözesanpriester, 37 Jahre alt, † 1587 in York
7. Richard Simpson, Diözesanpriester, 34 Jahre alt, † 1588 in Derby
8. William Spenser, Diözesanpriester, 34 Jahre alt, † 1589 in York
9. Robert Hardesty, Hausknecht, † 1589 in York
10. Nicholas Horner, Schneider, † 1590 in Smithfield
11. Richard Hill, Diözesanpriester, 25 Jahre alt, † 1590 in Durham
12. John Hogg, Diözesanpriester, 25 Jahre alt, † 1590 in Durham
13. Richard Holliday, Diözesanpriester, 25 Jahre alt, † 1590 in Durham
14. Robert Thorpe, Diözesanpriester, 31 Jahre alt, † 1591 in York
15. Thomas Watkinson, Witwer, † 1591 in York
16. Joseph Lambton, Diözesanpriester, 24 Jahre alt, † 1592 in Newcastle
17. William Knight, Laie, 23 Jahre alt, † 1596 in York
18. William Gibson, Laie, † 1596 in York
19. John Bretton, Ehemann, 69 Jahre alt, † 1598 in York

20. Peter Snow,
Diözesanpriester, 1591 geweiht,
† 1598 in York
21. Ralph Grimston, Ehemann,
† 1598 in York
22. Christopher Wharton,
Diözesanpriester, 60 Jahre alt,
† 1600 in York
23. Edward Thwing,
Diözesanpriester, 35 Jahre alt,
† 1600 in Lancaster
24. Thomas Palaser,
Diözesanpriester, 30 Jahre alt,
† 1600 in Durham
25. John Talbot, Ehemann,
† 1600 in Durham
26. Robert Middleton,
Ordenspriester SJ, 30 Jahre alt,
† 1601 in Lancaster
27. Thurstan Hunt,
Diözesanpriester, 46 Jahre alt,
† 1601 in Lancaster
28. Matthew Flathers,
Diözesanpriester, 48 Jahre alt,
† 1608 in York
29. Thomas Atkinson,
Diözesanpriester, 71 Jahre alt,
† 1616 in York
30. Nicholas Postgate,
Diözesanpriester, 82 Jahre alt,
† 1679 in York

Aus Lancashire stammen:
31. William Thomson,
Diözesanpriester, 26 Jahre alt,
† 1586 in Tyburn
32. John Sandys,
Diözesanpriester, 34 Jahre alt,
† 1586 in Gloucester
33. Georg Beesley,
Diözesanpriester, 29 Jahre alt,
† 1591 in Fleet Street, London
34. Edward Osbaldeston,
Diözesanpriester, 34 Jahre alt,
† 1594 in York
35. Robert Nutter,
Ordenspriester OP, 43 Jahre alt,
† 1600 in Lancaster
36. John Thules,
Diözesanpriester, 48 Jahre alt,
† 1616 in Lancaster
37. Roger Wrenno, Weber,
40 Jahre alt, † 1616 in Lancaster
38. Edward Bamber,
Diözesanpriester, 46 Jahre alt,
† 1646 in Lancaster
39. John Woodcock,
Ordenspriester OFM,
43 Jahre alt, † 1646 in Lancaster
40. Thomas Whitaker,
Diözesanpriester, 35 Jahre alt,
† 1646 in Lancaster

Aus Durham stammen:
41. Hugh Taylor, Diözesanpriester,
26 Jahre alt, † 1585 in York
42. Edward Burden,
Diözesanpriester, 48 Jahre alt,
† 1588 in York
43. John Norton, Ehemann,
† 1600 in Durham
44. William Southerne,
Diözesanpriester, 39 Jahre alt,
† 1618 in Newcastle

Aus Gloucestershire stammen:
45. Richard Sergeant,
Diözesanpriester, 28 Jahre alt,
† 1586 in Tyburn
46. Henry Webley, Laie,
30 Jahre alt,
† 1588 in Mile End Green,
London
47. William Lampley,
Handschuhmacher,
† 1588 in Gloucester

Aus London stammen:
48. William Carter, Buchdrucker,
35 Jahre alt, † 1584 in Tyburn
49. John Lowe, Diözesanpriester,
33 Jahre alt, † 1586 in Tyburn

50. Alexander Blake, Stallknecht,
† 1590 in Grays Inn Lane, London

Aus Warwickshire stammen:
51. Robert Dibdale, Diözesanpriester, 28 Jahre alt, † 1586 in Tyburn
52. Robert Grissold, Laie, † 1604 in Warwick

Aus Buckinghamshire stammen:
53. Thomas Belson, Student, 25 Jahre alt, † 1589 in Oxford
54. Robert Drury, Diözesanpriester, 39 Jahre alt, † 1607 in Tyburn

Aus Derbyshire stammen:
55. Nicholas Garlick, Diözesanpriester, 33 Jahre alt, † 1588 in Derby
56. Robert Ludlam, Diözesanpriester, 37 Jahre alt, † 1588 in Derby

Aus Dorset stammen:
57. John Adams, Diözesanpriester, 43 Jahre alt, † 1586 in Tyburn
58. William Pike, Tischler, † 1591 in Dorechester

Aus Herefordshire stammen:
59. Nicholas Wheeler, Diözesanpriester, 36 Jahre alt, † 1586 in Tybur
60. Roger Cadwallador, Diözesanpriester, 44 Jahre alt, † 1610 in Leominster

Aus Kent stammen:
61. Edmund Duke, Diözesanpriester, 27 Jahre alt, † 1590 in Durham
62. Roger Filcock, Ordenspriester SJ, 29 Jahre alt, † 1601 in Tyburn

Aus Lincolnshire stammen:
63. Richard Yaxley, Diözesanpriester, 29 Jahre alt, † 1589 in Oxford
64. Thomas Pormort, Diözesanpriester, 32 Jahre alt, † 1592 in St. Paul's, London

Aus Oxfordshire stammen:
65. Stephen Rowsham, Diözesanpriester, 32 Jahre alt, † 1587 in Gloucester
66. Georg Nichols, Diözesanpriester, 39 Jahre alt, † 1589 in Oxford

Aus Staffordshire stammen:
67. Robert Sutton, Diözesanpriester, geweiht 1578, † 1588 in Stafford
68. John Sugar, Diözesanpriester, 46 Jahre alt, † 1604 in Warwick

Aus Sussex stammen:
69. Thomas Pilcher, Diözesanpriester, 30 Jahre alt, † 1587 in Dorchester
70. Thomas Bullaker, Ordenspriester OFM, 39 Jahre alt, † 1642 in Tyburn

Aus Cornwall stammt:
71. John Hambley, Diözesanpriester, 27 Jahre alt, † 1587 in Salisbury

Aus Cumbria stammt:
72. Christopher Robinson, Diözesanpriester, 30 Jahre alt, † 1597 in Carlisle

Aus Middlesex stammt:
73. Antony Page, Diözesanpriester, 1591 geweiht, † 1593 in York

Aus Norfolk stammt:
74. Thomas Hunt,
Diözesanpriester, 26 Jahre alt,
† 1600 in Lincoln

Aus Northamptonshire stammt:
75. Henry Heath,
Ordenspriester OFM,
44 Jahre alt, † 1643 in Tyburn

Aus Northumberland stammt:
76. Georg Errington, Laie,
42 Jahre alt, † 1596 in York

Aus Suffolk stammt:
77. Montford Scott,
Diözesanpriester, 41 Jahre alt,
† 1591 in Fleet Street, London

Aus Westmorland stammt:
78. Thomas Sprott,
Diözesanpriester, 29 Jahre alt,
† 1600 in Lincoln

Aus Worcestershire stammt:
79. Arthur Bell,
Ordenspriester OFM,
42 Jahre alt, † 1643 in Tyburn

Aus Schottland stammt:
80. George Douglas,
Diözesanpriester, † 1587 in York

Aus Wales stammen:
81. Richard Flower (Lloyd), Laie,
22 Jahre alt, † 1588 in Tyburn
82. Humphrey Pritchard,
Hausknecht, † 1589 in Oxford
83. William Davies,
Diözesanpriester, 35 Jahre alt,
† 1593 in Beaumaris, Anglesey
84. Charles Meehan,
Ordenspriester OFM,
39 Jahre alt,
† 1679 in Ruthin Denbighshire.

Man sollte bei dieser scheinbar nichtssagenden Liste nicht vergessen, daß es bei jedem einzelnen Namen um einen Seligen geht, der – vielfach in noch jungem Alter – aus Treue zum Papst in Rom sein Leben gelassen hat und darum gerade in unserer Zeit, die vielfach – bis hinein in die Reihen der Priester – durch den antirömischen Affekt »ausgezeichnet« ist, unsere Verehrung und Nachahmung verdient; jeder dieser Glaubenshelden starb »pro Ecclesia et Pontifice«.

In seiner Ansprache bei der Seligsprechungsfeier in der Peterskirche in Rom am 22. November 1987 schlug der Papst einen sehr versöhnlichen ökumenischen Ton an und sagte u.a.: »Wir müssen uns alle freuen, daß die Feindseligkeit zwischen den Christen, von denen das Zeitalter dieser Märtyrer gezeichnet war, vorbei ist und an ihre Stelle brüderliche Liebe und gegenseitige Hochschätzung getreten sind.« Der Papst rief zum Gebet dafür auf, daß »das Blut dieser Märtyrer die Spaltungen unter den Christen heilen möge«. Er dankte Gott für den Fortschritt, der in den vergangenen Jahren auf dem Weg zu einer größeren Einheit zwischen Anglikanern und Katholiken erreicht worden sei.

Von Papst Johannes Paul II. in den Jahren 1984–1987

HEILIGGESPROCHENE

Blick auf den Hochaltar der St.-Peters-Kirche in Rom anläßlich der Seligsprechung von Georg Haydock und seiner 84 Gefährten am 22. November 1987.

Die heilige Paula Frassinetti

Ordensgründerin

* *03. 03. 1809 Genua*
† *11. 06. 1882 Rom*

11. 03. 1984 Heiligsprechung

Die hl. Paula Frassinetti[53] ist in der Selig- und Heiligsprechung ihrem heiligmäßigen Priester-Bruder zuvorgekommen. Während für diesen – Giuseppe Frassinetti, geboren am 15. Dezember 1804, zum Priester geweiht 1827, gestorben am 2. Januar 1868 – der Seligsprechungsprozeß erst 1939 eingeleitet, aber noch nicht abgeschlossen worden ist, wurde dessen Schwester Paula, obwohl sie erst 14 Jahre nach ihrem Bruder starb, schon am 8. Juni 1930 durch Papst Pius XI. selig- und durch Papst Johannes Paul II. am 11. März 1984 heiliggesprochen.
Paula Frassinetti erblickte in Genua am 3. März 1809 als drittes Kind des Giovanni Battista Frassinetti und der Angela, geb. Viale, das Licht der Welt. Die Eltern erzogen in ihrer guten, fleißigen und gewissenhaften Lebensweise auch dieses ihr Kind vorbildlich und weihten es im Genueser Marienheiligtum der seligsten Jungfrau Maria. Paula wuchs in den Jahren ihrer Jugend im Schatten der Pfarrkirche ihres ältesten Bruders Giuseppe auf, der – wie drei weitere Brüder – Priester geworden war und mit 28 Jahren die Pfarrei Quinto al Mare in der Nähe seiner Heimatstadt Genua übertragen bekommen hatte. Von diesem seeleneifrigen, heiligmäßigen Priester, der sich den Ehrentitel eines italienischen »Pfarrers von Ars« erworben hat und ein bedeutender religiöser Schriftsteller war (aus seiner Feder stammen 86 theologische und aszetische Bücher, die teilweie auch in Fremdsprachen übersetzt wurden), konnte Paula viel lernen und mannigfache Anregungen gewinnen, nicht bloß für ihr persönliches geistliches

Leben und Streben, sondern auch für die Mithilfe in der Seelsorge und für die Gründung ihrer Ordenskongregation. Denn wie ihr Bruder Giuseppe mehrere fromme Vereinigungen und die Ordenskongregation der »Söhne der Immaculata« (»Figli di Santa Maria Immaculata«) gründete, die im Lauf von 30 Jahren über 300 Priester der Erzdiözese Genua zur Verfügung stellen konnte, so nahm sich Paula immer mehr der Erziehung der weiblichen Jugend an und rief dazu anno 1834 die Ordenskongregation der Schwestern der hl. Dorothea ins Leben. Diese kirchliche Gemeinschaft wuchs und entfaltete sich trotz großer Schwierigkeiten. Die Gründerin verlegte bald schon, nämlich 1841, den Hauptsitz ihrer Kongregation nach Rom, und zwar nach St. Onofrio am Janiculus. Noch zu Lebzeiten der Heiligen, an der man neben dem Organisationstalent vor allem die wunderbare Harmonie zwischen Festigkeit und Güte, zwischen Starkmut in allen Schwierigkeiten und restloser Hingabe an Gott und seinen heiligsten Willen bewunderte, entstanden Häuser der Schwestern der hl. Dorothea in ganz Italien, dann in Portugal und in Brasilien. Heute zählt diese Schwestern-Kongregation mehr als 2000 Mitglieder in rund 90 Häusern.
Das geistliche Profil der Ordensgründerin Paula Frassinetti ergibt sich am besten aus ihrem Lieblingsspruch: »Voluntà di Dio – paradiso mio!« (»Der Wille Gottes ist mein Paradies!«). Mit einer totalen Selbstbeherrschung verstand sie es, die überschäumende Fülle ihrer feurigen Natur mit den Erfordernissen der Gelassenheit und Sanftmut zu verschmelzen, wobei sie in äußerster Schlichtheit alles menschliche Planen und Schaffen ganz und gar nach dem heiligsten Willen Gottes ausrichtete und sich selbst als ganz bescheidenes Werkzeug in der Hand Gottes betrachtete: »Alles, wie Gott will«, mit diesen Worten auf den Lippen starb Paula Frassinetti am 11. Juni 1882 im Kloster St. Onofrio am Janiculus in Rom. In der Kapelle dieses Hauses wird auch ihr heiliger Leib verehrt. Dort werden auch die »Erinnerungen« (»Memorie«) und die Briefe dieser Heiligen aufbewahrt, die Papst Johannes Paul II. bei der Heiligsprechungsfeier so charakterisiert hat:
»Paula Frassinetti ist eine wahrhaft herrliche Frucht der in der Kirche ständig wirksamen Erlösung. Man hat gesagt: Um festzustellen, ob ein Werk wirklich christlich ist, müsse man zusehen, ob es das Siegel des erlösenden Kreuzes an sich trägt. Nun, das Kreuz Christi warf weithin seinen Schatten – oder besser sein Licht – über das ganze Leben und Werk dieser Heiligen. Sie war überzeugt, daß einer, der den Weg der Vervollkommnung einschlagen will, nicht auf das Kreuz, die Abtötung, die Demütigung und das Leiden verzichten kann, die

den Christen dem göttlichen Vorbild, dem Gekreuzigten, ähnlich machen. In ihrer glühenden Aufopferung für das Heil aller Seelen meinte die hl. Paula, daß das, was einer zu leiden vermöge, nichts sei im Vergleich mit dem Leiden Christi. Sie schreckte nicht nur vor dem Kreuz nicht zurück, es war für sie vielmehr die Triebkraft, die sie bewegte, die geheime Quelle, aus der sie ihre unermüdliche Aktivität und ihren unbeugsamen Mut und ihre Stärke schöpfte. Sie pries das Jahr, das mit irgendeinem Kreuz begann, und empfand jede Erleichterung gewissermaßen als Bestrafung: ›Ach, jede Strafe‹, so sagte sie, ›aber man nehme mir nur nicht das Kreuz!‹

Der hl. Paula Frassinetti fehlte es nicht an inneren Qualen, an Verfolgungen, Verleumdungen, Schmähungen, Beleidigungen, Bosheiten und Angriffen. Alles aber wußte sie mit christlichem Starkmut zu ertragen in der Überzeugung, daß so, wie die Erde den befruchtenden Regen braucht, auch ihr heranwachsendes Institut von ihren Tränen begossen werden mußte.

Die innere Kraft, die sie bewog, die ›Torheit‹ des Kreuzes ganz zu leben, ist bei dieser Heiligen in ihrer frommen Verehrung des göttlichen Herzens Jesu zu suchen. Mit ihrer wahrhaft apostolischen Sensibilität begriff die Heilige, daß niemand ein echtes Apostolat ausüben könne, wenn er nicht in seinem Herzen die Wundmale Christi eingeprägt habe und wenn in ihm nicht jene unsagbare Verflechtung von Liebe und Schmerz wirksam ist, die im Herzen Jesu Gestalt annahm. Sie wollte daher, daß in ihrem Institut die Herz-Jesu-Verehrung in der Ordensregel verankert sei. Der Regel entsprechend sollten die Schwestern am Vortag des Herz-Jesu-Festes fasten, an jedem ersten Freitag des Monats sollten sich die Schwestern mit ihren Schülerinnen zur Anbetung vor dem heiligsten Sakrament einfinden. Im Jahr 1872 weihte die Heilige ihr ganzes Institut in besonderer Weise dem Herzen Jesus.

Das innere Feuer der hl. Paula Frassinetti mußte bei ihr in ein intensives apostolisches Wirken münden, wobei ihr besonderes Interesse der christlichen Erziehung verwahrloster Kinder und Jugendlicher galt. Zu diesem Zweck hatte sie ja das Institut der Schwestern der hl. Dorothea gegründet.

Die Botschaft, die dem einfachen, aber tief frommen Leben der hl. Paula entspringt, das ganz von Reinheit und Armut, aber auch von glühendem Einsatz für jene jungen Mädchen beseelt war, die von der Gesellschaft benachteiligt wurden – diese Botschaft ist ein Hinweis auf die wahren Werte der Frau, ein Hinweis auf den Ausdruck der zartesten fraulichen Gaben, Hinweis auf die Bestätigung der Identität und Würde der Frau, die die Kirche stets geschützt und unterstützt hat zur sittlichen Förderung der Gesellschaft und des nahenden Reiches Christi. Diese Botschaft ist zuletzt auch eine Aufforderung, die Erlösung dadurch in die Tat umzusetzen, daß man der Frau hilft, sich ihrer selbst und ihres Platzes bewußt zu werden, den sie in der christlichen Gemeinschaft und in der bürgerlichen Gesellschaft einnimmt. Die Frauen sollen sich ja – ihren Voraussetzungen entsprechend – auf die Übernahme ihrer Verantwortlichkeiten und auf die Erfüllung ihrer Aufgabe vorbereiten. In diesem Sinn sollen die verdienstvollen Schwestern der hl. Dorothea, dazu angetrieben durch die Heiligsprechung ihrer Gründerin, auch weiter den Geist und den Eifer dieser Heiligen in alle Kontinente tragen, wo sich ihre Häuser befinden ...«

Die heilige Paula Frassinetti

Die heiligen Andreas Kim, Paulus Chong, Laurentius Imbert, Franciscus Simeon Berneux und 99 Gefährten = 103 koreanische Märtyrer[54]

† *1839–1867*

6. 5. 1984 Heiligsprechung

Die katholische Kirche in Korea existiert in hierarchisch organisierter Form erst seit dem 9. September 1831, als Papst Gregor XVI. für Korea ein von der Diözese Peking abgetrenntes Apostolisches Vikariat errichtete. Korea hat aber bereits seit 1791 katholische Märtyrer in dem adeligen Christen Paul Yun und seinem Cousin Jakob Kwon Sang-Yon hervorgebracht, die beide am 8. Dezember 1792 den Blutzeugentod starben. Ihnen folgten weitere Märtyrer in den Jahren 1793–1795, 1801–1802, 1815, 1827. Die meisten Opfer blutiger Christenverfolgung in Korea gab es aber in den Jahren 1839–1846 und 1866–1867. In diesen Jahren wurden der erste koreanische Priester Andreas Kim, der Katechist Paulus Chong, die beiden französischen Missionsbischöfe Laurentius Imbert und Franciscus Simeon Berneux gemartert. Sie wurden gemeinsam mit 99 Blutzeugen aus dem Priester- und Laienstand getötet. Es sind zusammen also 103 koreanische Märtyrer. Diese wurden am 6. Mai 1984 von Papst Johannes Paul II. in der Kathedrale von Seoul heiliggesprochen, nachdem 79 von ihnen schon am 5. Juli 1925 durch Papst Pius XI. und 24 von ihnen am 6. Oktober 1968 durch Papst Paul VI. seliggesprochen worden waren.

Die Namen der 103 heiligen koreanischen Märtyrer, chronologisch nach dem Datum ihres Martyriums gereiht, sind folgende:

1. Petrus Yi, † 25. November 1838
2. Protasius Chong, † 20. Mai 1839
3. Agatha Yi, Schwester von Petrus Yi, † 24. Mai 1839
4. Anna Pak, Familienmutter, † 24. Mai 1839
5. Magdalena Kim, Familienmutter, † 24. Mai 1839
6. Barbara Han, Familienmutter, † 24. Mai 1839
7. Agatha Kim, Familienmutter, † 24. Mai 1839
8. Petrus Kwon, † 26. Mai 1839
9. Damian Nam, Katechist, † 26. Mai 1839
10. Augustin Yi, Katechist, † 26. Mai 1839
11. Lucia Pak, Hofdame, † 26. Mai 1839
12. Joseph Chang, † 26. Mai 1839
13. Barbara Yi, Waisenmädchen, † 27. Mai 1839
14. Barbara Kim, Dienstmagd, † 27. Mai 1839
15. Johannes Yi, Bruder des Augustinus Yi, † 20. Juli 1839
16. Rosa Kim, Witwe, † 20. Juli 1839
17. Magdalena Yi, † 20. Juli 1839
18. Theresia Yi, Witwe, † 20. Juli 1839
19. Martha Kim, Witwe, † 20. Juli 1839
20. Lucia Kim, Jungfrau, † 20. Juli 1839
21. Anna Kim, Witwe, † 20. Juli 1839
22. Maria Won, Jungfrau, † 20. Juli 1839
23. Lucia Kim, Jungfrau, † 2. September 1839
24. Johannes Pak, † 3. September 1839
25. Maria Pak, † 3. September 1839
26. Barbara Kwon, Gattin des Augustin Yi, † 3. September 1839
27. Barbara Yi, Schwester der Magdalena Yi, † 3. September 1839
28. Maria Yi, Gattin des Katechisten Damian Nam, † 3. September 1839
29. Agnes Kim, Jungfrau, † 3. September 1839
30. Franciscus Ch'Oe, † 3. September 1839
31. Laurentius Imbert, Titularbischof von Capsa, Apostolischer Vikar von Korea, † 21. September 1839
32. Petrus Maubant, Missionspriester, † 21. September 1839
33. Jacobus Chastan, Missionspriester, † 21. September 1839
34. Paulus Chong, Katechist, der als erster 20 Jahre lang in der priesterlosen Zeit die Christen in Korea anführte, † 22. September 1839
35. Augustinus Yu, Katechist, † 22. September 1839
36. Carolus Cho, † 26. September 1839
37. Sebastianus Nam, † 26. September 1839
38. Ignatius Kim, † 26. September 1839
39. Magdalena Ho, Mutter von Magdalena und Barbara Yi, † 26. September 1839
40. Magdalena Pak, † 26. September 1839
41. Agatha Chon, † 26. September 1839
42. Perpetua Hong, † 26. September 1839
43. Columba Kim, Schwester der Agnes Kim, † 26. September 1839
44. Julitta Kim, Jungfrau, † 26. September 1839
45. Catharina Yi, † 30. September 1839

Koreanische Märtyrer, die um des Glaubens willen enthauptet wurden:
Oben links: Pierre Philibert Maubant, enthauptet 21. September 1839.
Oben rechts: Just Ranferde Brettnières, enthauptet 8. März 1866.
Unten links: Marie Nicolas Daveluy, enthauptet 30. März 1866.
Unten rechts: Pierre Aumaître, enthauptet 30. März 1866.

46. Magdalena Cho, Tochter der Catharina Yi, † 30. September 1839
47. Petrus Yu, 13jähriger Sohn des Augustinus Yu, † 31. Oktober 1839
48. Caecilia Yu, Mutter des Katechisten Paul Chong, † 23. November 1839
49. Petrus Ch'oe, † 20. Dezember 1839
50. Benedicta Hyon, Witwe, † 20. Dezember 1839
51. Magdalena Yi, Jungfrau, † 20. Dezember 1839
52. Magdalena Han, Witwe, † 20. Dezember 1839
53. Elisabeth Chong, Jungfrau, Schwester des Paulus Chong und Tochter der Caecilia Yu, † 20. Dezember 1839
54. Barbara Cho, Gattin des Sebastian Nam, † 20. Dezember 1839
55. Barbara Ko, Gattin des Katechisten Augustin Pak, † 20. Dezember 1839
56. Agatha Yi,† 9. Januar 1840
57. Theresia Kim, Witwe, † 9. Januar 1840
58. Andreas Chong, † 23. Januar 1840
59. Stephanus Min, Katechist, † 30. Januar 1840
60. Augustinus Pak, Katechist, † 31. Januar 1840
61. Petrus Hong, Katechist, † 31. Januar 1840
62. Maria Yi, Jungfrau, † 31. Januar 1840
63. Magdalena Son, Gattin des Petrus Ch'oe, † 31. Januar 1840
64. Agatha Kwon, Tochter der Magdalena Han, † 31. Januar 1840
65. Agatha Yi, † 31. Januar 1840
66. Paulus Ho, der erste christliche Soldat Koreas, † 31. Januar 1840
67. Barbara Ch'oe, Tochter des Petrus Ch'oe und Gattin des Carolus Cho, † 1. Februar 1840
68. Paulus Hong, Bruder des Petrus Hong, † 1. Februar 1840
69. Johannes Yi, Katechist, † 1. Februar 1840
70. Antonius Kim, † 29. April 1840
71. Andreas Kim, der erste koreanische Priester, † 16. September 1846
72. Carolus Hyon, Katechist, Bruder der Benedicta Hyon, † 19. September 1846
73. Susanna U, † 20. September 1846
74. Theresia Kim, † 20. September 1846
75. Agatha Yi, † 20. September 1846
76. Catharina Chong, † 20. September 1846
77. Laurentius Han, † 20. September 1846
78. Petrus Nam, † 20. September 1846
79. Joseph Kim, † 20. September 1846
80. Petrus Yu, Katechist, † 17. Februar 1846
81. Franciscus Simeon Berneux, Titularbischof von Capsa, Apostolischer Vikar von Korea, † 8. März 1866
82. Justus Ranferde Brettnières Missionspriester, † 8. März 1866
83. Henricus Dorié, Missionspriester, † 8. März 1866
84. Ludovicus Beaulieu, Missionspriester, † 8. März 1866
85. Joannes Baptista Nam, † 8. März 1866

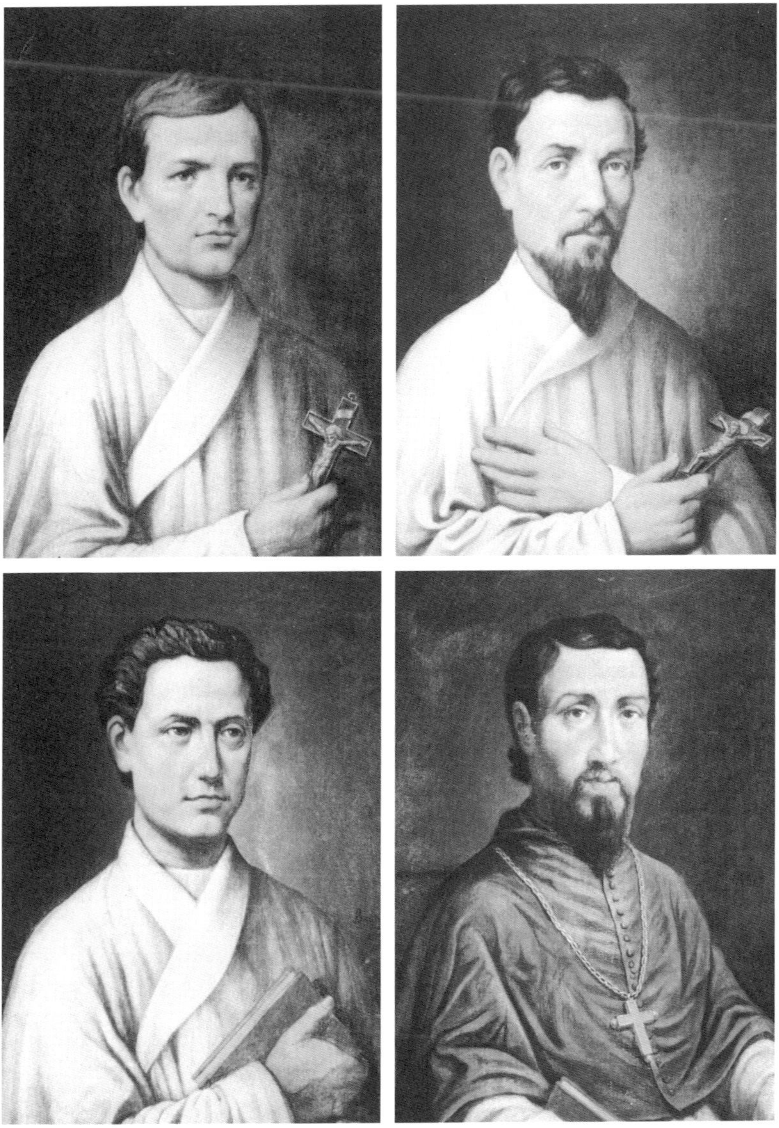

Koreanische Märtyrer, die um des Glaubens willen enthauptet wurden:
Oben links: Pierre Henri Dorié, enthauptet 8. März 1866.
Oben rechts: Jacques Honoré Chastan, enthauptet 21. September 1839.
Unten links: Louis Bernard Beaulieu, enthauptet 8. März 1866.
Unten rechts: Siméon François Berneux, enthauptet 8. März 1866.

86. Petrus Ch'oe, † 10. März 1866
87. Joannes Baptista Chon, † 10. März 1866
88. Marcus Chong, Katechist, † 11. März 1866
89. Alexius U, † 11. März 1866
90. Marie Nicolas Daveluy, Titularbischof von Akka, Apostolischer Vikar von Korea, † 30. März 1866
91. Petrus Aumaître, Missionspriester, † 30. März 1866
92. Lucas Huin, Missionspriester, † 30. März 1866
93. Lucas Hwang, Katechist, † 30. März 1866
94. Joseph Chang, Katechist, † 30. März 1866
95. Thomas Cho, † 13. Dezember 1866
96. Petru Cho, † 13. Dezember 1866
97. Joseph Cho, † 13. Dezember 1866
98. Petrus Yi, † 13. Dezember 1866
99. Bartholomäus Chong, † 13. Dezember 1866
100. Petrus Son, Katechist, † 13. Dezember 1866
101. Joseph Han, † 13. Dezember 1866
102. Petrus Chong, † 13. Dezember 1866
103. Johannes Yi, † 30. Januar 1867

Der namentlichen Aufzählung der 103 koreanischen Märtyrer, deren Fest seit ihrer Heiligsprechung am 20. September jeden Jahres gefeiert wird, sei die Ansprache verkürzt angefügt, die Papst Johannes Paul II. bei der Heiligsprechungsfeier am 6. Mai 1984 in der Kathedrale von Seoul gehalten hat:
»Die Wahrheit von Jesus Christus hat auch koreanischen Boden erreicht. Sie ist durch Bücher aus China in dieses Land gekommen. Auf ganz wunderbare Weise hat die göttliche Gnade bald eure geehrten Vorfahren zunächst zu einer geistigen Suche nach der Wahrheit des Wortes Gottes und dann zu einem lebendigen Glauben an den auferstandenen Erlöser veranlaßt. Im Streben nach immer größerer Teilhabe am christlichen Glauben haben eure Vorfahren einen der Ihren 1784 nach Peking gesandt, wo er getauft wurde. Aus diesem guten Samen entstand die erste christliche Gemeinde in Korea, eine in der Geschichte der Kirche einmalige Gemeinde, weil sie zur Gänze von Laien gegründet wurde. Diese eben flügge gewordene, so junge und doch so glaubensstarke Kirche widerstand einer fanatischen Verfolgungswelle nach der anderen. So kann sie sich in weniger als einem Jahrhundert bereits einiger zehntausend Märtyrer rühmen. Die Jahre 1791, 1801, 1827, 1839, 1846 und 1866 sind für immer mit dem heiligen Blut eurer Märtyrer gekennzeichnet und tief in eure Herzen eingeprägt.
Obwohl die Christen in Korea im ersten halben Jahrhundert nur zwei Priester aus China hatten, die ihnen – und dies nur für einige Zeit –

beistanden, vertieften sie doch ihre Einheit in Christus durch Gebet und brüderliche Liebe. Sie mißachteten die sozialen Klassenunterschiede und ermutigten zu geistlichen Berufen, und sie suchten immer engere Verbindung mit ihrem Bischof in Peking und mit dem Papst im fernen Rom.

Nach jahrelangen Bitten um Entsendung mehrerer Priester hießen eure christlichen Vorfahren 1836 die ersten französischen Missionare willkommen. Einige von ihnen zählen auch zu den Märtyrern, die ihr Leben um des Evangeliums willen hingaben und heute bei diesem historischen Festgottesdienst heiliggesprochen werden. Die großartige Blüte der Kirche im heutigen Korea ist wahrhaft Frucht des heldenhaften Zeugnisses der Märtyrer. Noch heute hält ihr unsterblicher Geist die Christen in der Kirche des Schweigens im Norden dieses so tragisch geteilten Landes aufrecht.

Heute (an diesem 6. Mai 1984) ist es mir als Bischof von Rom und Nachfolger des hl. Petrus gegeben, an dem Jubiläum der Kirche in Korea teilzunehmen und durch die Heiligsprechungsliturgie die seligen koreanischen Märtyrer in die Liste der Heiligen der katholischen Kirche aufzunehmen. Es sind echte Söhne und Töchter eurer Nation, zu denen einige Missionare aus anderen Ländern hinzukommen. Es sind eure Vorfahren dem Blut, der Sprache und der Kultur nach. Zugleich sind sie eure Väter und Mütter im Glauben, für den sie durch das Vergießen ihres Blutes Zeugnis abgelegt haben. Vom 13jährigen Petrus Yu bis zum 72jährigen Marcus Chong: Männer und Frauen, Kleriker und Laien, Reiche und Arme, gewöhnliche Leute und Adelige, viele von ihnen Nachkommen früherer Märtyrer, die keiner mehr kennt; sie alle starben um Christi willen.

Hören wir die letzten Worte der Theresia Kwon, einer der frühen Märtyrinnen: ›Da der Herr des Himmels der Vater der ganzen Menschheit und der Herr der Schöpfung ist, wie kann man da von mir verlangen, IHM die Treue zu brechen? Selbst in dieser Welt wird keinem, der seinen Vater oder seine Mutter verrät, vergeben werden. Um so weniger werde ich von ihm lassen, der unser aller Vater ist!‹

Eine Generation später erklärte Augustinus Yu, der Vater des genannten Petrus, in standhafter Weise: ›Da ich nun einmal Gott kennengelernt habe, kann ich unmöglich von ihm lassen.‹ Petrus Cho ging noch weiter, wenn er sagte: ›Selbst wenn einer vermutet, sein Vater habe ein Verbrechen begangen, so kann er doch nicht leugnen, daß er weiter sein Vater ist. Wie könnte ich dann sagen, ich kenne den himmlischen Vater und Herrn nicht, der doch so gut ist?‹ Und was sagte die 17jährige Agatha Yi, als ihr und ihrem jüngeren Bruder fälschlicherweise gesagt wurde, ihre Eltern seien vom Glauben abgefallen? ›Ob meine Eltern vom Glauben abgefallen sind oder nicht, das ist ihre Sache. Was aber uns betrifft, so können wir den Herrn des Himmels, dem wir immer gedient haben, nicht verraten!‹ Als man diese Worte hörte, lieferten sich sechs andere erwachsene Christen freiwillig dem Martyrium aus. Agatha, ihre Eltern und jene sechs anderen werden alle heute heiliggesprochen. Außer ihnen gibt es unzählige andere unbekannte, demütige Märtyrer, die nicht weniger treu und tapfer dem Herrn gedient haben. Die koreanischen Märtyrer haben Zeugnis gegeben für den gekreuzigten und auferstandenen Christus. Durch das Opfer ihres Lebens sind sie in ganz besonderer Weise Christus gleichgeworden ...«

Im Anschluß an seine in englischer Sprache gehaltene Predigt sagte der Papst noch auf französisch: »Wie sollten wir nicht mit lebhafter Dankbarkeit und Bewunderung an die französischen Missionare der Auslandsmissionen in Paris erinnern, die von weither gekommen waren, um der jungen Kirche in Korea ihren Evangelisierungseifer zur Vertiefung des Glaubens zu bringen, und das Geschenk ihres bischöflichen und priesterlichen Dienstes dankbar zu erwähnen, der allein der Gemeinde ihre kirchliche Struktur gibt, indem er die Gläubigen mit Christus, ihrem Haupt, vereint und sie in die Universalkirche eingliedert. Ich möchte wenigstens Bischof Imbert namentlich nennen, der als erster Bischof in diesem Land das Wort Gottes verkündete, und Bischof Berneux, der sich darum bemühte, den Gläubigen Bücher über die christliche Lehre und Spiritualität zur Verfügung zu stellen. Wir loben auch den Eifer und rühmen das Martyrium von etwa zehn französischen Missionspriestern. Mit den Bischöfen zusammen waren sie Tag und Nacht für die Sache des Evangeliums tätig, indem sie in der Zeit der Verfolgung den Glauben stärkten und sogar versuchten, Priesterberufe im Land zu wecken. Auch sie brachten für Christus das Opfer ihres Lebens.«

St. Martin von Tours, einer der klassischen Prototypen aller Heiligen.

Der heilige Francisco Febres Cordero

Schulbruder

* *07. 11. 1854 Cuenca (Ecuador)*
† *09. 02. 1910 Premiá (Spanien)*

21. 10. 1984 Heiligsprechung

An seinen Früchten erkennt man den Wert und die Qualität eines Baumes. Das gilt auch für eine Ordensgemeinschaft. Den christlichen Schulbrüdern des hl. Jean Baptiste de la Salle ist durch die Heiligsprechung von Bruder Miguel Francisco Febres Cordero bestätigt worden, daß in ihren Reihen nicht bloß tüchtige Lehrer und Erzieher an der Arbeit sind, sondern auch Heilige heranreifen.
Francisco Febres Cordero[55], der spätere Schulbruder Miguel, ist am 7. November 1854 in Cuenca im lateinamerikanischen Land Ecuador als Sohn von Francisco Febres Cordero und der Ana Muñoz Cárdenas geboren. Der Junge war gerade neun Jahre alt, als die Schulbrüder, vom heldenhaften katholischen Staatspräsidenten García Moreno gerufen, in Cuenca eine Schule gründeten. Francisco war einer ihrer ersten Schüler. Er ragte durch Aufgeschlossenheit und Aufmerksamkeit aus den übrigen Schülern heraus, noch mehr aber durch große Frömmigkeit und ausgesuchte Höflichkeit. Dadurch verdiente er sich die Hochschätzung seiner Lehrer und die Sympathie seiner Mitschüler.
Schon mit 14 Jahren faßte Francisco nach gründlicher Überlegung und Beratung mit erfahrenen Personen den Entschluß, in die Ordensgemeinschaft seiner Lehrer einzutreten und auch Schulbruder zu werden. Die Eltern hätten ihn lieber als Priesterkandidaten im Diözesanseminar gesehen; er aber blieb bei seinem Entschluß und trat am 24. März 1868 bei den Schulbrüdern ein und erhielt den Ordensnamen Miguel (Michael).

Nach seiner religiösen Ausbildung im Noviziat begann Bruder Miguel zunächst in seiner Geburtsstadt Cuenca seine apostolische und pädagogische Tätigkeit. Im Jahre 1869 aber wurde er nach Quito versetzt, wo er 35 Jahre lang die Menschen dieser Stadt durch sein Wort und seine vorbildliche Lebensführung erbaute. Er wurde bewundert wegen seines großen Wissens, vor allem aber wegen seiner Tugendhaftigkeit. Im Unterricht erwies er sich als vorbildlicher Lehrer, der zusätzlich zum trefflichen Unterricht auch mehrere Schulbücher und Bücher der religiösen Erbauung, u. a. auch einen religionspädagogisch sehr gut abgefaßten Katechismus, verfaßte. Daneben erwarb er sich vorzügliche Kenntnisse nicht bloß der spanischen Sprache und Literatur, sondern auch in Englisch und Französisch. Er wurde sogar Ehrenmitglied der spanischen und französischen Sprachakademie und korrespondierendes Mitglied der venezuelischen Akademie der Wissenschaften. Beruflich brachte er es nicht bloß zum Professor und Direktor der Schulen der Schulbrüder in Quito, sondern auch zum Inspektor. Über allem aber bemühte er sich in vorbildlicher Weise im Streben nach Vollkommenheit und Heiligkeit in der Nachfolge Christi, des Gekreuzigten. Sein Vorbild bewirkte, daß manche seiner Schüler Priester und sogar Bischöfe wurden; u. a. war sein Schüler der erste Kardinal von Ecuador, der Erzbischof von Quito, Carlos Maria de la Torre.
Im Jahre 1907 wurde Bruder Miguel von seinen Ordensoberen nach Lembecq-lez-Hal in Belgien versetzt, wo sich damals das Generalat der christlichen Schulbrüder befand. Hier sollte Bruder Miguel in Ruhe und Konzentration an weiteren Schulbüchern arbeiten. Dieser belgische Aufenthalt dauerte dann aber aus gesundheitlichen Gründen nur ganz kurz. Bruder Miguel wurde nach Premiá de Mar in Spanien geschickt, um dort wieder volle Gesundheit zu erlangen. Hier erteilte er auch wieder Unterricht. Viel zu früh aber setzte eine schwere Krankheit am 9. Februar 1910 seinem Leben und Wirken ein Ende.
Nach dem Tod verbreitete sich sehr rasch der Ruf der Heiligkeit dieses Schulbruders, und das Vertrauen in seine Hilfe in verschiedenen Anliegen wuchs sehr stark. So wurde am 13. November 1935 der Seligsprechungsprozeß für Bruder Miguel eingeleitet, der am 30. Oktober 1977 mit der Seligsprechung erfolgreich abgeschlossen wurde. Schon sieben Jahre später, am 21. Oktober 1984, konnte Papst Johannes Paul II. diesen vorbildlichen Erzieher und Ordensmann in St. Peter in Rom heiligsprechen. Bei diesem Anlaß sagte der Papst folgendes:
»›Noch ehe Ich dich im Mutterschoß bildete, habe Ich dich auserse-

hen‹ (Jer 1,5). Diese Worte des Schöpfers an den Propheten Jeremia, über die nachzudenken uns die heutige Liturgie auffordert, besitzen volle Gültigkeit auch für jeden von uns, die wir an diesem Weltmissionssonntag des Jahres 1984 zur feierlichen Heiligsprechung eines Sohnes Ecuadors, des Bruders Miguel Febres Cordero, versammelt sind.

Gott kennt jeden von uns, wie kein anderer es vermag. Er kennt uns besser als jene, die uns gezeugt haben. Er kannte uns, noch ehe wir ins Dasein getreten, noch ehe wir im Mutterschoß empfangen worden sind. Gott kennt uns besser, als wir uns selber kennen. Und da uns Gott so zuinnerst und zutiefst kennt, kommt er uns mit seinen Gnaden zuvor, um in uns jene Gaben zur Geltung zu bringen, die seine Güte uns gewährt hat und noch weiter gewährt.

Die Gaben Gottes sind sehr verschieden. Unsere Sache ist es, diese Gaben zu erkennen, die in uns zur Entfaltung kommen sollen, auf daß wir so auf die Berufung zur Heiligkeit, die sich an alle und jeden einzelnen wendet, antworten.

Nicht selten nimmt die Gnade Gottes die Form eines Anrufs an, Ihm unter dem einen oder anderen Aspekt des geweihten Lebens zu dienen. Ein solcher Anruf ist an manchen von euch, liebe Brüder und Schwestern, ergangen, und Gott hat euch die Gnade gegeben, diesen Anruf zu hören und auf ihn zu antworten. Derselbe Ruf ergeht auch heute noch an viele andere, die vielleicht mit der Antwort darauf noch zögern. Sogar der Prophet Jeremia hat versucht, dem Ruf Gottes auszuweichen, indem er als Grund seine Jugend und Unfähigkeit anführte: ›Ach, ich kann doch nicht reden, ich bin noch zu jung‹ (Jer 1,6). Ein richtiges Empfinden für seine eigene Armseligkeit und Unfähigkeit zu haben, ist ganz sicher sehr lobenswert, vorausgesetzt, daß es keine Verkennung der Gabe Gottes und der Allmacht der Gnade ist. Wenn Gott es ist, der ruft, wird Er es dem, der seine Stimme mit gefügigem Herzen hört, nicht an seiner Gnade fehlen lassen.

Unserem neuen Heiligen, dem Bruder Miguel, war seit seinen frühesten Jahren die besondere Gnade zuvorgekommen, die ihn nahezu unwiderstehlich anzog und lockte, das Leben seiner Lehrer im Orden der Christlichen Schulbrüder zu teilen, die wenige Jahre zuvor in Ecuador eingetroffen waren. Mehr als einer seiner Familienangehörigen stellte sich gegen sein Vorhaben. Der junge Francisco erfuhr damals mit seinem Vorhaben mehrfach Ablehnung, dann mußte er jahrelang die äußerst frostige Haltung seines Vaters ertragen, obwohl dieser an sich ein aufrichtiger Christ war. Aber der junge Miguel zweifelte nicht einen Augenblick lang an dem an ihn ergangenen göttlichen Ruf. So schrieb er: ›Ich versichere Euch bei der Gegenwart Gottes und ohne irgendwelche menschliche Rücksichtnahme, daß ich glaube, in das Institut der Christlichen Schulbrüder berufen zu sein, und daß ich mich in keiner anderen Stellung so sehr auf meinem richtigen Platz fühlen werde wie dort. Teilt diese Gefühle meinem Vater mit. Wenn er wirklich mein Glück wünscht, d. h. mein ewiges Glück, dann soll er mich den Weg gehen lassen, den der gütige Gott mir vorgezeichnet hat.‹

Der hl. Miguel Febres Cordero, der von Anfang an dem Ruf Gottes treu war, wollte dies ohne das geringste Zögern auch während der 40 Jahre seines apostolischen Ordenslebens sein. Und wie es dem Propheten Jeremia verheißen worden war, so ›legte Gott auch ihm seine Worte in den Mund‹ (vgl. Jer 1, 9) und öffnete ihm damit den Weg zu den Herzen derer, die sich an ihn wandten.

Bruder Miguels Mitbrüder und ehemalige Schüler – darunter mehrere Priester und einige Bischöfe – haben darin gewetteifert, zu bezeugen, wie sehr dieser demütige und liebenswerte Mann sich als fähig erwiesen hat, Menschen innerlich zu bewegen und zum Guten anzuspornen.

Bruder Miguel sprach von den wichtigsten Geheimnissen unserer Religion mit der Nachdrücklichkeit eines tief überzeugten Christen. Ältere Menschen erinnerten sich noch an ihrem Lebensende gerührt an den Unterricht, den Bruder Miguel ihnen vor Jahrzehnten erteilt hatte. Er zögerte nie, den jungen Leuten, die zu ihm kamen, ein verpflichtendes und forderndes Christentum aufzuzeigen. Wie es schon der hl. Paulus mit seinen geliebten Korinthern getan hatte, so ›verkündete er Jesus als den Gekreuzigten‹. Der Gekreuzigte leitete sein ganzes Dasein und alle seine Tätigkeiten in der Schulklasse, an seinem Schreibtisch als Schriftsteller ebenso wie in der Kapelle und in den Räumen der Kommunität. Immer wieder hefteten sich seine Blicke auf das Bild des Gekreuzigten. Die Kinder, die sich während einer geistigen Einkehr auf die Beichte vorbereiteten, ließ er Christus am Kreuz betrachten, indem er ihnen die Wunden Jesu zeigte und dabei hervorhob, daß er sie zur Sühne für ihre Sünden empfangen hat. Und diese Jugendlichen wehrten sich mit ihren tief empfindsamen Herzen nie gegen seine Worte. Verschiedene Zeugen versicherten, daß viele Jugendliche zu Tränen gerührt waren und von der Schule weggingen, ohne ein Wort zu sagen – so spürbar gerührt waren sie beim Gedanken an das Leiden des Erlösers.

Der hl. Miguel Febres Cordero nahm auf heroische Weise an den Leiden des gekreuzigten Jesus teil. Unter den verschiedenen Kreuzen, die er während seines Lebens zu tragen hatte, war nicht das ge-

ringste eine Mißbildung der Füße, die ihm beim Gehen beträchtliche Schmerzen verursachte. Doch er gewann aus der Schwäche Kraft, aus dem Schmerz einen Grund zur Freude, indem er sich ›das Wort vom Kreuz‹ (1 Kor 1,18), das denen, die den gekreuzigten Christus als Retter und Herrn ablehnen, Ärgernis und Torheit ist, in seinem eigenen Leben zu eigen machte. Die freudige Annahme seines Kreuzes war für alle ein Grund der Erbauung und des christlichen Vorbilds, zuerst in seiner Heimat Ecuador und später in Europa, besonders in Premiá de Mar, wo er die letzten Monate seines Lebens verbrachte. Da weckte seine fröhliche Gelassenheit im Leiden in seiner Kommunität, bei den Schülern und bei allen, die mit ihm zu tun hatten, große Achtung und Bewunderung. Klarer Beweis dafür war dies, daß er sich zutiefst die paulinische Lehre angeeignet hatte: ›Das Schwache auf seiten Gottes ist stärker als die Menschen‹ (1 Kor 1,25). Gleichzeitig nahm Bruder Miguel alle mit großer Ungezwungenheit und Herzlichkeit auf. Dem Beispiel Christi folgend, trat Bruder Miguel besonders dadurch hervor, daß er Arme und Bedürftige besuchte, den jungen Menschen Rat gab, die Kinder unterrichtete und sich allen widmete. Aus dem Kreuz Christi – dem höchsten Ausdruck der Liebe zu uns Menschen – zog er die Kraft und die Inspiration, sich vorbehaltlos und auf seine eigenen Kosten für die anderen zu opfern.
Genau am 19. Februar 1888 – vor nunmehr fast einem Jahrhundert – war der hl. Bruder Miguel hier in dieser St.-Peter-Basilika anwesend. Er nahm damals an der Seligsprechung des ehrwürdigen Jean Baptiste de La Salle, des Gründers der Kongregation der Christlichen Schulbrüder, teil. Dieses Ordensinstitut, dem Bruder Miguel damals seit 20 Jahren als Mitglied angehörte, hatte als Motto seines apostolischen und erzieherischen Wirkens die Worte Christi: ›Wer ein solches Kind um Meinetwillen aufnimmt, der nimmt Mich selbst auf‹ (Mk 9,37). Diese Worte waren für Bruder Miguel eine Lebensregel und ständige Aufforderung in seiner Berufung als Erzieher. Seine sämtlichen Bemühungen hatten die vollständige Erziehung der jungen Generation zum Ziel, wobei er sich von der Überzeugung leiten ließ, daß die auf die religiöse und kulturelle Bildung der Jugend verwendete Zeit von großer Bedeutung für das Leben der Kirche und der Gesellschaft ist. Mit welcher Liebe und Hingabe widmete sich dieser ›Apostel der Schule‹ den Tausenden von Kindern und Jugendlichen, die während der vielen Jahre seines Erzieherlebens durch seine Klassen gegangen sind! In der höheren Schule El Cebollar zu Quito wie an der Volksschule, wo er am Beginn seines Apostolates unterrichtete, übernahm er die dankbare Aufgabe, die Kinder, die ›neuen lebendigen Tabernakel‹, auf die Erstkommunion vorzubereiten.

Als treuer Jünger Jesu trat Bruder Miguel in seinem Leben für die Ehre des Meisters ein: ›Wer der Erste sein will, soll der Letzte von allen und der Diener aller sein‹ (Mk 8,35). Darum widmete er im Geiste des Dienens und der Nächstenliebe lange Jahre der Arbeit und Anstrengung der Veröffentlichung didaktischer Werke: Aufgrund dieser Arbeit wurde er – schon am Ende seines Lebens angekommen – nach Europa gerufen und mußte sein geliebtes lateinamerikanisches Vaterland verlassen.
Bruder Miguels Ruf als Mann der Kultur wuchs ganz stark, bis er schließlich zum Mitglied der ekuadorianischen Sprachakademie ernannt wurde. Doch weder diese Ehrung noch sein anerkannter Ruf als Meister der Sprache vermochten seine Demut und Schlichtheit zu trüben, mit denen er allen begegnete, denn er war davon überzeugt, daß ›Gott das Törichte in der Welt erwählt hat, um die Weisen zuschanden zu machen‹ (1 Kor 1,27). Seine Arbeit als Gelehrter stand jedoch immer im Dienst der unmittelbaren pädagogischen Tätigkeit. Und mit wahrhaft evangelischem Geist war er stets darauf bedacht, daß seine Hingabe hauptsächlich dem Unterricht der wirtschaftlich, kulturell und geistig ärmsten Kinder galt, in denen er die Person und das Antlitz Christi erkannte. Wir können darum sagen, daß der beispielhafte Verlauf seines Lebens als Lehrer ein gültiges Vorbild für die christlichen Erzieher von heute und zugleich ein Ansporn ist, die Bedeutung der großen Ideale der katholischen Erziehung aufzuwerten, die sich zum Ziel setzt, der jungen Generation eine solide, vom Licht des Evangeliums geprägte Kultur zu bieten.
Bruder Miguel, ein auserwählter Mensch, der bei seiner Hingabe an Gott und die Brüder keine Mühe scheute, hinterließ bei denen, die ihn kannten, eine unvergängliche Erinnerung. 27 Jahre nachdem er aus dieser Welt zum Vater hinübergegangen war, wurden seine sterblichen Überreste mit großer Ergriffenheit und Freude aus Spanien in seine ekuadorianische Heimat gebracht und dort empfangen. Dort ist die Verehrung und die Liebe für diesen Sohn der Kirche, der auch ein Ruhm für sein Vaterland war, immer lebendig geblieben. Heute ist seine Verherrlichung Anlaß zu neuem Jubel für die Gesamtkirche. Sie verehrt ebenso wie die Kirche Ekuadors den hl. Miguel Febres Cordero als Apostel der Schule, der zugleich ein vorbildlicher Missionar und ein Evangelist für Lateinamerika war...«

Der heilige Francesco Antonio Fasani

Franziskaner-Konventuale, Ordenspriester

* *06. 08. 1681 Lucera (Italien)*
† *29. 11. 1742 Lucera*

13. 04. 1986 Heiligsprechung

Den von Papst Pius XII. am 15. April 1951 seliggesprochenen Franziskaner-Konventualen P. Francesco Antonio Fasani[56] hat Papst Johannes Paul II. am 13. April 1986 heiliggesprochen. Dieser heilige Ordenspriester wurde am 6. August 1681 in Lucera, einer Stadt in der süditalienischen Region Puglie, als Sohn des armen Landarbeiters Giuseppe Della Monaca geboren. In der hl. Taufe erhielt er die Namen Donato Antonio Giovanni. In frühester Kindheit verlor er seinen Vater. Auch der zweite Mann seiner Mutter war wie der erste redlich bemüht, den Knaben gut zu erziehen. Er sorgte auch dafür, daß er bei den Franziskaner-Konventualen in Lucera Grammatik- und Lateinunterricht erhielt.
Noch nicht 15jährig, trat Giovanniello, wie er in der Familie liebevoll genannt wurde, in den Orden seiner Lehrer ein und erhielt bei der Einkleidung die Namen der beiden großen Ordensheiligen Franziskus und Antonius. Die Konventualen, vielerorts auch Minoriten oder »schwarze Franziskaner« genannt, hüteten ja damals wie heute noch das Grab des seraphischen Heiligen in Assisi und das des großen Wundertäters in Padua.
Nach dem Noviziat in Monte Sant'Angelo am Gargano-Gebirge legte der Ordenskleriker Francesco Antonio Fasani am 23. August 1696 seine Ordensgelübde ab und begann dann seine philosophisch-theologischen Studien in verschiedenen Häusern seines Ordens: in Venafro, Montella, Neapel, Aversa und Foggia. Dann kam er 1703 nach Assisi. Hier wurde er am 11. September 1705 zum Priester ge-

weiht. Zur Abrundung seines Studiums weilte P. Francesco Antonio Fasani dann kurze Zeit am Kolleg San Bonaventura in Rom und erwarb dort den Grad eines Magisters der Theologie. Später wurde dieser Titel die ständige Anrede für den heiligmäßigen Ordenspriester: »Padre Maestro – Pater Magister«, weil er bestens gebildet in der Philosophie und Theologie war, noch mehr aber aus seinen Mitbrüdern herausragte als Meister aller Tugenden, die einen Ordensmann schmücken sollen. Ein Mitbruder von P. Fasani, P. Antonio Lucci, der spätere Bischof von Bovino, machte im Seligsprechungsprozeß für P. Francesco Antonio Fasani über ihn die Aussage: »Er hielt sich immer fern von allem, was ihm auch nur im geringsten für einen Ordensmann ungeziemend schien; ja, er enthielt sich auch erlaubter Zerstreuungen, um sich abzutöten. Man hielt ihn für einen Heiligen, und dieser immer mehr wachsende Ruf hatte seinen Ursprung nur in den von ihm in Vollkommenheit geübten Tugenden.«
Nach dem Studienabschluß in Rom kehrte der junge Ordenspriester nochmals nach Assisi zurück, wo er bis 1707 blieb, um sich dort und in den umbrischen Dörfern der Predigttätigkeit zu widmen.
Von 1707 an war P. Fasani dann bis zu seinem Tod am 29. November 1742 in seiner Heimat Lucera tätig, und zwar auf der Lehrkanzel des Kollegs als Lektor, auf dem Predigtstuhl als vorbildlicher Prediger, im Beichtstuhl als gesuchter Beichtvater, unter seinen Mitbrüdern als Guardian des Klosters, als Novizenmeister und als Provinzial der Ordensprovinz Sant'Angelo.
P. Fasani hinterließ einige Predigtwerke, so ein »Quaresimale« (Predigten für die Fastenzeit), ein »Mariale« (Marienpredigten), eine Erklärung des Gebets des Herrn und des »Magnificat«.
Sein besonderes Anliegen bei der Predigttätigkeit war, allen verständlich die Frohbotschaft zu verkünden und die Liebe zu Gott und zur seligsten Jungfrau zu wecken. Er verehrte Maria vor allem in ihrer Unbefleckten Empfängnis. Zu ihrer Ehre dichtete und komponierte er ein noch heute in Süditalien gern gesungenes Lied. Er nannte Maria »den Schlüssel zum Paradies«, weil man durch sie alles erlangen könne. Jeden Abend sah man ihn wenigstens eine halbe Stunde vor der von ihm angeschafften Statue der Immaculata in der Kirche San Francesco in Lucera knien und beten. Er pflegte immer wieder an die Tugenden Mariens zu erinnern und zu sagen: »Lieben wir Gott, wie Maria ihn geliebt hat, haben wir einen Glauben, wie Maria ihn gehabt hat, haben wir ein Gottvertrauen, wie Maria es gehabt hat.« Durch sein großes Vertrauen in Maria erlangte P. Fasani auch ganz außerordentliche Hilfen für sich und andere.
Gegen Ende des Jahres 1742, in seinem 61. Lebensjahr, machte P. Fa-

sani Andeutungen von seinem nahen Tod. Bald darauf verschlimmerte sich sein Leiden, das er schon jahrelang trug, und fünf Tage später starb er. Eines seiner letzten Worte an seinem Sterbetag, dem 29. November 1742, war, er sei »glücklich darüber, daß er nun dorthin gehen dürfe, wo man Gott nicht mehr beleidigen könne«.
Bei der Heiligsprechung von P. Francesco Antonio Fasani am 13. April 1986 sagte Papst Johannes Paul II.: »Die Liebe entscheidet letzten Endes über die Heiligkeit eines Menschen. Diese Liebe hat der Franziskaner-Konventuale Francesco Antonio Fasani, den die Kirche heute in die Schar ihrer Heiligen aufnimmt, in beispielhafter Weise bewiesen. Er hat die uns von Christus gelehrte Liebe zum Grundmaßstab seines Daseins gemacht, zum grundlegenden Kriterium seines Denkens und Handelns, zum Gipfelpunkt seiner Bestrebungen. Für ihn war die Frage Christi an Petrus nach der Liebe das richtungweisende Kriterium eines glühenden und zähen Willens, auf diese Frage wie Petrus bejahend zu antworten ... P. Francesco Antonio Fasanis Liebe war eine Liebe der vollen Nachfolge des Herrn. Er hat mit seinem Leben bewiesen, daß man immer ›Gott mehr gehorchen muß als den Menschen‹ (Apg 5, 29), auch um den Preis von Leiden und Demütigungen, die ihm – trotz der Hochachtung und Zustimmung, die er sich durch seine Hochherzigkeit bei seinen Zeitgenossen erwerben konnte – nicht erspart geblieben sind.
Der hl. Francesco Antonio Fasani stellt sich uns in besonderer Weise als vollkommenes Vorbild eines Priesters und Seelenhirten vor. Über 35 Jahre lang widmete er sich in seinem Heimatort Lucera, aber mit zahlreichen Abstechern in die Umgebung, den verschiedensten Formen des priesterlichen und apostolischen Dienstes. Als wahrer Freund seines Volkes war er allen Bruder und Vater, ein hervorragender Meister des geistlichen Lebens, der von allen als erleuchteter und kluger Ratgeber aufgesucht wurde, ein weiser und sicherer Führer auf den Wegen des Geistes, ein Verteidiger und mutiger Helfer der Unterdrückten und Armen. Ein Beweis dafür ist der ehrerbietige und zugleich liebevolle Beiname, mit dem ihn seine Zeitgenossen grüßten und der dem guten Volk von Lucera noch heute vertraut ist. Er ist für sie, damals wie heute, immer der ›Padre Maestro‹.
Als Ordensmann war er ein echter ›Diener‹ im franziskanischen Sinn, d.h. der Diener aller Mitbrüder: barmherzig und verständnisvoll, aber fordernd, was die Einhaltung der Ordensregel und insbesondere der Armutspraxis betraf, indem er selbst ein einwandfreies Vorbild für die Einhaltung der Ordensregel und für die recht verstandene Lebensstrenge bot. In einer Zeit, die von großer Unempfindlichkeit der Mächtigen gegenüber den sozialen Problemen gekennzeichnet war,

opferte sich der Heilige mit unermüdlicher Liebe für die spirituelle und materielle Hebung und Förderung seines Volkes auf. Seine besondere Vorliebe galt den am stärksten vernachlässigten und ausgebeuteten Schichten, vor allem den unterdrückten Landarbeitern, den Kranken und Leidenden und den Gefangenen. Er dachte sich geniale Initiativen aus, indem er die Mitwirkung der wohlhabenderen Schichten anregte, um ein Netz konkreter Hilfe zu schaffen ... P. Fasani war auch ein echter Diener des Sakramentes der Versöhnung, ein unermüdlicher Apostel des Beichtstuhls, in welchem er jeden Tag viele Stunden zubrachte, um mit unsagbar großer Geduld und großem Wohlwollen für jene dazusein – Angehörige aller Klassen und Lebensverhältnisse –, die kamen, um mit aufrichtigem Herzen die Vergebung Gottes zu suchen. Die Dankbarkeit, die die Beichtkinder von P. Fasani einst in der Stille des Beichtstuhls empfanden, findet nun ihre Fortsetzung in der Freude, die sie mit ihm im Himmel teilen.«

Franz von Assisi, der Namenspatron des neuen Heiligen.

Der heilige Giuseppe Maria Tomasi

Ordenspriester, Professor, Kardinal

* *12. 09. 1649 Licata (Sizilien)*
† *01. 01. 1713 Rom*

12. 10. 1986 Heiligsprechung

Dieser Heilige der zweiten Hälfte des 17. und des beginnenden 18. Jahrhunderts ist 90 Jahre nach seinem Tod, am 29. September 1803, selig-, aber jetzt erst durch Papst Johannes Paul II. am 12. Oktober 1986 heiliggesprochen worden, und zwar sicher nicht bloß deshalb, weil nun die für die Heiligsprechung nötigen, auf seine Fürsprache von Gott gewirkten Wunder vorlagen, sondern sicher auch deshalb, weil dieser Ordenspriester, den Papst Clemens XI. ein halbes Jahr vor seinem am 1. Januar 1713 erfolgten Tod zur Kardinalswürde erhoben hat, für die Liturgiker unserer Tage ein beispielgebender Schutzpatron sein kann.
Giuseppe Maria Tomasi[57], dessen elf Bände seiner gesammelten Werke kostbare liturgische Abhandlungen enthalten, wurde am 12. September 1649 in Licata (Provinz Agrigento, Sizilien) als fünftes Kind des Herzogs von Palma di Montechiaro und Fürsten von Lampedusa, Don Giulio Tomasi, und dessen Gemahlin, der Baronin Rosalia Traina della Torretta, geboren. Weil er, der erstgeborene Sohn, als »Thronfolger« das Geschlecht der Tomasi fortpflanzen sollte, wurde er in jeder Hinsicht bestens erzogen und ausgebildet. Seiner Geburt gingen in der Kinderschar des sizilianischen hochadeligen Ehepaars Tomasi drei Mädchen namens Francesca, Isabella und Antonia voraus. Alle drei wurden Nonnen in der Benediktinerinnen-Abtei »Nostra Signora del Santo Rosario« in Palma unter der Äbtissin Antonia Traina, die die Tante mütterlicherseits der drei Tomasi-Töchter war.

Das Herzogspaar Tomasi erhielt nach ihrem Sohn Giuseppe Maria noch zwei weitere Söhne: einen, der bald nach der Geburt starb und dessen Name unbekannt ist, und einen mit dem Namen Ferdinand, der nach dem Verzicht des Giuseppe Maria auf die Erbfolge diese im Herzogshaus antrat. Er starb 1672, vier Monate nach dem Tod seiner Gattin Melchiora, Prinzessin von Aragon.
Giuseppe Maria, der nach dem Vorbild des Onkels P. Carlo Tomasi von früher Kindheit an zum Priester- und Ordensberuf neigte, trat mit 15 Jahren bei den Regularklerikern, die nach ihrem heiligen Gründer Cajetan von Thiene Theatiner genannt werden, ein, nachdem sein Vater, der lange dem Wunsch seines Sohnes Widerstand geleistet hatte, die Erlaubnis dazu gab. Nach den vier Monaten des Postulats (Probandats) begann er am 24. März 1665 das Noviziat unter dem heiligmäßigen, theologisch, vor allem liturgiegeschichtlich sehr gebildeten Novizenmeister P. Franceco Maria Maggio, der zwei liturgische Werke (»De sacris ceremoniis« und »De Divino Officio et Choro«) verfaßt hatte.
Vor Ablegung der Gelübde verzichtete der Theatiner-Novize auf die ihm als dem Erstgeborenen zustehenden Rechte und Titel zugunsten seines nachgeborenen Bruders Ferdinand. Dann begann er seine philosophischen und theologischen Studien, wobei er wegen Kränklichkeit immer wieder seinen Studienplatz wechseln mußte: Messina, Rom, Ferrara, Modena und dann wieder Rom. Dort wurde er 1671 zum Subdiakon und Diakon geweiht. Wegen des Todes seines Bruders Ferdinand kam er 1672 nach Palma di Montechiaro zurück. Schließlich wurde er nach Vollendung der Studien in Palermo 1673 in Rom zum Priester geweiht. In der Kirche S. Silvestro di Monte Cavallo in Rom beim Sitz des Generalates seines Ordens feierte der Neupriester zu Weihnachten 1673 das erste hl. Meßopfer. In Rom verbrachte er nun die meiste Zeit seines weiteren Priesterlebens in großer Frömmigkeit und Hingabe an seinen heiligen Beruf sowie im Dienste der Wissenschaft und der Behörden des Apostolischen Stuhls, vor allem im Dienst der Päpstlichen Ritenkongregation.
Zuerst hatten die Ordensoberen dem theologisch überaus gebildeten jungen Priester Ämter im eigenen Orden übertragen. Er wurde Stellvertreter des Novizenmeisters und Spiritual der Laienbrüder im Ordensgeneralat, dann auch noch stellvertretender Studienpräfekt der Ordenskleriker. Er mußte aber bald seine Tätigkeit in den genannten Ämtern aufgeben, weil er von unüberwindlicher skrupelhafter Ängstlichkeit, vor allem in der Verwaltung des Bußsakramentes, befallen worden war.
Da erschloß sich dem jungen Ordenspriester für seine Tätigkeit ein

seinen intellektuellen Fähigkeiten und Neigungen ganz entsprechender Bereich: Er wurde der große, hochgeschätzte Erforscher der frühchristlichen liturgischen und patristischen Quellen und als solcher der Herausgeber entsprechender Werke. Dabei wurde er mehr und mehr als erfahrener Konsulent von den Behörden des Apostolischen Stuhls, ganz besonders von der Ritenkongregation, zur Mitarbeit herangezogen. Aufgrund seiner Sprachkenntnisse auf dem Gebiet der hebräischen, arabischen, syro-chaldäischen und äthiopischen Sprache erforschte P. Tomasi biblische, patristische und vor allem liturgische Quellenwerke. Neben vielen Abhandlungen darüber gab er wichtige Texte heraus. Von den in elf Bänden gesammelten Werken P. Tomasis, die der Theatiner-Ordenspriester A. F. Vezzosi in den Jahren 1747–69 in Rom herausbrachte, gehören vor allem »Codices Sacramentorum«, »Responsalia et Antiphonaria«, »Antiqui Libri Missarum« und »Institutiones Theologicae Antiquorum Patrum« genannt. »Die mit ausführlichen Einleitungen und zahlreichen Anmerkungen versehenen Editionen P. Tomasis sind zwar heute zum Teil durch bessere ersetzt, sie bedeuten jedoch für die damalige Zeit eine große Leistung, sie haben die liturgische Forschung sehr befruchtet.«[58] Der Geist, wie er in den Werken des P. Tomasi spürbar ist, hat die Liturgiereform des Zweiten Vatikanischen Konzils stark beeinflußt. P. Tomasi gilt jedenfalls mit Recht als Vorläufer der modernen Liturgiewissenschaft und als »Fürst der römischen Liturgisten«.

Das Beeindruckende an diesem Priestergelehrten ist aber neben seinem immensen Fleiß, mit dem er die römischen Archive und Bibliotheken durchforschte, seine bewundernswerte Frömmigkeit und Demut, in der er trotz immer mehr gewachsenen Ansehens bei den Gelehrten und den römischen Behörden der schlichte, aszetische Ordensmann blieb, der ganz arm lebte, auch dann noch, als er am 19. Mai 1712 gegen seinen Willen zum Kardinal mit dem Titel von S. Martino ai Monti in Rom ernannt worden war. Als Kardinal pflegte er die üblichen Katechesen in seiner Titelkirche selbst zu halten und sein Einkommen größtenteils den Armen zu spenden.

Erwähnt sei hier die ergreifende Tatsache, daß der Priester Tomasi zur Vertiefung seiner Hebräisch-Kenntnise sich nicht scheute, beim damaligen Rabbiner der Ewigen Stadt, Mosè da Cave, Unterricht zu nehmen, um dann eine kritische Ausgabe des Psalteriums schaffen zu können. Und was geschah? Der angesehene gelehrte römische Rabbiner wurde von der Demut und Frömmigkeit des katholischen Ordenspriesters Tomasi, aber auch von dessen Gelehrtheit so beeindruckt, daß er katholisch wurde und bei der Taufe den Namen seines Taufpriesters Giuseppe Tomasi annahm.

P. Giuseppe Maria Tomasi erkrankte während der Weihnachtsfeiern 1712 und starb im Ruf der Heiligkeit in Rom am 1. Januar 1713. Wegen seiner heroischen Tugenden und wegen wiederholter, auf seine Fürsprache hin von Gott bewirkter Wunder wurde Kardinal Tomasi von Papst Pius VII. 1803 seliggesprochen. Nach glücklicher Beendigung des kanonischen Prozesses über eine wunderbare Heilung in jüngster Zeit hat ihn dann Papst Johannes Paul II. am 12. Oktober 1986 heiliggesprochen. Der Leichnam dieses Heiligen wird in der römischen Theatinerkirche Sant'Andrea della Valle in Rom verehrt; sein Fest wird dort am 3. Januar gefeiert.

Papst Johannes Paul II. hat bei der Heiligsprechung über den hl. Giuseppe Maria Tomasi folgendes rühmend hervorgehoben:

»Pastorale Gründe für die Heiligsprechung von Giuseppe Maria Tomasi gibt es viele. Der wichtigste ist wohl die Bedeutung, die der Gestalt dieses Priesters auf dem Gebiet der Liturgie zukommt, die er durch sein Leben und seine wissenschaftlichen Werke eingehend gefördert hat. Das Zeugnis dieses neuen Heiligen kommt unseren Tagen, 20 Jahre nach dem Zweiten Vatikanischen Konzil, das die Erneuerung des liturgischen Lebens so gefördert hat, besonders gelegen. Dieser neue Heilige helfe uns, die Neuerung der Liturgie im rechten Sinn zu verstehen und zu verwirklichen ...

In den Spuren und nach dem Vorbild der Kirchenlehrer und großen Theologen entsprach der hl. Giuseppe Maria Tomasi in hervorragender Weise jener Gestalt des Priesters, der die Liebe zur Wissenschaft mit der Liebe zur Frömmigkeit vereint. Er erinnert dabei an das Beispiel, das uns der Prophet Maleachi (2,7) vor Augen stellt, wenn er sagt: ›Der Mund des Priesters ist voll Erkenntnis, und von seinen Lippen erwartet man Belehrung, denn er ist der Bote des Herrn der Heerscharen‹. Natürlich ist die ›Erkenntnis‹, auf die sich der Prophet bezieht und in der der hl. Giuseppe Maria glänzte, wesentlich die Erkenntnis, um nicht zu sagen die ›Erfahrung‹ der göttlichen Dinge. Aber der hl. Giuseppe Maria führt uns eben durch sein Zeugnis als ›Liturgiewissenschaftler‹ im modernen Sinn des Wortes zu dieser mystischen Erkenntnis. Er zeigt also uns allen, besonders aber den Seelenhirten, wie sehr es beim Priester auf ein gesundes, gebildetes Empfinden ankommt, das auf einer echten Liebe zur Wahrheit gründet, die er in hochherzigem Engagement den Brüdern mitteilt, einem Engagement, das seinem Dienst eine besondere Würde und eine einzigartige Wirksamkeit verleiht.

Der hl. Giuseppe Maria hatte von seiner Kindheit an eine ganz starke, tiefgehende Neigung zu den ›kirchlichen Dingen‹, zu den Dingen Gottes – wie er zu sagen pflegte – verspürt. Deshalb ent-

schloß er sich in seiner zum Hören immer bereiten Seele sehr früh schon und unverzüglich, der göttlichen Eingebung zu folgen, die ihn zu einer Lebensform rief, in der der Gottesdienst, die Verehrung Gottes, durch eine besondere und erneuerte Weihe garantiert waren: zum Leben im Ordensberuf. So trat er dem Theatinerorden bei.
Als Angehöriger einer sizilianischen Adelsfamilie hätte er, wenn er in der Welt geblieben wäre, über unermeßliche Reichtümer und ein enormes gesellschaftliches Ansehen verfügen können, wie sie ihm aus den Erstgeburtsrechten des Fürstentums Lampedusa und des Herzogtums Palma di Montechiaro zustanden. Aber angezogen von anderen Reichtümern und von der Aussicht auf einen unsagbar höheren Ruhm, als es der irdische ist, verzichtete er auf diese Rechte, um in der Zucht und Strenge des Ordenslebens dem armen, ehelosen und gehorsamen Christus nachzufolgen und um so nach dem Vorbild unseres Herrn, der reich war und unseretwegen arm wurde, die Brüder durch das Zeugnis totaler Verfügbarkeit und einer uneigennützigen Liebe reich zu machen.
Kardinal Tomasi steht vor uns als Vorbild eines Hirten in der Nachfolge des göttlichen Hirten. Er begab sich in seine Schule und versuchte, in sein Geheimnis, in das der Frömmigkeit, einzudringen und bemühte sich vor allem, dieses Geheimnis in seinem Leben als Glaubender und als Priester, in seiner Tätigkeit als Wissenschaftler und Forscher wieder lebendig werden zu lassen. Als wahrer Diener des Altares begriff Tomasi, daß er Christus, wie es im Psalm 63, 3 heißt, vor allem in seinem Heiligtum suchen müsse, in seinem Haus wohnen müsse, indem er der heiligen Liturgie die schuldige Ehre erweist, was sich nicht in einem äußerlichen Ritualismus erschöpfen darf. Im Gottesdienst sah er eine wirksame Licht- und Kraftquelle für das ganze Tagewerk des Christen, so als sollte dieses nichts anderes sein als die Fortsetzung der liturgischen, voran der eucharistischen Handlung in der hl. Messe. Das war die besondere Weise, in der der hl. Giuseppe Tomasi dem göttlichen Hirten gefolgt ist und durch die er uns lehrt, ihm zu folgen. In der Art und Weise, wie er sich in die Schule des göttlichen Lehrmeisters begeben hat, ist er seinerseits für uns zum Lehrer geworden ... Die Förderung des liturgischen Lebens, für die er sich in besonderer Weise einsetzte, reicht von der Publizierung seiner gelehrten Forschungs- und Entdeckungsergebnisse bis zu dem Wirken, das er für die liturgische Erziehung des Volkes und der einfachen Gläubigen entfaltete.
Der Geist des Dienens und der glühenden Liebe zu den Seelen, wie sie vom Studium und vom Bemühen um gewissenhafte Befolgung der Regel seines Ordens in besonderer Weise geformt wurden, machten

diesen Heiligen sowohl für den Dienst an den Armen und Kranken als auch für die Wahrnehmung von Aufgaben an der römischen Kurie verfügbar, bis er von Papst Clemens XI. die Kardinalswürde erhielt, die er in seiner Demut vergeblich abzulehnen versucht hatte. Nachdem er dann aber die mit dem Kardinalsamt zusammenhängenden liturgischen Aufgaben erfüllt hatte, begann er, wie ein Pfarrer den Kindern und den anderen Gläubigen die Anfangsgründe des Glaubens und den Katechismus zu erklären. Er stellte dabei denen, die in der christlichen Lehre Fortschritte machten, Preise in Aussicht. Ähnlich dem göttlichen Hirten vermochte Kardinal Tomasi auf diese Weise, die zerstreute Herde wieder zusammenzuführen und dazu anzuhalten, sich auf grüne Auen und an ruhigen Wassern zu lagern, wie es im Psalm 23, 3 heißt. Es gelang ihm so, die Menschen auf gute Weide zu führen (vgl. Ez 34,14). Gemeint ist dabei vor allem die Weide des Wortes Gottes, das im eucharistischen Geheimnis der hl. Liturgie erläutert wird und das ›Fleisch geworden‹ ist...«

Glassarkophag mit den sterblichen Überresten des hl. Giuseppe Maria Tomasi. Rom, Kirche S. Andra della Valle.

Die heiligen Dominicus Ibáñez de Erquícia, Laurentius Ruiz de Manila, Jacobus Kyushei Tomonaga und 13 Gefährten

Märtyrer

† *1633–1637*

18. 10. 1987 Heiligsprechung

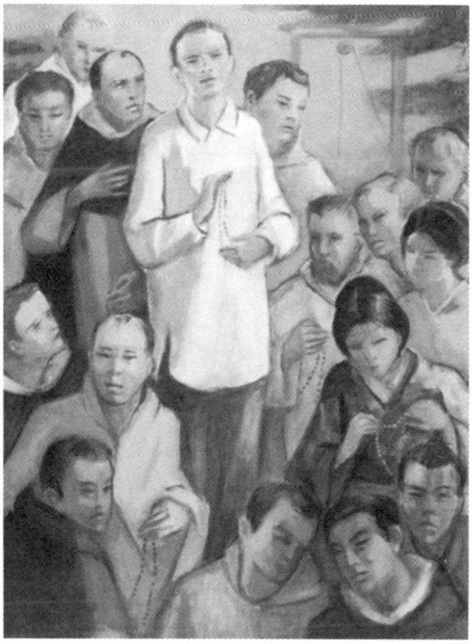

Diese in Nagasaki in Japan während der Christenverfolgung von 1633 bis 1637 gemarterten Glaubenshelden, die am 18. Februar 1981 von Papst Johannes Paul II. in Manila seliggesprochen wurden, sind am 18. Oktober 1987 heiliggesprochen worden. Diese 16 japanischen Märtyrer wurden im 1. Band »Die neuen Heiligen der katholischen Kirche« (S. 59–64) namentlich aufgezählt, sowie in ihrem Leben und Sterben kurz geschildert; desgleichen ist dort auch die Ansprache abgedruckt, die der Papst damals bei der Seligsprechungsfeier in Manila gehalten hat.

Bei der Heiligsprechung am Weltmissionssonntag (18. Oktober) 1987 in St. Peter in Rom würdigte der Papst nochmals das herausragende Beispiel und den missionarischen Einsatz der neuen Heiligen, unter denen der Herkunft nach 9 Japaner, 4 Spanier, 1 Italiener, 1 Franzose und 1 Filipino, nämlich der dreifache Familienvater Laurentius Ruiz von Manila, sind. Johannes Paul II. sagte, diese neuen Heiligen seien für Europa und Asien sowie für die ganze Weltkirche ein Ansporn und Vorbild der Evangelisierung, an der auch die Laien entscheidend mitwirken müßten.

Der heilige Giuseppe Moscati

Arzt, Universitätsprofessor

* *25. 07. 1880*
Benevent (Italien)
† *12. 04. 1927 Neapel*

25. 10. 1987 Heiligsprechung

Während der Bischofssynode im Oktober 1987, die das Thema »Der Laie in der Kirche« erörterte, hat Papst Johannes Paul II. den italienischen Arzt und Univ.-Professor Giuseppe Moscati, den Papst Paul VI. am 16. November 1975 seliggesprochen hatte, heiliggesprochen und dabei aufs neue gezeigt, daß die Kirche nicht bloß heilige Bischöfe und Priester, Ordensmänner und Ordensfrauen, sondern auch Menschen im Laienstand kraft ihrer Heiligungsmittel und ihrer Lehre zur Heiligkeit führen kann.
Giuseppe Moscati[58] wurde am 25. Juli 1880 in Benevent (Süditalien) als Sohn des hohen adeligen Gerichtsbeamten Francesco Moscati und der Gräfin Rosa de Lucca geboren.
Zu Beginn des Jahres 1881 wurde der Vater an das Gericht in Ancona versetzt. So brachte der Junge dort bis zum Jahre 1888 seine Kindheit zu. Dann mußte der Vater den Posten eines Ratsmitglieds im Appellationsgericht in Neapel antreten. Dort brachte Giuseppe Moscati seine gymnasiale Ausbildung mit der Reifeprüfung zum Abschluß. Er inskribierte sich hierauf an der Medizinischen Fakultät der Universität Neapel, an der damals berühmte Mediziner von Weltruf dozierten, die aber fast durchwegs weltanschaulich dem Positivismus und Materialismus nach der Art von Vogt, Moleschott, Büchner und Feuerbach huldigten. Es gelang jedoch dem Medizinstudenten Moscati trotzdem, seinen katholischen Glauben hochzuhalten, ihn sogar noch zu vertiefen und immer gewissenhafter danach zu leben.
Am 4. August 1903 wurde der Student mit höchster Auszeichnung

zum Dr. med. promoviert. Bald darauf wurde er Assistent an den Vereinigten Krankenhäusern Neapels und schließlich außerordentlicher Mitarbeiter in deren Leitung. Von 1904 an wirkte Dr. med. Moscati an dem berühmten Krankenhaus St. Maria del Popolo in Neapel, das unter dem Namen »Incurabili« weltweit bekannt geworden ist. In diese Periode seines ärztlichen Wirkens fallen zwei freiwillige Einsätze Dr. Moscatis, die ihn in seiner selbstlosen Hilfsbereitschaft sehr gut charakterisieren: Am 4. April 1906 war der Vesuv ausgebrochen und bedrohte äußerst akut die an seinen Abhängen liegenden Dörfer. Es entstand ein furchtbares Durcheinander unter den flüchtenden Bewohnern. Da war es Dr. Moscati, der sich persönlich in die Gefahrenzone begab, um die Räumung der Häuser in geordneter Weise durchführen zu können und die Menschen in Sicherheit zu bringen. Den gleichen Geist selbstloser, mutiger Hilfsbereitschaft bewies er bei Ausbruch der Cholera in Neapel im Jahre 1911.
Im Frühjahr 1911 wurde Dr. Giuseppe Moscati Primar (Chefarzt) der »Incurabili«. Als solcher kümmerte er sich vor allem um mehrere Spezialabteilungen dieses berühmten Krankenhauses, so um die Pathologische Anatomie, die Tuberkulose-Abteilung und um die eingelieferten kranken und verwundeten Soldaten des Ersten Weltkrieges. Im gleichen Jahr 1911 habilitierte sich Dr. Moscati im Fach Physiologische Chemie und begann Vorlesungen zu halten über allgemeine klinische Medizin. Daneben übte er weiter seine Arzt-Praxis aus und widmete sich in der Freizeit auch der akademischen Forschertätigkeit. Er verfaßte im Laufe der Jahre mehr als 30 wissenschaftliche Publikationen und nahm teil an internationalen medizinischen Kongressen; so 1911 in Budapest, 1923 in Edinburgh.
Professor Dr. Moscati, der schon mit 33 Jahren eine Berühmtheit auf medizinischem Gebiet und zum Vorläufer der modernen Biochemie geworden war, erwies sich in seiner materialistisch gesinnten Umgebung als tief gläubiger, praktizierender Katholik, der seine Überzeugung und seine Frömmigkeit nie versteckte, sondern offen zeigte. Bei seinen Untersuchungen und Forschungen pflegte er sich zuerst immer in die Gegenwart Gottes, des Schöpfers des Universums, zu versetzen. Er ging jeden Tag zur heiligen Kommunion, er übte in heroischer Weise die christlichen Tugenden, er betreute arme Kranke, ohne von ihnen ein Honorar zu verlangen, er faßte seinen Arztberuf wie einen priesterlichen Dienst an den leidenden Mitmenschen auf und hielt die Kranken, vor allem jene, die sich einer Operation unterziehen mußten, zum Sakramentenempfang an. Nicht ganz 25 Jahre lang übte er so als Arzt und Professor der Medizin vorbildlich in gläubiger Haltung seinen Beruf aus.

Nur wenige Tage war er krank, als der Tod an ihn im 47. Lebensjahr am 12. April 1927 herantrat, nachdem er am Morgen dieses Tages noch, wie gewohnt, die heilige Kommunion empfangen hatte.
Die Begräbnisfeierlichkeiten für den »heiligen Arzt«, wie Dr. Moscati schon damals genannt wurde, gestalteten sich in Neapel zu einem Triumph für diese großartige Persönlichkeit. Am 16. November 1930, drei Jahre nach seinem Tod, wurden die sterblichen Überreste von Dr. Moscati aus dem Grab geholt und in der Neapeler Kirche Gesù Nuovo beigesetzt, wo viele Menschen bald um seine Erhebung zur Ehre der Altäre zu beten begannen. Am 6. März 1949 wurde der Seligsprechungsprozeß eingeleitet, der am 16. November 1975 mit der Seligsprechung erfolgreich zum Abschluß kam. Am 25. Oktober 1987 konnte dann Papst Johannes Paul II. die Heiligsprechung dieses vorbildlichen Laien vornehmen. »Giuseppe Moscati war« – wie der Papst dabei betonte – »ein Wegbereiter jener Humanisierung der Medizin, die heute als notwendige Voraussetzung für eine neue Zuwendung und Hilfe für den leidenden Menschen betrachtet wird.« Als Univ.-Professor, so sagte der Papst, habe Moscati sein besonderes Augenmerk auf die Ausbildung der jungen Mediziner gelegt. Auch habe er nicht gezögert, Mißbräuche anzuprangern, und er habe sich dafür eingesetzt, Praktiken und Systeme zu unterbinden, die das hohe Berufsethos und die Wissenschaft, die Patienten und die Studenten schädigten. In seinen Schriften ist zu lesen: »Nicht die Wissenschaft, sondern die Liebe hat die Welt verändert.‹ Alle Ärzte und im medizinischen Bereich Tätigen sollten im heiligen Giuseppe Moscati ein nachahmenswertes Vorbild sehen.«

Seligsprechung von G. Moscati, Rom, Petersplatz, 16. November 1975

NACHWORT

Universitätsprofessor Dr. Paolo Molinari, S. J.
Generalpostulator der Gesellschaft Jesu

In der Zeit zwischen 1984 und 1987 hat Papst Johannes Paul II. in 28 feierlichen Gottesdiensten 49 Seligsprechungen und in weiteren sieben liturgischen Feiern ebensoviele Heiligsprechungen vorgenommen: Bei diesen Zeremonien – in einigen Fällen handelte es sich auch um Märtyrergruppen – sind 233 Personen zu Seligen und 124 Personen zu Heiligen erklärt worden. Eine beachtliche Zahl, die – wie bereits in verschiedenen Artikeln und Publikationen hervorgehoben wurde – den Umfang der Aktivität seiner Vorgänger in diesem Bereich bei weitem übersteigt.

Diese Tatsache und die sich an sie anlehnenden statistischen Angaben haben manche, auch sehr ehrenwerte und ernst zu nehmende Leute zu der Frage veranlaßt, ob diese gesteigerte Zunahme an Selig- und Heiligsprechungen nicht die Gefahr in sich berge, eine »Inflation« solcher Zeremonien auszulösen mit der gefährlichen Konsequenz, daß dadurch die Anerkennung und Würdigung dessen, was sich die Kirche mit der Verkündigung von Seligen und Heiligen vornimmt, eine Abwertung erfährt.

Das ist genau die Überlegung, von der wir bei der Vorstellung des Buches von Professor Ferdinand Holböck ausgehen: »Neue Heilige und Selige der katholischen Kirche. Von Papst Johannes Paul II. in den Jahren 1984 bis 1987 kanonisierte Selige und Heilige«, Christiana-Verlag, Stein am Rhein, 1992.

Es handelt sich bei diesem Buch um die Fortsetzung eines Bandes, der bereits für die vor dem hier betrachteten Zeitraum liegenden Jahre zum selben Thema veröffentlicht wurde; es ist das Ergebnis einer scharfsinnigen und sorgfältigen Untersuchung auf der Grundlage der schriftlichen Veröffentlichungen über die Heiligen und Seligen, die in den Jahren 1984 bis 1987 des Pontifikats Johannes Pauls II. zur Ehre der Altäre erhoben wurden.

Wir wollen vor allem betonen, daß der Zweifel, der im Hinblick auf die rasche zahlenmäßige Zunahme an neuen Heiligen und Seligen angemeldet wird, nicht als eine vernichtende Kritik und auch nicht als das Ergebnis einer verbitterten Abkehr von der Kirche gesehen werden darf. Er ist vielmehr, wie oben bereits angedeutet, Ausdruck einer gewissen Sorge, der Wert der Heilig- und Seligsprechungen könnte etwas von seiner Bedeutung verlieren. Man befürchtet, daß die Gläubigen wegen der Häufigkeit solcher Zeremonien der Botschaft, die uns die Heiligen und Seligen mit ihrem Leben dadurch zu vermitteln haben, daß sie in hervorragender Weise den Geist des Evangeliums verkörperten, keine Beachtung mehr schenken. Darunter würde als Folge davon der Vorbildcharakter der Heiligen leiden.

Wir nehmen daher den oben erwähnten Zweifel und diesbezügliche Sorgen zum Ausgangspunkt für eine kurze theologische Reflexion über einige entscheidende Punkte der die Heiligsprechungen betreffenden Thematik. Das ist unseres Erachtens nach in der Tat die beste und auch objektive Voraussetzung für das, was wir bezüglich des Werkes von Professor Holböck sagen zu müssen glauben.

Erinnert werden muß hier vor allem an die Tatsache, daß Gott die Heiligen in der Kirche nicht nur hervorbringt, sondern daß er selber auch die Gläubigen auf sie hinweist, wenn er in ihnen ein Gefühl ehrfürchtiger Bewunderung und Anerkennung wachruft, das in jenes Phänomen umgesetzt wird, welches manche Menschen in besonderer Weise umgibt und uns unter der Bezeichnung »fama sanctitatis« (Ruf der Heiligkeit) bekannt sind.

Wann immer es einen glaubwürdigen Ruf der Heiligkeit als Frucht der im Volk Gottes äußerst lebendigen geistlichen Intuition gibt, muß man in diesem »sensus fidelium« ein Zeichen des göttlichen Handelns sehen. Ist es, wenn sich dieses Gefühl bewahrheitet, von einem theologischen und pastoralen Gesichtspunkt her zulässig, daß die Kirche, Hierarchie und Gläubige, dieses »göttliche Zeichen« unbeachtet läßt und sich nicht um eine eingehende Untersuchung seiner Eigenart und Botschaft bemüht?

Gleichsam als Antwort auf diese Frage besitzen wir einige gewichtige Worte des Papstes, der im »Vorwort« zur Apostolischen Konstitution *Divinus Perfectionis Magister* ausdrücklich sagt:

»Indem der Apostolische Stuhl diese Zeichen und den Anruf seines Herrn mit größter Ehrfurcht und Bereitwilligkeit aufnimmt, stellt er den Gläubigen seit unvordenklichen Zeiten aufgrund des ihm anvertrauten schweren Amtes, das Volk Gottes zu lehren, zu heiligen und zu leiten, Männer und Frauen zur Nachahmung, Verehrung und Anrufung vor, die sich durch Nächstenliebe und die anderen evangelischen Tugenden auszeichnen und die er nach Durchführung der notwendigen Untersuchungen in einem feierlichen Kanonisationsakt zu Heiligen erklärt« (Acta Apostolicae Sedis, 75 [1983], S. 350; deutsche Übersetzung von Universitätsprofessor Dr. Winfried Schulz, in: *Das neue Selig- und Heiligsprechungsverfahren,* Bonifatius-Verlag, Paderborn, 1988, S. 161).

Genauso, wie es das Zweite Vatikanische Konzil mit aller Klarheit gesagt hatte:
»Wenn wir nämlich auf das Leben der treuen Nachfolger Christi schauen, erhalten wir neuen Antrieb, die künftige Stadt zu suchen (vgl. Hebr 13,14 und 11,10). Zugleich werden wir einen ganz verläßlichen Weg gewiesen, wie wir, jeder nach seinem Stand und seinen eigenen Lebensverhältnissen, durch die irdischen Wechselfälle hindurch zur vollkommenen Vereinigung mit Christus, nämlich zur Heiligkeit, kommen können. Im Leben derer, die, zwar Schicksalsgenossen unserer Menschlichkeit, dennoch vollkommener dem Bilde Christi gleichgestaltet werden (vgl. 2 Kor 3,18), zeigt Gott den Menschen in lebendiger Weise seine Gegenwart und sein Antlitz. In ihnen redet er selbst zu uns, gibt er uns ein Zeichen seines Reiches, zu dem wir, mit einer so großen Wolke an Zeugen umgeben und angesichts solcher Bezeugung der Wahrheit des Evangeliums, mächtig hingezogen werden« *(Lumen gentium,* Nr. 50).

Darum hat die Kirche in ihrer nun schon zweitausendjährigen Geschichte den Gläubigen und der ganzen Menschheit immer wieder die Gestalt unzähliger Personen vor Augen gestellt, die sich der Gnade Gottes öffneten und dadurch, daß sie sich vom Geist Christi ergreifen ließen und Ihm gleichgestaltet wurden, in immer neuer Weise und Gestalt den unerschöpflichen Reichtum Seiner Liebe offenbar machten. Das hat, je nach den von Gott zugeteilten Gaben, in einer großen Vielfalt möglicher Lebensweisen Ausdruck gefunden: Märtyrer und Bekenner des Glaubens; Menschen, die sich zum Einsiedlertum und zur Kontemplation hingezogen fühlten; Gelehrte und Meister des geistlichen Lebens; Stifter und Stifterinnen neuer Formen des Lebens nach den evangelischen Räten; heldenmütige Missionare und herausragende Sozialapostel; erstrangige Erzieher und Erzieherinnen; Personen, die sich in Krankenhäusern und Leprastationen, unter den Armen und Ausgestoßenen heroisch und weitblickend dem Dienst der Nächstenliebe widmeten. Aber neben diesen großen »Pionieren« hat die Kirche – indem sie auf die ihr von ihrem göttlichen Stifter zuteil gewordenen Zeichen achtete – Menschen als Vorbilder vorgestellt und vorgeschlagen, die in ganz gewöhnlichen Lebensverhältnissen, an denen außer dem Heroismus der vollkommenen Pflichterfüllung in der Eintönigkeit des Alltags nichts Außergewöhnliches war, ihr Christentum auf vorbildliche Weise lebten: Hausmütter, Jugendliche und Kinder, Arbeiter und sogar Bettler, kleine Angestellte oder anspruchslose Pförtner, einfache, bescheidene Bürger, die in dem für ihre Zeit typischen sozialen Milieu für das Gute tätig waren.

Denn nicht alle Christen empfangen von Gott besondere Gaben und Charismen, die sie dazu ausersehen, eine Aufgabe besonderer Art in der Kirche und in der Welt zu erfüllen. Ja, die große Mehrheit der Gläubigen erhält von Gott die Aufgabe, das gewöhnliche, alltägliche Leben auf vorbildlich christliche Weise zu gestalten.
In diesem Zusammenhang möchten wir hervorheben, daß die Lehre, nach welcher alle Christen – ein jeder gemäß seiner Berufung – zur Vollkommenheit der Heiligkeit und zur Fülle der Liebe berufen sind, nicht eine Entdeckung unseres Jahrhunderts ist, auch wenn sie erst vom Zweiten Vatikanischen Konzil zum ersten Mal in einer *Dogmatischen Konstitution* vorgelegt wurde. Es handelt sich nämlich um eine unvergängliche Lehre der Kirche.
Die Kirche will nun gerade dadurch, daß sie so viele Selig- und Heiligsprechungen vornimmt, allen Gläubigen helfen. Durch sie will die Kirche den Christen jeden Alters und Geschlechts, jeder Kultur, jedes Berufes und Lebensstandes lebendige Beispiele anbieten, die als Vorbilder dienen können. Das hat die Kirche Jahrhunderte hindurch und nicht erst in jüngster Zeit getan. In der Tat nahm bereits am 12. März 1622 Gregor XV. die Heiligsprechung von vier großen, leuchtenden Gestalten des kirchlichen Lebens vor: Ignatius von Loyola, Franz Xaver, Filippo Neri, Teresa von Avila; doch er fügte noch einen fünften Heiligen hinzu: einen einfachen, ungebildeten Bauern, den hl. Isidor.
An diese erste Überlegung möchten wir noch eine weitere Bemerkung anschließen, die mit der vorhergehenden in engem Zusammenhang steht. Mit ihr soll auf etwas aufmerksam gemacht werden, was unter den Gelehrten bereits Gemeingut ist: Wir meinen die Tatache, daß durch eine wenig erleuchtete Hagiographie (Darstellung des Lebens der Heiligen) nicht selten der Eindruck vermittelt wurde, das Leben der Heiligen müsse sich durch eine Reihe schwierigster Taten auszeichnen und mit jeder Art von charismatischen und mystischen Gaben ausgestattet sein, die nicht allen Menschen zugänglich sind.
Gerade im Lichte dieser theologischen Bemerkungen und Überlegungen, die von beachtlicher Tragweite sind, gereicht es uns zur Ehre und Freude, das Buch von Professor Ferdinand Holböck vorzustellen.
Die aufmerksame Lektüre seines Buches zeigt, daß es insbesondere unter den Heiligen und Seligen unseres Jahrhunderts viele Personen gibt, die auf ganz unterschiedliche Weise und auf verschiedenen Wegen den Gipfel der Heiligkeit erreicht haben: dies dem Leser aufgezeigt zu haben, ist eines der bemerkenswertesten Vorzüge dieses Werkes.

Außer diesem Vorzug scheint uns besondere Anerkennung zu verdienen, daß Professor Holböck von den einzelnen Seligen oder Heiligen bzw. Gruppen von ihnen nicht bloß die wesentlichen Angaben über ihr Leben und Wirken vorlegt, sondern deren pastorale Bedeutung hervorhebt. Auf diese interessanten, in einem einfachen, eleganten und gewandten Stil geschriebenen Lebensabrisse läßt der Autor dann die wichtigsten Abschnitte aus den Homilien folgen, die der Heilige Vater bei den jeweiligen Zeremonien gehalten hat.
Der Verfasser bietet also in seinem umfangreichen Band ein sehr reiches, in geduldiger und präziser Arbeit zusammengetragenes Material. Sodann stellt das Buch einen leuchtenden Beweis für die obenerwähnte Lehre der Kirche dar. Denn es kann der Aufmerksamkeit des Lesers nicht entgehen, daß es unter den Heiligen und Seligen, von denen dieses Buch handelt, eine breite Repräsentanz der verschiedenen Gruppen des Volkes Gottes gibt: Personen verschiedenen Alters und beiderlei Geschlechts, Personen aus verschiedenen Nationen und Kontinenten, mit ganz unterschiedlichem kulturellem Niveau, Personen jeden Standes und aus allen Lebensbereichen: Bischöfe, Priester, Ordensmänner und Ordensfrauen, Männer und Frauen aus dem Laienstand.
Es scheint uns angebracht, in diesem Zusammenhang auch darauf hinzuweisen, daß die neuen Heiligen und Seligen, mit denen sich der vorliegende Band befaßt, zwischen den Jahren 1584 und 1964 starben: das heißt in einer Zeitspanne, die bis in unsere Tage heraufreicht; von den 49 Seligsprechungen beziehen sich 31 auf Personen, die in unserem Jahrhundert gestorben sind; bei den Heiligsprechungen gehören zwei der neuen Heiligen gleichfalls unserer Zeit an.
Beim Lesen des Buches von Professor Holböck sind uns mehr als einmal die weisen Worte in den Sinn gekommen, die Papst Pius XI. über einen dieser »demütigen« Heiligen gesprochen hat. Mit diesen Worten wollen wir unser Nachwort zu diesem vorzüglichen Buch abschließen. Denn sie sind wirklich ermutigend und bedeutsam für alle, die der Herr in seine Nachfolge ruft, und das ist ja das Ziel, das sich der Verfasser beim Schreiben seines Werkes gesetzt hat. Wir nehmen Bezug auf die Ansprache, die Papst Pius XI. bei der Erklärung des heroischen Charakters der Tugenden von Bruder Benilde gehalten hat: »... Der ehrw. Bruder Benilde von den Christlichen Schulbrüdern [war] ein demütiger Diener Gottes, dessen Leben ein ganz bescheidenes und stilles, ein ganz gewöhnliches und alltägliches Leben war. Aber wieviel gar nicht Gewöhnliches, gar nicht Alltägliches gibt es in jenem Gewöhnlichen und Alltäglichen! Das immer gleiche Alltägliche, das immer wiederkehrt, das immer dieselben Beschäftigungen,

dieselben Situationen, dieselben Schwierigkeiten, dieselben Versuchungen, dieselben Schwächen, dieselben Nöte aufweist, wurde treffend die ›schreckliche Alltäglichkeit‹ genannt. Wieviel Kraft braucht es, nur um sich gegen dieses schreckliche, erdrückende, eintönige, langweilige Alltägliche zu verteidigen! Wieviel ungewöhnliche Tugend ist erforderlich, um mit ungewöhnlicher Genauigkeit oder, besser, nicht mit der so häufigen gewöhnlichen und alltäglichen Ungenauigkeit, Schlaffheit, Nachlässigkeit und Leichtfertigkeit, sondern mit Aufmerksamkeit, Frömmigkeit und innerer geistiger Glut all die gewöhnlichen Dinge auszuführen, die unser tägliches Leben erfüllen!

Die Kirche zeigt niemals größere Wertschätzung für die Heiligkeit und erweist sich niemals mehr als deren weise Lehrmeisterin, als wenn sie auf diese bescheidenen Lichter hinweist, die sehr oft selbst denen unbekannt waren, die das Glück hatten, sie vor ihren Augen leuchten zu sehen.

Die außergewöhnlichen Dinge, die großen Ereignisse, die schönen Taten erregen und wecken durch ihr bloßes Erscheinen die besten Triebe, die Hochherzigkeit und Großmut, die Kräfte, die sehr oft am Grunde der Seelen schlummern. Die großen Gelegenheiten sind wie ein auserlesenes Thema für einen Künstler und einen Dichter, das allein durch sein Auftauchen die Inspiration zu den höchsten Höhen führt. Aber das Gewöhnliche, das Niedrige, das Alltägliche, das keine Bedeutung, keinen Glanz besitzt, hat gewiß nichts Erregendes und Faszinierendes an sich. Doch so sieht das Leben der meisten aus, daß es nämlich üblicherweise nur aus gewöhnlichen Dingen und Alltagsereignissen besteht.

Deshalb erscheint uns die Kirche so weise, wenn sie uns einlädt, die Beispiele der ganz gewöhnlichen und bescheidenen Alltagstugenden zu bewundern und nachzuahmen, die um so wertvoller sind, je bescheidener und gewöhnlicher sie sind« *(L'Osservatore Romano,* 7./8. Januar 1928; *Inviti all'eroismo.* Discorsi di S.S. Pio XI. nell'occasione della lettura dei Brevi per le Canonizzazioni, le Beatificazioni, le proclamazioni dell'eroicità delle virtù dei Santi, Beati e Servi die Dio, Bd. II, *La Civiltà Cattolica,* Rom 1942, SS. 155–156) [Ansprachen Papst Pius' XI. bei der Verlesung der Breven für die Heiligsprechungen, Seligsprechungen und die Verkündigungen des heroischen Tugendcharakters der Heiligen, Seligen und Diener Gottes. Übersetzung von Frau Dr. Sigrid Spath].

Mit diesen Überlegungen haben wir, wie wir glauben, die äußerst kostbaren Vorzüge dieses Buches herausgestellt und können nur noch wünschen, daß es eine seiner großartigen Qualität gewiß entsprechende weite Verbreitung finden möge.

Universitätsprofessor Dr. Paolo Molinari, S. J.
Generalpostulator der Gesellschaft Jesu

Links im Hintergrund die St.-Peters-Kirche in Rom.
Rechts das Generalat der Jesuiten, Borgo San Spirito, 4, wo sich auch der Sitz des Generalpostulators befindet.

Eine riesige Menschenmenge wohnte der Seligsprechung von Adolph Kolping auf dem Petersplatz bei.

Johannes Paul II. (Mitte) bei der Seligsprechung von Adolph Kolping vor der Peterskirche. Bericht im folgenden dritten Band.

[1] N. Del Re: Repin Guglielmo e 98 Compagni, martiri in Angers, in: Bibliotheca Sanctorum, I. Appendice (Roma 1987), Sp. 1126–1127.
[2] G. Scurati: Cenni del Sacerdote Giovanni Mazzucconi, missionario apostolico nella Malesia, morto per la fede il 7 settembre 1955 (Milano 1957).
[3] E. Nadeau: Mère Léonie (Montreal 1952); ders.: Montre-moi tes chemins (Sherbrooke 1974).
[4] D. Franchetti: Il santo prevosto di Rivalba Torinese, Don Clemente Marchisio (Torino 1933); J. Cottino: Un parroco di campagna (Torino 1952); N. Sarale: Teologia della semplicità (Roma 1975).
[5] J. Cottino: Il venerabile Federico Albert (Torino 1954).
[6] P. Angelus: Een heilig kloosterbroeder passionist, Broeder Isidoor van den H. Jozef (Wezembeek/Oppem 1916).
[7] A. Chavarria y Arrondo: Nació para ser Madre. La Vida y la Obra de Rafaela y Ibarra de Vilallonga, Fundadora de la Congregación de los Santos Angeles Custodios (Buenos Aires 1953).
[8] H.U.v. Balthasar: »Elisabeth von Dijon und ihre geistliche Sendung«. Köln 1952; P. M. Philippon OP: »Die Herrlichkeit des Ewigen. Die geistige Lehre Schwester Elisabeths von der Hl. Dreifaltigkeit«. 3. Aufl., Wien 1966; F. Holböck: »Ergriffen vom dreieinigen Gott. Trinitarische Heilige aus allen Jahrhunderten der Kirchengeschichte«, Stein am Rhein 1981, S. 337–343; P. M. Philippon OP, a.a.O., S. 151; C. De Meester, Ein Lied für Gott, Eine Biographie in Bildern, St. Ottilien.
[9] C. Baraut: José Manyanet, apostol de la familia i de la joventut (Barcelona 1969); R. Oromi: Vida compendiada del P. José Manyanet y Vivés (Barcelona 1929).
[10] P. Delgado: Un grand ami des enfants, le P. Brottiers (Paris o. J.).
[11] Isidor da Villapadierna, Molina Maria Mercedes di Gesù, in: Bibliotheca Sanctorum IX, Sp. 536–537.
[12] M. C. de Ganay: Le Beate Dominicane, II. Bd. (Roma 1933), p. 158.
[13] A. Pierotti: Clausura e missione – Madre Maria Caterina Troiani di S. Rosa da Viterbo (Roma 1952); Sr. Antonia Falchi: Mamma Bianca in terra d'Africa (Roma 1960).
[14] Sr. M. Renate Rautenbach SCC: Idee und Gestalt des Erziehungs- und Bildungswesens der Congregatio Sororum Christianae Caritatis Filiarum Immaculatae Conceptionis (Bonn 1987).
[15] F. Bilbao: Biografia del Referendissimo Padre Fr. Benito Menni, Priore e Restauratore dell'Ordine di S. Giovanni di Dio. Fondatore delle Suore Ospedaliere del S. Cuore di Gesù (Roma 1939).
[16] H. v. Meurers: Peter Friedhofen, Schornsteinfeger und Ordensstifter (Mönchen-Gladbach 1935); F. Amoroso: Dalle fuliggini dei camini alla gloria degli altari (Roma 1985).
[17] »Neues Feuer«, Schriften und Korrespondenz des P. Friedhofen (Trier 1953), S. 16, 18–31.
[18] R. F. Esposito: Clementina Anuarite Nengapeta (Bari 1978^2); ders.: Nengapeta Clementina Anuarite, in: Bibliotheca Sanctorum, I. Appendice, Sp. 963–964.
[19] F. Stano: Virginia Centurione Bracelli, a lei Genova rispose (Genova 1985); N. Ferrante: Centurione Virginia, vedova Bracelli, in: Bibliotheca Sanctorum, I. Appendice, Sp. 304–305.
[20] P. Molinari: Tre nuovi beati della Compagnia di Gesù, in: La Civiltà Cattolica III (1985), pp. 373–379.

[21] T. Toni: El Siervo de Dios, Francisco Garate (Bilbao 1942); F. Baumann: Garate Francisco, in: Bibliotheca Sanctorum VI, Sp. 33–34.

[22] C. M. Staehlin: El Padre Rubio, Vida del Apostol de Madrid (2. Aufl., Madrid 1953); ders.: Un Predicatore senza stile: P. Giuseppe Maria Rubio SJ (Roma 1957).

[23] F. Vallainc: Un giornalista martire: Padre Tito Brandsma (Milano 1985); A. Scurani: Per lui il cielo si chiuse su Dachau, in: La Civiltà Cattolica 137/1986, I., pp. 15–29.

[24] M. L. Ziegler: »Mutter Theresia von Jesus Gerhardinger«, in: G. Schwaiger: Bavaria Sancta (Regensburg 1973), III. Bd., S. 441–450; E. H. Ritter: Zeugen des Glaubens (Regensburg 1989), S. 173–178.

[25] St. A. Battistelli: Un fiore di Passione nella generosa Romagna (Roma 1936).

[26] P. Sfair: Rebecca Ar-Rayyes, in: Bibliotheca Sanctorum XI, Sp. 66–67.

[27] G. D'Ascola, Muttathupadam Anna Alfonsa, in: Bibliotheca Sanctorum, I. Appendice, Sp. 949–950.

[28] W. Herbstrith: Begegnung mit Indien und einem seiner großen christlichen Pioniere (Trier 1969), S. 167–231; L. Beccaro: Piccola Biografia del servo di Dio P. Ciriaco Elia Chavara (Roma 1974).

[29] J. F. Six: Un prêtre: Le P. Chevrier. Jalons pour une histoire spirituelle du XIX siècle (Paris 1966).

[30] Stanislao di S. Teresa; La venerabile Teresa Maria della Croce, 2. Aufl. (Firenze 1968).

[31] Guido Roascio: Calendario in ricordo delle tre Carmelitane Scalze di Guadalajara, in: Messaggero del S. Bambino Gesù di Praga, Arenzano Genua 1987.

[32] J. M. Javierre: Don Marcelo de Sevilla (Barcelona 1963).

[33] A. G. Torres Sánchez: Vida del Siervo de Dios Manuel Domingo y Sol (Tortosa 1937).

[34] P. Caraffa: Fernandez Solar Giovanna Teresa di Gesù, in: Bibliotheca Sanctorum, I. Appendice, Sp. 484.

[35] Von den verschiedenen Büchern über Edith Stein seien vor allem genannt: Teresia Renata de Spiritu Sancto OCD. Edith Stein – Schwester Teresia Benedicta a cruce. Philosophin und Karmelitin. Ein Lebensbild, gewonnen aus Erinnerungen und Briefen. 7. Aufl., Nürnberg 1954; Maria Baptista a Spiritu Sancto OCD: Edith Stein, Kaldenkirchen 1962; Willehardt Eckert OP: Edith Stein – Der Opfergang einer großen Jüdin und Deutschen, Freiburg i. Br. 1959; Maria Bienias: Das Lebensopfer der Karmelitin Edith Stein, Stuttgart 1961; Hilda Graef: Leben unter dem Kreuz. Eine Studie über Edith Stein, Frankfurt a. M. 1954: Waltraud Herbstrith: Das wahre Gesicht Edith Steins, 3. Aufl., Bergen-Enkheim bei Frankfurt a. M. 1971. Wir halten uns im folgenden vor allem – teilweise wörtlich – an diese Biographie, von der die Schwester Edith Steins, Frau Dr. Erna Biberstein (New York), im Geleitwort bekannte, daß sie eine der besten Biographien sei. Vgl. auch Holböck: »Wir haben den Messias gefunden« (Stein am Rhein, 1987), S. 76–90.

[36] W. Hergenröder: P. Rupert Mayer SJ, ein Lebensbild, Regensburg 1988.

[37] P. J. Sudbrack SJ: Pater Rupert Mayer. Zeugnis für Gott – Dienst am Menschen (Würzburg 1988).

[38] G. B. Penco – B. Galbiati: Vita dell Cardinal Andrea Carlo Ferrari, archivescovo di Milano (Milano–Roma 1926).

[39] R. Litalien: Le prêtre québecois à la fin du XIXe siècle. Steyle de vie et spiritualité d'après Mgr. Louis-Zephyrin Moreau (Montréal 1970).

[40] G. A. Simon: La doctrine spirituelle et les vertus de l'Abbé Pierre-François Jamet (Caen 1951).

[41] L. Traverso: La serva di Dio Madre Benedetta Cambiago (Milano 1939).

[42] Z. Zimowski: Kózka Carolina, in: Bibliotheca Sanctorum, I. Appendice, Sp. 720–721.

[43] B. Lewandowski: Kozal Michele, in: Bibliotheca Sanctorum, I. Appendice, Sp. 720.

[44] V. Cusumano: Innamorato della Chiesa. Profilo biografico e Diario del Servo di Dio Giorgio Matulaitis (Milano 1963).

[45] J.-B. Jégo: Un exemple: Marcel Callo, 1921–1945 (Rennes 1948). Marcel Callo, Zeuge des Glaubens und der Versöhnung, eine Dokumentation von Josef Reding, Franz Sales-Verlag Eichstätt 1991.

[46] P. Fortunato: Antonia Mesina, uccisa come Santa Maria Goretti (»Antonia Mesina, ermordet wie die hl. Maria Goretti«), Roma 1974.

[47] P. Fortunato: a.a.O.

[48] B. Verzeroli: Pierina Morosini (Bergamo 1960).

[49] A. de Lande: Frère Arnould, ami des jeunes (Moulins-les-Metz 1981).

[50] B. Baur: Kein Mass kennt die Liebe. Das Leben der Dienerin Gottes Schwester Ulrika Nisch von Hegne (Konstanz 1963). Klaus Hemmerle: Die leise Stimme, Ulrika Nisch, ihr Weg und ihre Botschaft (Freiburg 1988).

[51] H. Visarius: Eine verborgene Gottesbraut (Trier 1967).

[52] N. Del Re: Martiri di Inghiltera, in: Bibliotheca Sanctorum, VII, Sp. 801–813.

[53] A. Capecelatro: Vita della Serva di Dio Paola Frassinetti, Fondatrice delle Suore di Santa Dorotea (Roma 1900).

[54] N. Del Re: Martiri della Corea, in: Bibliotheca Sanctorum, I. Appendice, Sp. 364–370.

[55] A. M. Lozano: Michele Francesco Febres Cordero, in: Bibliotheca Sanctorum IX, Sp. 450–452.

[56] G. Stano: Il Beato Francesco Antonio Fasani (Roma 1951); F. Baumann: Pius XII. erhob sie auf die Altäre (Würzburg o. J.), S. 280–285.

[57] H. Becker, in: LThK[2] 1957, 10/248; G. B. Mattoni CR: Sul sentiero della sapienza. Vita di San Giuseppe Maria Tomasi, Teatrino, Cardinale di S. Romana Chiesa (Palermo 1986).

[58] G. Papasogli: Das Leben eines heiligen Arztes (Stein am Rhein 1982); F. Bea: Storia di un medico (Torino 1961).